本书获中国学位与研究生教育学会研究课题经费资助

汉语国际传播与国际汉语教学研究丛书 总主编：吴应辉
Series of Chinese Language Globalization & International Chinese Language Teaching Studies
Chief Editor: Wu Yinghui

面向美国的"双语双文化"汉语师资培养模式研究

Research on Education Model of Bilingual and Bicultural Chinese Teachers for the United States

江傲霜 / 著
By Jiang Aoshuang

中央民族大学出版社
China Minzu University Press

图书在版编目（CIP）数据

面向美国的“双语双文化”汉语师资培养模式研究 / 江傲霜著 .—北京：中央民族大学出版社，2022.12

（汉语国际传播与国际汉语教学研究丛书）

ISBN 978-7-5660-2144-1

Ⅰ . ①面…　Ⅱ . ①江…　Ⅲ . ①汉语—对外汉语教学—师资培养—研究　Ⅳ . ① H195.3

中国版本图书馆 CIP 数据核字（2022）第 244846 号

面向美国的“双语双文化”汉语师资培养模式研究

著　　者　江傲霜
责任编辑　戴佩丽
封面设计　舒刚卫
出版发行　中央民族大学出版社
　　　　　北京市海淀区中关村南大街 27 号　　邮编：100081
　　　　　电话：（010）68472815（发行部）　传真：（010）68933757（发行部）
　　　　　　　　（010）68932218（总编室）　　　　（010）68932447（办公室）
经 销 者　全国各地新华书店
印 刷 厂　北京鑫宇图源印刷科技有限公司
开　　本　710 × 1000　1/16　印张：25.25
字　　数　302 千字
版　　次　2022 年 12 月第 1 版　2022 年 12 月第 1 次印刷
书　　号　ISBN 978-7-5660-2144-1
定　　价　126.00 元

汉语国际传播与国际汉语教学研究丛书总序

吴应辉

目前来华学习汉语人数不到全球学习汉语人数的1%，而在中国境外学习汉语的人数达全球学习汉语人数的99%以上。国际汉语教学已成为学术界关注的一个热点，然而从目前出版和发表的有关论著来看，研究对外汉语教学的很多，但研究国际汉语教学的很少。汉语国际传播及国际汉语教学的实践已经超前于理论，或者说我们的汉语国际传播及国际汉语教学理论滞后于实践。作为国际汉语教学的从业者，大家都应肩负起历史使命，对汉语国际传播及国际汉语教学进行研究，深入探讨相关的理论和实践问题。

中央民族大学在20世纪50年代就开始了对越南学生的汉语教学，成为当时中国最早接收外国留学生的八所院校之一，但在对外汉语教学学科建设方面起步较晚。近年来，中央民族大学国际教育学院调整了学科建设方向，将研究力量集中于汉语国际传播和国际汉语教学。在学校的大力支持下，我们的国际汉语教学学科建设已经取得初步成果。我们在全国高校中率先在语言学及应用语言学专业博士研究生培养中设立汉语国际传播研究方向；我们是全国第一个明确把“国际汉语教学”列为重点培育学科加以建设的汉语教学机构；我们创新性地设计并组织实施了“汉语国际教育硕士”的“1+2+X”培养模式；我院绝大部分专职教师和20多位中外博士生都把研究方向集中到了国际汉语教学及其重要组成部分——汉语国际传播上，研究领域包括泰国、马来西亚、缅甸、韩国、美国、越南等国家的汉语传播问题，内容涵盖国际汉语教学宏观和微观层次的诸多问题；我们已承担了包括两项国家社科基金课题、教育部新世纪优秀人才支持计划项目和教育部人文社会科学项目在内的多项汉语国际传播纵向和横向课题；我们正在进行国际汉语教学案例库和汉语国际传播数据库建设。

我们才刚刚起步，我们愿不断努力，与兄弟院校一起在汉语国际传播和国际汉语教学领域拓荒、播种，并愿意与国内外同行分享我们的收获。我们将以全球化的视野、国际化的思维和创新务实的行动，努力开展汉语国际传播和国际汉语教学研究，推动国际汉语教学学科建设，为汉语和中华文化走向世界尽绵薄之力。

经过中央民族大学国际教育学院两年多的策划和研究，汉语国际传播与国际汉语教学研究丛书陆续开始出版了。希望这套丛书能从各个侧面对国际汉语教学学科的形成和建设起到支撑作用，能为国际汉语教学的专家学者带来另一种清新的学术空气，给青年学者和博士、硕士研究生选择未来的研究领域提供新的视野，并为汉语国际传播有关机构提供决策参考。这套丛书虽为中央民族大学国际教育学院策划，但我们的作者并不限于本院师生，我们热忱欢迎国内外有志于汉语国际传播和国际汉语教学研究的专家学者加盟我们的队伍，我们愿意将符合丛书主题的学术成果列入丛书出版。

深化国别中文师资研究，服务学科事业发展

——序江傲霜老师新著

江傲霜老师新著《面向美国的“双语双文化”汉语师资培养模式研究》即将出版之际，笔者应邀为其作序，借此机会谈点对国际中文师资培养的看法。

首先，这是一本充分体现问题导向，对我国国际中文师资培养具有重要参考价值的著作。汉语国际教育硕士专业学位设置十几年来，我国国际中文师资培养虽然成绩斐然，但也存在诸多问题，必须高度重视。其中毕业生对口就业困难，真正长期扎根海外从事中国语言文化教育者较少，便是一个突出问题。这与汉语国际教育专业学位设置初衷相去甚远。一边是需求侧的世界各国中文教师短缺，另一边是供给侧我国培养的汉语国际教育硕士出不去，这一似非而是现象的症结值得业界和学界共同思考。需求导向，逆向设计，中外联合培养是解决这一问题的有效途径之一。江老师这部新著恰好是对这一理念指导下中央民族大学面向美国联合培养中文教师成功案例的研究成果，对于解决上述问题具有重要参考价值。2009年，我作为时任院长牵头申报汉语国际教育硕士专业学位点，虽几经周折，但终获批准，次年开始招生。基于“以人为本”理念，为使学生获得良好发展，结合美国中文教育市场需求，我提出了“1+2+X中美联合培养模式”、制定相应培养方案、开展系列课程和相应师资队伍建设、赴美逐校商谈联合培养事宜。虽然领导班子几经更迭，此培养模式实施十余年至今不辍，毕业生遍及美国二十余州，成为美国中文教育界

的一股新生力量，其中许多人在美安家落户，已成长为美国的“超本土”优秀中文教师。“中央民大模式”值得总结，更值得面向其他国家的中文师资培养院校借鉴。江老师近年来专注于汉语国际教育硕士人才培养研究，开展深入调查，广泛收集资料，对这一模式进行了深入透彻的研究。不仅研究培养工作的各个环节，亦注重研究毕业生的职业发展；不仅关注在美就业毕业生发展状况，也研究了因种种非培养原因回到国内工作毕业生的职业发展状况。这部著作既是国别中文师资中外联合培养的经验总结，更是一部非常系统深入、数据资料详实、颇具案例价值的学术专著。因此，这部著作值得国际中文教育师资培养机构管理者和师生参考借鉴。

其次，应该高度重视开展国别中文师资培养深度研究，这既可为我国国际中文师资培养提供科学依据，促进中文师资培养精准对接世界各国需求，从而推动世界各国中文教育发展，又可丰富国际中文教育理论体系和知识体系中的师资培养部分。江老师这部新著是一部对国际中文教育师资培养理论体系和知识体系做出独特贡献的著作。国际中文教育作为一个新兴学科，理论体系和知识体系亟待构建，国际中文教师教育的基本理论、方法、人才培养质量评估、国别中文师资状况等领域研究均十分薄弱。学界特别需要对特定国别师资相关领域精耕细作的研究成果。这部著作在国别中文师资培养方面做出了开创性研究，将对其他国别同类问题研究提供重要参考。此外，在国别研究基础上，也可拓展到同一母语背景国家中文师资培养相关问题的研究，探索通用语为同一语言国家中文师资培养的理论与实践问题，如西班牙语国家、阿拉伯语国家、俄语国家、法语国家中文师资培养的共性需求和培养模式。这种语别化国际中文师资培养可以成为与国别化师资培养并行的另一种培养思路。

最后，我想再次强调，中外联合培养是推动汉语国际教育硕士走出去的有效途径。中央民族大学汉语国际教育硕士中外联合培养模式是经过十几年不间断实践证明，有理念、有顶层设计、有实施方案、有师资队伍、有课程建设、有外方合作院校、有管理服务、有标志性人才培养成果、有鲜明特色的成功案例。“中央民大模式”已为业界所熟知，具有可复制性，值得国内外中文师资培养院校参考借鉴。近日获悉，不久前下发的全国专业学位水平评估结果中，中央民族大学汉语国际教育硕士专业学位成绩卓著，这是历任院领导、学院全体教师、学生和家长共同努力的结果，我谨借此机会向学院和每一位贡献者表示衷心祝贺！江老师对学院十余年来汉语国际教育硕士人才培养探索进行系统深入研究，撰写出这样一部既接地气又颇具理论水平的著作，为学院学科建设做出了标志性贡献，为学界和业界奉献了一项经典的实证研究成果，我们为她点赞。

吴应辉

癸卯年正月初二于北京育新花园

目　录

绪论

第一节 研究缘起

一、海外汉语学习者低龄化是国际中文教育的新现象

随着中国影响力的快速提升和汉语全球化的发展，“文化驱动、经济驱动、职业规划驱动等汉语学习多元驱动的动力机制正在形成，推动了全球范围的‘汉语热’逐渐升温”①。汉语学习的主战场由中国转移至海外各国，学习者群体也发生了较大变化，中小学生以庞大的群体数量成为汉语学习者主体（江傲霜，2016）。据教育部统计，截至2022年底，全球已有180多个国家和地区开展汉语教育，81个国家和地区，通过颁布法令、政令等形式，将汉语教学纳入基础教育，全球开设汉语课程的中小学是高等教育机构的8倍②。法国汉语学习者总数约为10万多一点，中小学汉语学习者占60%；泰国有80多万中小学生学习汉语；英国苏格兰地区有86所小学和37所中学将汉语作为第二外语；俄罗斯学习汉语的中学生有1.7万，预计到2027年至少增加一倍；意大利开设汉语课的中小学超过100所（李宇明，2018）。海外中

① 吴应辉.汉语国际教育学科建设中的中国担当与学术自信[J].国际汉语教学研究，2019（4）：27–29.

② 柴如瑾、王忠耀.前所未有的“汉语热”[N].光明日报，2017–10–28.

小学汉语教育发展催生了学习者低龄化态势，不仅成为国际中文教育的新现象，也将国际中文教育发展推向一个新阶段。近年来，中国派遣的汉语教师，在中小学任教者高达80%以上。面对众多低龄汉语学习者，合格的中小学师资成为当前海外汉语教学的主要需求。

二、汉语国际教育硕士培养值得深入探讨

2007年，国务院学位办设立汉语国际教育硕士专业学位（MTCSOL），培养适应国外中小学汉语教学需要的复合型、应用型汉语人才，从而为汉语进入国外中小学主流教育体系发挥作用①。2022年，全国汉语国际教育硕士已授权院校197所，十余年来共培养中国汉教硕士4.5万人②。国内培养的这些师资若能赴海外任教，可极大缓解世界各国汉语教师紧缺的局面。然而，由于汉教硕士的职业导向不明确，海外输出渠道狭窄，输出人数有限，绝大部分汉硕难以在海外就业。尽管每年培养几千人，但能进入海外中小学主流教育体系任教的教师却少之又少。主要原因为：

第一，国内人才培养规格与海外需求失配严重。目前，海外汉语学习者低龄化的平均水平可能已达到50%，一些国家或超过60%，且仍呈快速发展之趋势③。面对海外人才规格需求的巨大变化，国内师资培养缺乏重视，应对迟缓，依然沿袭多年来基于来华成人汉语教学的培养模式。大批“成人模式”下产出的教师国际化程度不足，教学效能不高，与海外中小学教学需求失配严

① 国务院学位委员会.关于《汉语国际教育硕士专业学位设置方案》的说明[Z].

② 数据引自钟英华教授在第十二届亚太地区国际汉语教学研讨会上的发言。

③ 李宇明.海外汉语学习者低龄化的思考[J].世界汉语教学，2018，32（3）：291-301.

重，无法适应低龄化新形势。

第二，培养院校的专业资质参差。十余年间，汉硕招生院校从2007年的24所增至目前的197所。培养院校数量较大，院校所属类别多样，培养质量良莠不齐。有些院校机械照搬教指委[①]指导性培养方案，导致院校间课程设置相似，人才培养缺乏特色。这种“占地式”培养缺乏科学缜密的顶层设计，中长期规划不足。单位时间内国际汉语师资供给量增大的表象下，海外师资输入比例并未提高，导致“国内培养过剩，海外依然匮乏，行业流失严重”的怪象[②]。

第三，培养内容缺乏针对性。海外汉语教学环境复杂，教学对象层次化、教学需求多样化、教学内容多元化、区域间教学差异化，显著的国别特质引发各国对汉语师资需求的多层次性。国内视域下人才培养的课程体系和实践体系针对性不足，通用型师资规格单一，难以适应海外的教学情境，导致各种“水土不服”现象发生。一些学者关注到这种现象，呼吁国内师资培养应尽快帮助海外解决中小学汉语教师紧缺的问题（陈菊咏，2012；李宇明，2018；惠天罡，2020），以中小学、幼儿园汉语师资培养作为国际汉语教师培养的主要任务刻不容缓（郭熙，2017）。遗憾的是，国内师资培养在满足海外需求上还未做好准备（Liu，2019），未能提出指导性的、可实施的方案。汉语国际教育硕士外向型培养目标如何实现，值得进一步深入探讨。

三、美国中小学“双语双文化”汉语师资培养的必要性

海外汉语师资需求受各国经济发展状况及汉语发展阶段影

① 全国汉语国际教育硕士专业学位教育指导委员会，本文简称为教指委。

② 江傲霜.面向美国中小学“超本土”汉语师资培养模式探析[C]//国际汉语教育人才培养论丛：第五辑.北京：中国社会科学出版社，2016.

响，呈现显著的国别差异性和动态发展性的变化趋势（吴应辉，2016）。经济发展较好的国家，如欧美已超越“量”的需求阶段，转向对教师“质”的要求。有学者提出应建立以国别需求为导向的国际汉语师资培养规划机制，尽快建立起国别化中外联合培养机制（朱瑞平，2012；丁安琪，2012；张旺熹，2012；江傲霜，2016），加大汉语师资“本土化”培养力度，造就一批批在特定对象国长期从事汉语国际教育的师资力量，以满足一些国家对高水平汉语师资的需求。目前，受二语教师准入政策的限制，如学历认定、教师资格证、签证等一系列问题，国内培养的汉硕难以在海外长期从事汉语教学，中外联合培养的“双语双文化”汉语师资正是解决该问题的一个有效方式。

1. 美国中小学汉语教学现状

在美国，汉语是发展最快的世界语言，“十大世界语言”排名位列第五。美国国际教育委员会（American Council for International Education）2017年发布的《全国K-12年级外语课程学生入学调研报告》显示，全美有22.7086万人参加了汉语课程学习，注册周末汉语学校的中小学生至少有10万人①。面对30余万低龄学习者群体，巨大的中小学汉语师资缺口是严峻的现实。有学者指出美国中小学缺乏大批受过良好训练且具备资质的汉语教师（Liu：2019），精准化培养“双语双文化”汉语师资，不仅能更好地满足美国汉语教育需求，实现汉硕的外向型培养目标和职业目标，也是服务中华文化“走出去”战略的有效路径。

① 数据来自全美中华语言文化联盟（The National Chinese Language and Culture Coalition，NCLCC）的网站http：//nclcc.org/aboutnclcc

2. 美国中小学汉语师资队伍

美国中小学汉语教育主要在公立、私立、特许学校[①]和华人学校开展，在这些学校从事汉语教学需具备合法的身份资格，即持有允许工作的合法签证、永久居民身份或美国公民身份，公立学校还需持有州一级政府颁发的教师资格证，二者缺一不可。目前，美国中小学汉语教师主要包括英语母语教师和来自港、澳、台及中国大陆的汉语母语教师。

（1）本土教师

包括汉语母语教师和英语母语教师。汉语母语教师有台湾、港澳和中国大陆加入美籍的中国人，也有获得工作签证的中国人，占中文教师的86%[②]；英语母语教师是美籍教师，仅占14%[③]。这两类教师英语能力强，跨文化交际能力好，可自如地与家长、社区和学生沟通，但有些教师教育背景多元，汉语本体知识有待加强；英语母语教师的发音状况、中文运用能力和对中华文化的理解力有限；华人学校一部分教师未接受过中文教学的专业培训，教学理念和教学形式显得陈旧、教学方法单一。

（2）中国派遣教师

包括公派教师和志愿者教师，他们成为美国中小学汉语教学的重要支持力量。相对于本土教师，派遣教师的汉语基础知识较好，但跨文化交际能力不强，英语实际沟通能力弱，对美国K-12年级汉语教学缺乏了解。中美教育理念、教学模式、教育

---

① 特许学校（charter school）是州政府立法通过，政府负担教育经费，由私人经营的非营利性学校。多属于教育革新实验学校，不受一般教育行政法规的限制。

② 张静静、牛端. 美国中小学中文教学的现状、问题及发展趋势[J]. 外国中小学教育，2012（2）：56-60.

③ 美国中文教育专家认为，英文母语的本土中文教师数量可能更低。

氛围和课堂管理手段的显著差异给其教学带来巨大挑战[①]。派遣教师的“客居”身份使其疲于完成当前教学任务，难以从学生汉语学习的不同阶段进行教学整体规划和长远设计；校方和同事也无意将其作为“正规军”，与之探讨校本课程建设及学校的未来发展。稳定的教师队伍是教学质量的保障，频繁轮换的师资不利于当地中文教学可持续发展。

3.“双语双文化”师资的优势

“双语双文化”汉语师资是针对国别汉语教学需求，依托中外合作方式培养的高质量汉语教师。这些教师专业素养好，汉语专业知识扎实，能够熟练掌握两种语言及所属文化，熟悉所在国国情、教育传统和教育文化，了解中小学生学习特点和规律，能够在当地主流教育体系任教，兼具汉语母语教师和本土教师的优势，同时弥补了二者的不足。“双语双文化”汉语师资突破一些国家二语教师准入政策壁垒，能够与当地社会深度融合，讲好中国故事，让海外更多人了解中国，具备生根海外的条件，是成功接轨海外中小学汉语教师需求的有效培养途径。

四、美国中小学“双语双文化”汉语师资培养具有示范性

针对汉语师资海外难以“扎根”的普遍现状，2010年中央民族大学国际教育学院率先探索中外联合培养汉语师资的路径。采取“1+2+X”培养模式，选拔优秀的汉语国际教育硕士，与美国布兰迪斯大学、西东大学、罗德岛大学、波特兰州立大学、马里兰大学和南佛罗里达大学六所院校合作培养“三双一证”美国中小学汉语教师。“三双”是指培养的学生具有双语、双文化特质，获得双学位；“一证”是获得所在州中小学教师资格证。参与项目

① 赵菁.中国专业汉语师资在美国本土教学中所面临的挑战[J].国际汉语教育，2014（1）：16-21.

的汉硕在民族大学接受一年两个学期有针对性的专业培养[①]，学分修满后赴美国合作高校套读第二个汉语教育学位，同时申请教师资格证。

截至2021年12月，该项目共培养10届毕业生86人，毕业当年在美就业率达68.6%。由于个人或家庭等原因毕业后归国有27人，其余59名学生均留在美国工作。其中，在中小学担任汉语教师的占82.5%，主要分布在美国18个州和首都华盛顿的公立、私立及特许学校[②]。十余年的培养实践证明，这些“双语双文化”教师在当地中小学上手快、融入能力强、教学效果好，深受学生和家长欢迎，带动了当地汉语教学发展，有些人成为学区教学带头人，有些人因教学出色，使学区汉语学习人数呈几何倍增。中美联合培养为美国中小学汉语教学输入了一批优质的“双语双文化”汉语教师，为美国民众更好地了解中国搭建了一个友好交流的平台。

由于人才培养效果突出，2020年该项目获国家留学基金委“创新人才培养国际合作项目”资助，这是目前全国汉语国际教育专业唯一获得国家留学基金委资助的国际合作培养项目。民大模式[③]的成功在汉硕培养上具有标杆效应，成为汉硕海外就业的典型，具有研究性和示范性，值得大力推广。

---

① “1+2+X”的培养模式，设置了一些有针对性课程，如“中美跨文化交际”“汉英对比与偏误分析”“美国教育概况”“美国汉语综合教学法”“沉浸式汉语教学”和暑期的全英文专业课程教学等。

② 美国中小学主要有三种类型：公立学校（public school）、私立学校（independent school）和特许学校（charter school）。不同类型的学校培养目标不同，教育理念差异较大，汉语教学的区别性特征显著。

③ 本研究中的民大专指中央民族大学。

第二节 研究意义

1. 为汉语国际教育学科建设服务

作为一个新兴交叉学科，国际中文教育的学科建设仍处于探索阶段。人才培养是国际中文教育学科的重要组成部分，也是国际中文教育事业可持续发展的关键。培养模式是人才培养系统中最为复杂、最富于变化，也是最重要的要素系统。面对海外汉语教学呈现的低龄化强劲态势和国内外人才培养“供需失配”的现状，国际中文教育学科应尽快建立起针对海外中小学汉语师资培养的理论体系。然而，目前该领域的研究还十分薄弱。本研究聚焦国别研究，通过对面向美国中小学“双语双文化”汉语师资培养模式的构成要素、中美联合培养的汉硕在美国的适应性、新任“双语双文化”汉语教师在美国中小学面临的教学挑战以及“双语双文化”汉语教师对其教师身份认同等内容的研究，探讨针对海外固定国别中小学汉语师资培养的一些问题，以期为国际中文教育学科建设提供一些理论参考，为推动国际中文教育人才培养体系的多元化发展贡献一点绵薄之力。

2. 为汉语国际教育硕士培养提供新思路

汉语国际教育硕士是面向海外培养的复合型人才，也是海外汉语师资需求的主要供给渠道。由于不少培养单位“对专业硕士的培养定位不清、实践性不足”[①]导致国内外汉语师资供需不畅。本研究以中美联合培养的汉硕为研究对象，探讨接受了中美联合

① 亓海峰、邵滨. 高校汉语国际教育专业硕士人才培养的问题与思考 [J]. 辽宁师范大学学报，2018（4）：38–43.

培养，获得中美两所院校各自颁发的学位证书，具有美国中小学汉语教师资格证，具备在美国长期从事汉语教学条件的国际汉语师资的培养模式及培养效果，为汉语国际教育硕士多元化培养和海外就业提供了新路径，对其他院校有一定的借鉴意义。

3. 为国际汉语师资的“本土化”①培养提供参考

国际汉语教育发展的最终结果必然走本土化之路②，即汉语教育逐步融入当地因素，并逐渐发展当地特色的一种趋势③。师资本土化是国际中文教育本土化的重要内容，关乎其发展成败。师资本土化是指汉语教师由当地人担任。当地师资不仅包括本国籍教师，还包括长期在当地任教，熟悉当地文化传统、教育制度、教学理念、教学方式和学生特点等的中国籍教师（王建军，2015）。汉语教育是师生双向互动的情感交流过程，低龄汉语学习者更容易建立起语感和情感的联结。教师若熟悉学生的成长环境，了解学生的特点和学习习惯，贴近其生活，与之有“共同语言”，便可实现教学效果最优化，而这种最优化效果只有当地教师才能达到。培养高质量的“双语双文化”中国籍教师扎根海外，是促进海外中小学汉语师资“本土化”发展的一种有效方式。目前，学界对该领域的研究还相对薄弱，本研究可以为国际汉语师资“本土化”培养提供参考和借鉴。

① 关于本土化，学界使用了不同的术语，如本地化、在地化和当地化等，本文采用本土化的说法。

② 王建军. 汉语国际教育师资本土化的基本内涵、培养模式与未来走向 [J]. 云南师范大学学报（对外汉语教学与研究版），2015（3）：9-14.

③ 李宇明. 国际中文教育“当地化”的再思考. [EB/] http：//ci.cn/#/detailBanner/Publicaiton

第三节 研究动态

一、人才培养模式

（一）概念

《现代汉语词典》将“模式”定义为“某种事物的标准形式或使人可以照着做的标准样式”。“人才培养模式”指人才培养的标准形式或使人照着做的标准样式。首先，它是一个标准；其次，可供他人复制。

“人才培养模式”是一个本土概念，国外的研究并没有相应或相似的概念。这一概念萌芽于20世纪80年代，发展于20世纪90年代。最早对这一概念进行明确界定的是刘明浚等人，他们在《大学教育环境论要》一书中提出“人才培养模式是在一定的办学条件下，为实现一定的教育目标而选择或构思的教育教学式样。”同时，该书还论及人才培养模式所应涉及的诸要素，包括课程体系、教育途径、教学方法、教学手段、教学组织形式等内容①。

1998年3月，教育部在武汉召开了“第一次全国普通高校教学工作会议”，会议的主文件中指出：“人才培养模式是学校为学生构建的知识、能力、素质结构，以及实现这种结构的方式，它从根本上规定了人才特征并集中地体现了教育思想和教育观念。”教育部副部长周远清在大会报告中对这一概念又做了进一步阐述：所谓人才培养模式，实际上就是人才的培养目标、培养规格

① 刘明浚.大学教育环境论要[M].北京：航空工业出版社，1993.

和基本培养方式，它集中体现了高等教育的教育思想和教育观念，决定着所培养人才的根本特征[①]。

关于“人才培养模式”的界定，学界有多种观点，如“结构说”“活动说”“过程说”“系统说”“方案说”等。已有研究成果主要集中在三个方面：第一，从教学活动范畴界定，认为人才培养模式是“人才培养结构”[②]“培养活动样式”[③④]“培养过程样式”[⑤]和“目标实现方式”[⑥]；第二，从教育管理活动范畴界定，认为人才培养模式是“教育运行机制”[⑦]“教育管理规则”[⑧]“管理组织方式”[⑨]；第三，从系统论范畴界定，认为人才培养模式是“人才培养系统”（李硕豪、阎月勤，2000）、“培养要素组合”（董泽芳，2012；钟秉林，2013）、“人才培养方案”（刘金星、李萃茂，2006）和“人才培养规范”（魏所康，2004）。

尽管学者们从不同角度对“人才培养模式”进行了界定和诠释，但人才培养内涵是一致的，即人才培养模式是在一定教育理

① 周远清.改革高校人才培养模式，提高我国高等教育质量.第一次全国普通高校工作会议会议发言，武汉，1998年3月.

② 刘献君、吴洪富.人才培养模式改革的内涵、制约与出路[J].中国高等教育，2009（12）：127-129.

③ 阴天榜、张建华、杨炳学.论培养模式[J].中国高教研究，1998（4）：46-47.

④ 刘英、高广军.高校人才培养模式的改革及其策略[J].黑龙江高教研究，2011（1）：127-129.

⑤ 龚怡祖.略论大学培养模式[J].中国高教研究，1998（1）：86-87.

⑥ 李振东.关于新阶段我国本科教育人才培养模式的思考[J].继续教育研究，2010（10）：134-137.

⑦ 徐兆仁.新世纪文科人才培养模式探析[J].中国高等教育，2006（17）：22-24.

⑧ 蒋太善、孟新建、刘洪波.人才培养模式的研究与实践[J].教育发展研究，2000（S1）：38-39.

⑨ 陈世瑛、张达明:《工程本科生培养模式的研究》[J].江苏高教，1997（1）：62-64.

念（思想）的指导下，为实现特定培养目标而形成的较为稳定的人才培养模型和运行机制。人才培养模式是某种人才培养理论的具体实践，也是人才培养实践的系统理论化。指导思想不同，建立的培养模式各异。一旦培养模式确立，培养模型和运行程序可供他人效仿，因此培养模式具有目标性、理论性、系统性、范型性和可操作性的特点。人才培养模式分为三个层次，即主导整个高等教育系统的模式，各高校所倡导、践行的培养模式和专业独特的培养模式（刘献君、吴洪富，2009）。本研究的人才培养模式是第三层次，即专业的培养模式。

（二）人才培养模式构成要素

人才培养模式是一个系统工程，由一系列要素构成，是一个诸多环节相互影响的动态组织。它是对实践活动的简约化表述，反映了教育活动各基本要素之间的规律性联系。

关于培养模式的构成要素，学界众说不一，主要有“三要素说”“四要素说”“五要素说”“六要素说”等，如人才培养模式由“培养目标、培养规格、培养方式”（李振东，2010），“培养目标、培养过程、培养制度、培养评价”（郑群，2004），“教育观念、培养目标、培养规格、培养方式”（李波，2011），“教育理念、培养过程、培养制度和质量评价”（刘智运，2011），“目标性要素（培养目标）、计划性要素（培养制度）、实施性要素（培养过程）、评价性要素（培养评价）”（周泉兴，2006），“教育理念、培养目标、培养过程、培养制度、培养评价”（姜士伟，2008）等要素构成。一般来说，培养目标、专业设置、课程体系、培养途径、教学方式和质量评价等是不可缺少的要素。综上所述，本研究认为人才培养模式构成要素主要由培养目标、培养过程、培养手段、培养制度和培养评价五个要素构成。

二、汉语国际教育硕士培养模式研究

2007年，汉语国际教育硕士专业学位设立。十余年间，与汉语国际教育硕士相关的研究成果丰硕。自2008年开始，业内每年举办“全国汉语国际教育人才培养论坛暨专业硕士培养工作研讨会”，对汉语国际教育硕士的培养起到了促进和推广的作用。2007—2019年CNKI上关于“汉语国际教育硕士”的期刊文献共558篇（李宝贵、李慧，2020），有专家学者的成果，也有硕、博士研究生的论文。这些研究按时间可划分为两个阶段（丁安琪，2018）：第一阶段是研究初期（2007—2011），研究成果以汉硕专业建设的宏观探讨为主，如培养方案、培养特点、培养目标与教学理念、培养原则与实施重点、教学体制以及培养中出现的一些问题等（李泉，2009、2010；张和生，2008；张觉，2009；汪国胜，2011、冯丽萍，2009）；第二阶段是研究发展期（2011年以后），这一阶段的研究更加深入也更为精细化，主要以汉硕培养和专业建设的微观研究为主，如专业定位、课程设置、培养模式、教学方法、教学能力培养、实习实践、学位论文和就业等等（崔希亮，2015；吴应辉，2016；田艳，2012；林秀琴，2012；杨金华，2012；亓海峰，2015；刘颂浩，2016）。在汉语国际教育硕士培养的研究成果中，“培养模式”自2012年首次出现，一直备受学者关注，成为渐强型研究前沿[①]。

人才培养模式决定着培养单位所培养人才的根本特征。汉语国际教育硕士的培养目标和职业定位是海外中小学，国内各培养院校应根据海外各国中小学的需求，结合自身发展特点，进行汉硕培养模式的探索与创新。目前，全国汉硕培养院校中只有30%采取了定向培养模式，即针对海外某个国家、某个区域、某

① 李宝贵、李慧.汉语国际教育硕士研究的热点、前沿与特征[J].沈阳师范大学学报，2020（4）：81-89.

种语言或某个年龄段学生群体培养汉语师资；70%的院校采取非定向培养模式，即笼统地培养海外汉语师资。在非定向培养的学校中，80%机械地按照汉语国际教育硕士专业学位教育指导委员会公布的《指导性培养方案》开设相应课程（李东伟、吴应辉，2017）。由于缺乏针对性，国内汉语师资培养的“供”与海外教学市场的“需”难以成功接轨。目前，学界对汉语国际教育硕士培养模式进行系统而深入研究的成果还比较少。截至2021年，CNKI上相关的研究论文不足二十篇，涉及的培养模式主要有以下几种：

（一）“中外合作、定向培养”模式

“定向培养”模式是根据特定国别、特定区域的需求有针对性地培养汉语教师。海外汉语教学情况比较复杂，多层次、多类别的教学对象需要相应的师资，普适化人才难以满足精细化需求。因此，有学者提出“国别培养”（李如龙，2012；江傲霜，2013；韩曦，2013），有学者提出“订单培养”（刘振平，2012），有学者提出“区域培养”（陈红梅，2011；朱瑞平，2011），以提升汉语国际教育硕士的培养质量和培养效果。目前，“定向培养”模式所涉及的国别和区域不多，只有美国、东盟、中亚和东北亚地区。对于实现“定向培养”的途径，有学者提出“中外合作培养模式”（杨薇，2013），张旺熹（2013）也指出：“在当前的汉语国际教育的现实需求面前，要特别重视并尽快建立国别化国际汉语师资的中外联合培养机制，以满足高水平汉语师资的市场需求和事业发展需要。”

“中外联合培养”分为“硕硕”模式和“本硕”模式（江傲霜，2013）。“硕硕”模式较为成功的典型是中央民族大学“1+2+X”模式（孙晓明，2014；吴应辉，2011、2016；江傲霜，2013、2016）。该模式中，汉语国际教育硕士通过一学年和两个小学期的国内学习，修满学分完成教学实习，赴美国合作院校进行为期一年至一年半的套读，顺利毕业后可以获得中美两所院校颁发的学位证，并有资格申请美国中小学汉语教师职位。华东师范大学的“直通车”培养模式（吴勇毅，2011）是“本硕”模式的代表，即学生从华东师大本科毕业后直接申请攻读美国纽约大学MCTSOL，硕士毕业后可以在美国就业。这两所学校的中外联合培养模式为美国汉语教学界培养了一批高质量的优秀师资，有效促进美国中小学汉语教学的发展。

（二）“凸显内涵”的创新模式

汉语国际教育硕士专业学位主要培养“具有熟练的汉语作为第二语言教学技能和良好的文化传播技能、跨文化交际能力，适应汉语国际推广工作，胜任各种教学任务的高层次、应用型、复合型、国际化专门人才”，学生应具有扎实的语言、文化、文学、教育学和心理学等知识基础，具备教学能力、外语能力、跨文化交际能力、运用教学资源的能力和传播中华文化的能力。各校的人才培养内涵，采取的培养模式也比较多元，主要有以下七种：

1.“一核心三支柱”培养模式[①]

该模式的特色内涵是突出培养学生的教学实践能力，完善实践体系。强调“以提升实践应用能力和教学研究能力为核心”“以分类分层教学、改革传统课堂、形成特色课程为支柱”“以完善实习实践体系和国际化的实习基地为支柱”（亓海峰、朱建军，2016）。

① 亓海峰、朱建军.汉语国际教育专业硕士培养模式的构建[J].高教论坛，2016（12）：78-85.

2.“外向型人才”培养模式①

该模式的特色内涵是“多语种国别化”。充分发挥培养单位的多语种特长和优势，通过多元化的师资队伍、“实践型”“国际化”的课程设置和多渠道的教育实习模式，培养具有“多语种国别化”特点的汉语国际教育硕士（高育花，2015）。

3.“1+1>2”培养模式②

该模式将汉硕的培养分为两个阶段，第一个“1”是第一年在国内培养阶段，即理论、方法等学习和部分技能的获得阶段；第二个“1”是第二年在海外的课堂教学实践阶段；“2”是指两年均在国内学习。该模式重视教学和实践，强调“一年国内学习+一年海外实习”的效果远远大于两年只在国内学习的效果。

4.案例库为主的“实践型”培养模式③

该模式的突出内涵是“实践型”，通过案例教学方式实现人才培养。在汉语国际教育硕士的培养过程中，案例教学是提升学生教学能力的有效方式。案例教学能够突出学生在学习中的主体地位，在培养学生的学习能力、实践能力和创新能力等方面效果非常明显（孙晓明，2014；央青，2013）。该模式通过建立影像和文字案例库，构建以案例库为主的“实践型”国际汉语师资的培养模式（李卫国，2013）。由于案例展示的是真实的教学情境，同一个案例可以服务于不同的教学层次或不同课程，具有整体性，能够有效弥补当前应用型培养模式的不足。

---

① 高育花.汉语国际教育硕士外向型人才培养模式探究——以北京外国语大学为例[J].对外传播，2015（10）：56–58.

② 李春玲.论汉语国际教育硕士培养的实践模式——以沈阳师范大学为个案[J].沈阳师范大学学报（社会科学版），2012（5）：95–97.

③ 李卫国.汉语国际教育人才培养储备前瞻性研究[J].河南大学学报（社会科学版），2013（4）：124–130.

5. 基于“任务型”的培养模式[①]

所谓的“任务”是指能够紧密结合生活的真实行为和过程。在人才培养过程中，将整个教学活动置于真实的生活背景中，以一定的目标为导向，以活动为基础，为学生获得各种知识和能力创造可能。该模式在教学内容和教学方法上具有针对性，强调尊重学生的个性和专业背景的差异，突出了“重过程、重实践、重集体”的培养内涵。

6. “USG”模块式培养模式[②]

该模式的内涵为多模块协作，共同培养合格的应用型人才。“U”为“大学”的英文字母缩写，“G”是“政府”的英文字母缩写，“S”是“学校”英文字母的缩写（李春玲，2013）。“USG”视域下的汉教硕士培养模式由四个板块构成：“U”是储备板块，主要功能是做好学生的知识储备；“G”是政府板块指汉办（现语合中心），主要功能是为学生提供实习项目并进行管理；“S”是海外实践板块，主要涵盖学生出国前培训、实习管理和实习评估等功能；“T”板块是考核板块，主要功能是对学生进行动静态考核。

7. “移动教育”模式[③]

在现代教育技术高速发展的新时代，汉语国际教育硕士的培养要与时俱进，充分发挥移动互联网的优势，建立移动教育模式，满足学生随时随地的学习需求，突破汉语国际教育硕士目前的培养瓶颈。该模式的突出内涵是“移动教育”，提高学习效率，更好地服务于中国文化“走出去”战略。

---

① 吴慧.基于任务型的汉语国际教育硕士培养模式探析[J].内蒙古师范大学学报（教育科学版），2012（3）：77–80.

② 李春玲.“UGS”视域下汉语国际教育硕士模块式培养模式探索[J].长江学术，2013（4）：104–109.

③ 唐燕儿、庞志坚、苏宝华.移动互联网时代下汉语国际教育硕士教育模式探析[J].电化教育研究，2015（8）：34–39.

三、汉语国际教育硕士培养构成要素研究

（一）培养目标

人才培养目标是培养模式的基础，是教育目的的具体化，决定教学行为的实施方向，是近年来汉硕培养研究的重要课题。目前，国内培养院校主要依据《汉语国际教育硕士专业学位研究生指导性培养方案》（2007版和2009版）制定人才培养计划。学界对指导性培养方案中培养目标的解读主要有三种观点：第一，汉硕是应用型人才，不同于以往的对外汉语教学人才。汉硕注重职业导向性，培养目标不是学术型人才（李泉，2009；徐蔚，2012），它强调专业素养和教学技能，要能够运用相关理论知识有效地进行教学，是“汉语教学的行家里手”（李泉，2009）；第二，汉硕与对外汉语专业学硕的相同点大于差异（刘颂浩，2013）；第三，汉硕既要重视教学实践，也要重视学术研究能力和理论素养的形成（李泉，2010；王路江，2010；汪国胜，2011；朱勇，2011等），因为这是汉硕“课堂教学能力提升和职业发展后劲的关键”（刘颂浩，2013）。合格的汉硕应具备哪些能力？汪国胜（2011）认为，是“知能兼备，能教能研”的行家；李泉（2009）认为“合格”的汉语教师要有汉字和中华文化知识的积累、经过外语教学训练和跨文化教学能力的培养；孙立峰（2012）认为要加强外语能力、海外社交能力、跨文化交往能力。由于汉硕生源差异过大，各培养院校对培养目标的理解不同，导致人才规格与实际需求有一定差距。盛双霞（2011）呼吁，教指委的指导性培养方案仅为参考，各校还是要根据学校特点和海外教学特点进行有差异性的设计。

（二）课程设置

课程设置是一个不断优化完善的动态系统，人才培养目标通过课程设置来实现，科学合理的课程体系是人才培养规格的保

障。课程设置要遵循理论性、灵活性、系统性、应用性和针对性的原则（朱永生，2007；丁安琪，2009；冯丽萍，2009；王路江，2010；林秀琴，2012）。目前，学界关于汉硕课程设置的研究成果比较多，主要集中于各类课程所占比例和特定课程的优化。

1.课程所占比例。学界的主要观点有“技能说”“本体说”“并重说”“文学说”和“教育说”等（李东伟，2016）。学者们就“本体知识类”课程、“文学文化类”课程、“教学技能类”课程和“方法类”课程等展开了讨论，各种观点均强调应加大相应类型课程在汉硕课程体系中所占的比重，以保障汉硕培养目标的达成，促进知识培养体系的完善。有学者借鉴海外的研究成果，将海外高校相关课程设置与国内汉语国际教育硕士课程设置进行对比，为汉硕的课程设置提供了参考和借鉴。丁安琪（2009）、冯丽萍（2009）探讨了加拿大UBC（University of British Columbia）的一些做法；徐晶凝（2016）借鉴美、日教师教育的课程设置，指出汉硕应加强汉语作为第二语言的知识体系课程，培养训练学生的高层次思维能力；田艳（2012）通过对比英国MTCSOL课程，指出国内汉硕课程应重视特设项目的课程；扩大学生选课范围，注重学科内容的交叉；注重学习者的个体差异，加大学生选课的灵活性；适当增设方法类课程。

2.特定课程的优化。关于特定课程的优化研究主要集中讨论了“中华文化”和“跨文化交际”这两门课程。颜湘茹（2012）指出面向中国汉硕的“中国文化”课程应该具有文化师资培训、师资教育和师资发展的功能，要侧重复合性和实践性。中国汉硕应重视培养中华文化的“传播”能力，国际汉硕则更应强调对中华文化的“体验”。张春燕、景高娃（2016）认为，目前大多数高校“跨文化交际”课程在课程设置、师资力量、教学内容、教学方法和教学资源上都存在很多问题，应注重相关理论和典型案例的结合，采用理论讲解、案例分析、课堂讨论、小组展示、跨文化实践相结合等授课方式，同时要收集中英文最新研究成果，挖掘其他相关教学资源。尽管各校的培养理念会显著地体现在课程设置中，但也有不少高校也存在“课程名不副实、课程结构不合理、无法反映当前第二语言教学的新教育理念或适应当前汉语国际教育新形势新需求，理论与实践相脱节”等问题（施家炜，2016）。

（三）教学实习

教学实习是教师培养过程的重要环节。通过教学实习，准教师才能将课堂所学运用于教学实践中，将所学的“倡导的理论”变为实践的理论，并逐渐形成个人实践性知识，提升教学能力。汉硕是应用型教学人才，教学实习显得格外重要。

目前，汉硕的实习形式主要有海外实习和国内实习两种。吴方敏、陈颖（2012）的调查显示，汉硕培养院校中87%会给学生提供海外实习机会，13%只能让学生在国内实习。海外实习渠道主要有汉办志愿者项目、校际交流项目或民间办学机构项目；国内实习渠道主要是在大学、中小学、来华暑期项目和教学机构从事汉语教学以及非汉语教学类实习。无论是海外实习还是国内实习，各校的教学实习普遍存在实习渠道单一、实习松散、缺乏监管、教学质量参差、实习效果不如意等问题。

关于实习渠道，有学者提出要建立长期稳定的海外实习基地（朱永生，2007；李春玲，2013；崔岩，2016；侯松，2017），全方位探索多种实习渠道（汪雯婷，2016），采取海外、国内以及国内院校合作等多种通道，给学生创造更多的实习机会。对学生在海外实习遇到的跨文化适应问题和教学适应等问题，教师要及时关注并给予帮助（沙宗元，2017；王焱、吴敏怡，2017）。建立“跨区域网络平台”，便于国内外实习学生与国内教师沟通交流，以更好解决实习过程中遇到的问题（李炜东，2011）。

关于实习模式和教学指导，学者们指出各校应结合自身特点，探索不同的实习模式，如“模块组合”模式①、“见习 — 模拟 — 陪练 — 顶岗”模式②、“课堂见习 — 国内实习 — 海外实习”模式③、“境内实习+境外实习”模式④等等。目前，在国内实习，对学生进行指导的主要有导师、培养机构和实习单位三种形式，而导师指导所占比例最大（吴敏方、陈颖，2012）。由于导师通常教学科研任务较重，难以实现全程监管指导，因此，马秀丽（2014）建议，在境内实习可以采取“主管教师+有经验的学生教师+无经验的学生教师”多层次的教学模式，不但可以降低学生面对指导教师的焦虑感，同伴评价还能够提高实习效率，促进教学成长，而在海外实习的学生，很难保障其在教师指导下完成实习。

关于教学实习质量难以监控、教学实习评价机制不完善的问题，解晓楠（2012）指出要做好实习前、实习中和实习后的设计方案，由培养院校、培养院校指导教师、实习单位、实习单位指导教师、实习对象、其他实习同学等多方因素共同监控与管理，以保证学生在实践中锻炼和培养自己的教学能力。现阶段，学生实习效果的评价主要由实习单位评定，未来评价的方式可以向多元化方向发展（吴方敏、陈颖，2012）。

---

① 刘颂浩、曹巧丽、李振华.汉语国际教育硕士实习方案探讨[J].国际汉语教育，2011（3）：7–14.

② 张全真.汉语国际教育硕士留学生实习情况考察[J].对外汉语教学研究，2017（1）：30–39.

③ 丁安琪.汉语国际教育硕士：专业发展十一年[J].国际汉语教育，2018（4）：18–35.

④ 丁安琪.汉语国际教育硕士：专业发展十一年[J].国际汉语教育，2018（4）：18–35.

（四）学位论文

学位论文是衡量硕士研究生培养质量的重要指标，“教学和实习是否有效、培养目标是否实现，在很大程度上体现在该学科的学位论文能否有效地推动行业的发展”①。与学术型硕士相比，汉语国际教育硕士学位论文在论文类型和论文要求上都具有专业硕士的特点，充分体现了应用性。论文选题要紧密结合汉语国际教育实践，论文形式可以是专题研究、调研报告、教学设计、典型案例分析和教学实验报告等。

1. 全局性研究

亓海峰、曹儒（2015）对汉教硕士学位论文的性质、特点、类型、选题范围、研究方法、撰写要求等进行了全面系统地介绍，对汉教硕士撰写学位论文和导师指导具有一定的借鉴意义。周小兵（2017）强调，汉硕论文选题要以问题为导向，解决汉语国际教育中的实际问题，并从研究设计、文献研读与综述、材料收集与整理、理论方法的具体应用、论文写作与修改等几方面对汉硕撰写学位论文进行了细致的指导。这两项研究对该领域的研究具有重要的参考价值。

2. 多角度研究

关于论文选题的分类。李晓琪（2002）、刘弘、杨喆（2013）、周国鹃（2014）、亓海峰（2015）等均有论述。周红（2019）研究发现“汉语教学基础”“汉语教学方法”这两个领域的选题最多，“教学组织与课堂管理”“职业道德与专业发展”比例较低，汉语本体和文化本体研究仍有一定比例。

关于论文的研究类型。亓海峰（2015）指出“专题研究”“调查报告”和“教学设计”所占比例约80%，“案例研究”和“教学

① 周小兵.汉语国际教育专业硕士毕业论文的研究设计与写作（上）[J].国际汉语教育，2017（1）：25-32.

实验”类型的论文所占比例较少，应加强研究方法科学性的训练、强化学生的问题意识和教育反思能力，拓宽学生的研究视域。

关于论文的质量和评价标准。目前，各校汉语国际教育专业硕士学位论文普遍存在论文质量不高，特别是科学性有所欠缺的问题，有相当一部分论文存在研究方法表述不规范、概念不清晰或方法选用不当等问题，急需对汉硕加强学术训练，提高其研究素养（亓海峰、邵滨，2018）。马燕华（2010）指出论文选题应关注汉语国际教育中具有普遍理论意义或应用价值的题目，理论联系实际，提出解决策略或方法，语料必须来自教学一线，要真实可靠。

（五）就业问题

近年来，汉语国际教育硕士就业成为学界关注的一个焦点。从就业状况来看，汉教硕士对口就业率偏低，尽管多数院校学生就业率能够达到80%以上，但很多院校行业相关率只有10%左右（吴应辉，2016；亓海峰、邵滨，2018），即便是北大这样的名校，从事本专业工作的也寥寥无几（刘颂浩，2013）。一部分毕业生在国内无法对口就业，一部分毕业生由于签证等因素的制约，无法长期在海外任教（江傲霜，2016）。因此，有学者指出单纯注重培养，不解决与就业之间的矛盾，不但违背汉教硕士专业设立的初衷，也很难解决海外汉语教师紧缺的问题（张觉，2009；朱勇，2011）。要解决就业问题，就要明确汉语国际教育硕士的专业定位，优化培养模式，提高就业竞争力①，拓宽学生的就业渠道。同时，加大中外联合培养力度，针对具体国别和区域培养“超本土”汉语教师（江傲霜，2016），使人才培养的“入口”和“出口”管道畅通，出台相应的政策，以稳定海外汉语师

① 李美玲.汉语国际教育专业硕士就业问题探析——以北京外国语大学为例[J].国际汉语教育，2017（1）：33-40.

资队伍。

目前，关于汉语国际教育硕士培养模式的研究呈现以下特点：

1. 实践研究多，理论研究少，缺乏人才培养模式的综合性研究

现有研究多集中于汉教硕士培养模式的某个要素、某个环节或某一方面，指出存在的问题，提出相应的解决对策，而针对培养模式的系统性研究成果不多，理论探讨不够深入。由于缺乏系统性，难以建立支撑学科发展的理论体系。实际上，人才培养模式的各环节、各要素是不可分割的整体。近几年，涌现一些关于汉硕培养模式的综合性研究，主要以汉语国际教育硕士的学位论文居多，且以某一所学校为研究对象，广度和深度不足，无法起到推广和示范作用。人才培养模式是理论在教学中的实践，也是实践在教学中的理论提升，两者需紧密结合，才能互相影响，共同促进，不断发展。

2. 研究重点不均衡，研究方法相对单一

人才培养模式由多个要素构成，现有研究成果对于培养过程中课程设置和教学实习探讨得比较充分，而对于培养目标、培养制度、培养评价等内容涉及较少，关于培养模式各构成要素间的联系也不够深入。研究方法上，以调查分析为主，科学的实证性研究成果不足。未来应加强对已有研究内容的精细化探讨，在建立宏观理论体系的同时，对具体微观内容进行更深层次的研究。

3. 中外联合培养汉语国际教育硕士的研究较为薄弱

汉语国际教育硕士专业学位是为缓解海外汉语师资的紧缺而设立的，由于受一些因素所限，国内培养的汉教硕士无法长期在海外任教。面对国内外师资供需的显著矛盾，探讨新的培养模式，突破一些国家二语教师准入壁垒，探索打通国内师资培养和

海外就业的通道，是汉语母语国的责任。然而，国内关于中外联合培养外向型汉语国际教育硕士的研究还相当薄弱，只有为数不多的学者进行了探索（江傲霜，2012、2016；吴应辉，2016）。系统研究汉教硕士中外联合培养模式，有助于提高汉硕培养质量，更好地满足海外汉语教学需求。

第四节 研究方法

量化研究方法也称定量研究方法，是运用统计学原理和概率论探究社会现象的数量特征、数量关系和事物发展过程中的数量变化，以确定客观事实、现象和变量之间关系的研究方法①。质性研究则是以研究者本人作为研究工具，在自然情境下采用多种资料收集的方法对社会现象进行整体性研究，使用归纳法分析资料和形成理论，通过与被研究者的互动对其行为和意义建构获得解释性理解的一种活动②。本文部分章节采用了量化研究方法，部分章节采用了质性研究的方法，还有章节量化研究和质性研究相结合。

一、问卷调查法

本文采用问卷调查法对参与中美联合培养的学生美国跨文化适应性以及新任“双语双文化”汉语教师在美国中小学的教学挑战进行了研究，使用SPSS软件统计数据，对调查结果进行描述

① 胡俊生.社会学教程新编[M].武汉：武汉大学出版社，2016.

② 陈向明.质的研究方法与社会科学研究[M].教育教学出版社，2002.

性统计分析。

二、文本研究法

本文对中央民族大学国教院和美国6所合作院校的培养方案及相关文本资料进行了详细考察，通过对比中美双方院校汉语师资的培养途径、培养过程、课程设置、教师队伍等，深入探讨中美联合培养院校9个项目的共性和差异、优势和不足。

三、访谈研究法

访谈研究法是质性研究中一种最常用的方法，是研究者与受访者面对面直接交谈，从中获取第一手资料和数据的研究方法。本文对参与中美联合培养的学生以及中央民族大学国教院相关教师进行了访谈，了解中美联合培养过程中的相关问题、毕业生在美国及归国就业的相关情况。

四、叙事研究法

当教师学习被视作教师发展的主要方式，个体生活经验和职业经历便成为重要的学习资源，而“表征和理解经验的最佳方式是叙事”（Clandinin&Connelly，2000）。教师的个人生活和教学实践中，存在着大量的、充满感情色彩的“故事”，叙事是教师用自己的语言来参与专业论述的基本途径。本文通过研究中美联合培养的“双语双文化”教师在日常学习、生活和教育活动中所经历的各种事件，揭示这些事件背后反映的专业问题。“双语双文化”汉语教师的身份认同以及归国汉硕在国内中小学语文教学胜任力的研究采用了叙事研究方法。通过线上语音通话的方式，进行一次或多次半结构性访谈。在事先征得被访对象同意的前提下，对访谈过程进行全程录音。经过多次转写、校对与归类，并对访谈材料进行编码，提取关键事件，然后进行具体分析。

第五节 研究的创新点

1.研究内容新颖

通过中外联合培养的方式来解决海外汉语师资面临的困境已成为许多专家学者的共识，但学界理论探讨较多而付诸实施的较少（吴应辉，2012）。目前为止，采取中外联合培养汉语国际教育硕士的院校寥寥无几，毕业生能够成功在海外就业的更是少之又少。中央民族大学“1+2+X”模式培养理念新、培养目标明确、针对性强、培养质量高、业界口碑好、海外就业率高、具有创新性。真正践行汉语国际教育硕士外向型培养宗旨，为汉教硕士培养提供了可供借鉴的典范。

2.研究领域独特

陆俭明（2014）指出：在汉语教师培养上，当前面临两大问题：一是培养规格问题；二是培养模式问题。关于汉硕培养模式的研究，业内已有相关成果，而关于中外联合培养汉硕并在海外成功就业的培养模式，研究成果还相当薄弱。本研究的研究领域独特，探讨中美联合培养面向美国中小学的汉语师资培养模式，系统分析了中美院校在汉语师资培养过程中的优势和不足，调查了中美联合培养的“双语双文化”汉语教师在美国的跨文化适应性，并对其在美国中小学任职初期面临的教学挑战以及归国汉硕在国内中小学语文教学的胜任力等进行了全面的分析和理论阐释。

3.研究方法多元

本文不但采用了量化研究，也使用了质性研究，对教师的个人生活和职业经历进行了深度挖掘。在量化研究的基础上，对被研究者进行深度访谈调查。主要运用了问卷调查法、访谈研究法、叙事研究法等。获取数据的主要方式为问卷调查和访谈，辅以课堂观察、教学视频和教师日志等。

第一章　面向美国“双语双文化”汉语师资培养模式

培养模式是在一定的教育理念或思想指导下，为实现特定培养目标而形成的较为稳定的人才培养模型和运行机制。它源于人才培养过程中的反复实践，在形成特定范式下科学地运行。这种结构框架和活动程序具有可复制性[①]。培养模式由一系列要素构成，培养目标、培养过程、培养手段、培养制度和培养评价这五要素对人才培养质量起着决定性作用。

面向美国中小学“双语双文化”汉语师资培养主要采用“1+2+X”模式，我们将其称为“民大模式”。该模式实施13年，成熟稳定，人才培养效果显著，具有一定的示范性和可效仿性。本章将从培养模式的五个构成要素入手，具体分析面向美国中小学的“双语双文化”汉语师资培养模式如何实现人才培养目标，在实施过程中如何操作，如何保障人才培养质量等，力图对该模式进行系统梳理，并在理论上进一步提升。

---

① 李盛兵主编.跨国高等教育人才培养模式研究[M].北京：人民出版社，2010.

第一节 国教院“1+2+X”汉语国际教育硕士培养模式

一、中央民族大学国际教育学院

中央民族大学是全国民族院校中最早接收外国留学生的大学，20世纪50年代中期开始接收苏联、东欧的留学生，60年代又招收了来自越南的留学生，这些留学生主要学习中国少数民族语言文学和藏学等专业。2000年，为大力发展留学生教育，中央民族大学成立了国际语言文化学院，2006年更名为国际教育学院[①]。

国教院集教学、科研及全校留学生招生、管理和服务于一身，是国内外知名的国际中文教育单位，每年招收近千名长短期国际学生，其中学历生占三分之一。秉承“国际化视野”和“全球化发展”的理念，国教院每年为世界各地输送大批知华友华的汉语人才。“把世界引进民大、把民大推向世界”是国教院的努力方向；“国际化思维、创新性行动”是国教院的决策理念；“融入高等教育主流、谋划长期可持续发展”是国教院的行动指南。

国教院办学层次齐全，学科体系完善，是全国高校中为数不多的本、硕、博人才培养体系完整的一流大学之一。设有汉语国际教育本科专业、汉语国际教育硕士专业学位点、“国际汉语教学”二级学科博士点，面向全球招生。2009年，汉语国际教育硕士专业学位点获批，2010年招收首届中国汉教硕士，至今已有13

① 为行文方便，后文简称为国教院。

年，共培养了11届毕业生。国教院是国内最早设置“国际汉语教学”二级学科博士点的学院之一，下设的“汉语国际传播研究”方向推出一批高质量的前沿研究成果。现有教职员工46人，其中，教授3人，副教授11人，具有博士学历的占专职教师总数的80%。师资队伍以中青年学者为主体，他们的教学经验丰富，具有海外求学和工作经历。

国教院高度重视学科建设，科研成果丰硕。国教院高度重视学科建设，科研成果丰硕。近十年，获国家社科基金重大项目1项，一般项目6项，青年项目1项。教育部人文社科一般项目2项，国家民委项目4项，国家语委科研规划项目2项，教育部语合中心等其他项目56项。教师发表论文213篇，出版专著30部。

二、“1+2+X”汉语国际教育硕士培养模式

1.“1+2+X”培养模式内涵

国际教育学院遵循“以人为本”的培养理念，坚持“以学生为中心”“以就业为导向”，突出“时间成本”，注重“知识能力并重”，独创汉语国际教育硕士“1+2+X”的培养模式①。

该模式主要面向以美国为主的英语国家培养汉语教师，学制2年。其中，“1”即一个学年，指入学后第一学年，学生在中央民族大学国教院学习；“2”即两个暑假小学期，第一个小学期是第一学年开始前的暑假。国教院汉硕新生7月初入学，开始为期11周的全英文专业课程学习和英语强化学习；第二个暑假小学期是第一学年结束后的暑假，学生开始教学实习。国教院学生通过选拔，可以进入各美国在京知名汉语教学项目，如ACC（美国大学联合汉语中心项目）、PIB（普林斯顿在北京汉语暑期项目）、

① 吴应辉.汉语国际教育硕士培养中的人本理念与中央民族大学的“1+2+X”模式[C]//第十一届国际汉语教学研讨会论文集，2012.北京.

CIB（哥伦比亚大学北京暑期汉语项目）、CET（美国中国游学项目）、MIB（密西西比大学北京汉语暑期项目）等项目[①]进行8–9周的教学实习；“X”是指半年至两年的海外学习或实习。“X”的形式灵活，为学生提供了多元的选择。第一，可以赴海外短期进修学习，并获得相应学分。中央民族大学与海外几十所大学建立了校际合作关系，国教院学生可以申请参加这些校际交流项目。如“俄克拉荷马项目”和“俄勒冈项目”，学生赴两所大学交换学习三个月至两个学期，所修课程可获得相应学分；第二，参加中美联合培养项目，套读[②]第二个汉语教育硕士学位，同时申请所在州教师资格证，毕业后有机会在美国中小学从事汉语教学工作；第三，赴海外其他院校攻读或套读汉语教育硕士学位；第四，通过语合中心的志愿者教师选拔，赴海外完成实习任务；第五，未能出国的同学，可在国内实习，如在国教院国际学生班级中任教，或在相关教学单位完成规定教学时数的实习。

在“1+2+X”模式中，学生用一学年和两个暑期小学期，可修完国教院培养方案中规定的全部课程，第二年出国学习或进行海内外实习并完成中央民族大学规定的学位论文。与其他院校的汉硕培养模式相比，在同样的培养时间内，参加中美联合培养的学生可获得两个国家两所院校的硕士学位，该模式因“低成本高回报”而深受学生欢迎。

---

① ACC（Associated colleges in China）；PIB（Princeton in Beijing）；CIB（Columbia in Beijing）；CET（China Education Tour）；MIB（Mississippi in Beijing）。

② 套读是在同一培养周期内攻读两个硕士学位，汉硕在修满国教院学分后，赴美国合作院校攻读第二个硕士学位。达到毕业标准，可获得中美院校各自独立授予的两个硕士学位。

2. “1+2+X” 模式培养成效

（1）学生整体情况

从2010级至2018级，国教院共招收九届汉语国际教育专业硕士547人。截至2020年8月[①]，有127人赴海外留学，占招生总人数的23.22%。其中，参加中美、中爱（爱尔兰）[②]、中西（西班牙）[③]联合培养项目套读学位的学生共107人，占总人数的19.56%，参加短期交换学习的学生20人，占总人数的3.66%；赴海外实习的学生共145人，占总人数的26.51%。

表 1-1-1　2010 级 -2018 级 “1+2+X” 模式人才培养情况

年级	学生[④]人数	海外学习人数		海外实习人数	出国总人数
		攻读学位	短期交换		
2010	37	10	4	9	23
2011	44	3	3	15	21
2012	64	9	4	19	32
2013	68	11	4	21	36
2014	70	25	0	19	44

① 由于全球新冠疫情，2019、2020和2021这三年参加中外联合培养和海外实习的人数均受到影响，2019级参加中美联合培养的学生延期至2021年派出。因此，我们将海外实习数据采集点设为2018级学生，毕业生数据收集节点为2020年8月。

② 爱尔兰科克大学是中央民族大学的校际合作院校，联合培养项目于2018开始实施。

③ 西班牙卡米亚斯主教大学项目是　年的学位项日，我院学生2016年开始参与该项目。

④ 学生人数是实际入学人数，含延期入学学生。

续表

年级	学生人数	海外学习人数		海外实习人数	出国总人数
		攻读学位	短期交换		
2015	57	15	0	10	25
2016	67	5	2	24	31
2017	69	15	1	16	32
2018	71	14	2	12	28
总计	547	107	20	145	272

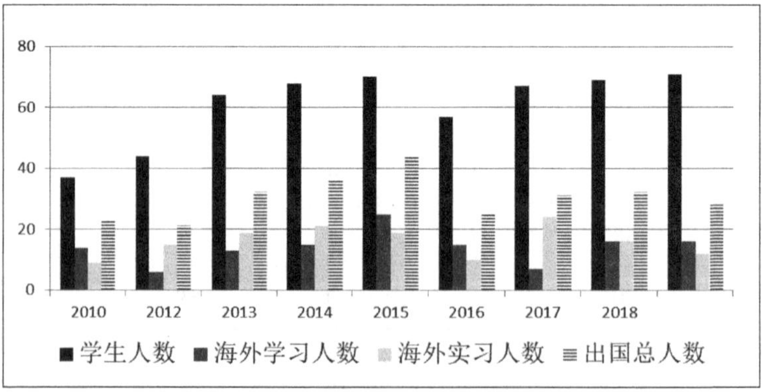

图 1-1-1：2010 级 -2018 级“1+2+X”模式人才培养情况

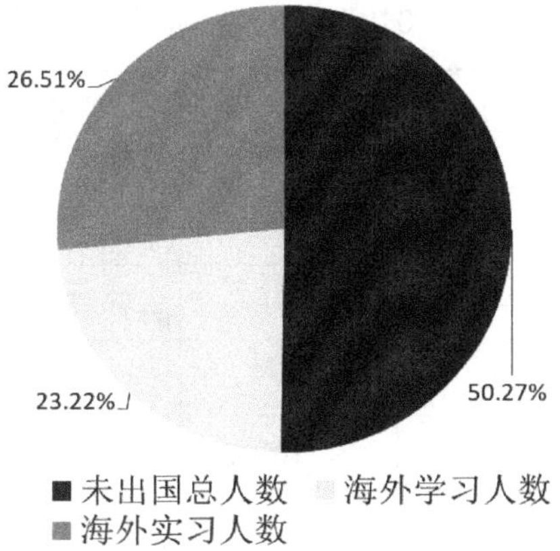

图 1-1-2：2010—2018 年“1+2+X”模式人才培养情况

总体看来，国教院学生海外实习人数占学生总人数的比例并没有那么高，仅占26.51%，但在海外短期学习和攻读硕士学位的学生数量却达到23.22%，几乎与海外实习的学生人数持平，其中参加中外联合培养套读学位的学生占总人数的19.56%。与145位海外实习的学生相比，国教院107位中外联合培养的学生能够获得海外院校的学位，有资格参与海外人才市场的竞争并有机会留在当地长期从事汉语教学，这种现象在国内汉硕培养院校中较为罕见。

（2）学生参加中美联合培养情况

国教院2010级至2018级九届学生中，参加中美联合培养的共86人，占学生总数的16%。毕业当年在美就业率普遍在80%以上，最高年份达到100%。这些学生在美国对口就业率高，95%从事汉语教学。其中，在大学任职占14%，如杨百翰大学、肯塔基大学、北乔治亚大学、罗德岛大学等，81%在中小学任职。在汉教硕士海外就业难的大背景下，中央民族大学国教院每年向美国输入一批高质量的中小学汉语师资，服务了国家战略，为促进中外人文交流和汉语国际传播起到重要作用。

表 1-1-2 2010 级—2018 级国教院参加中美联合培养项目人数

年级	学生总数	美国院校毕业人数	毕业当年在美就业人数	毕业当年归国人数
2010	37	6	5	1
2011	44	3	3	0
2012	64	7	5	2
2013	68	10	8	2
2014	70	25	21	4
2015	57	11	9	2
2016	67	5	4	1
2017	69	11	2	9
2018	71	8	3	5
总计	547	86	60	26

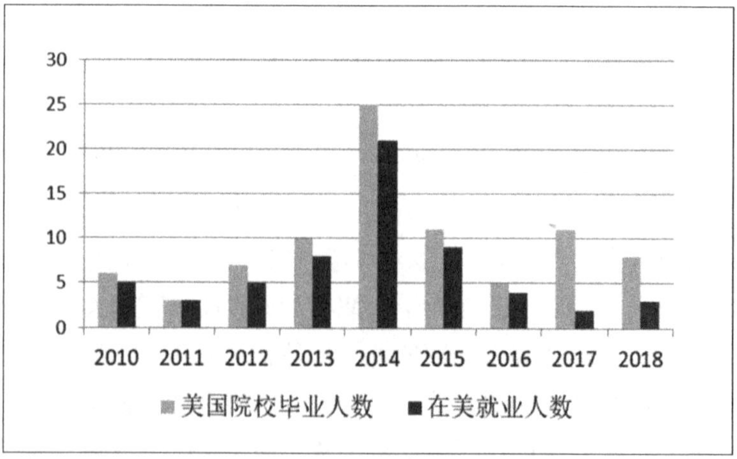

图 1-1-3：国教院中美联合培养学生人数

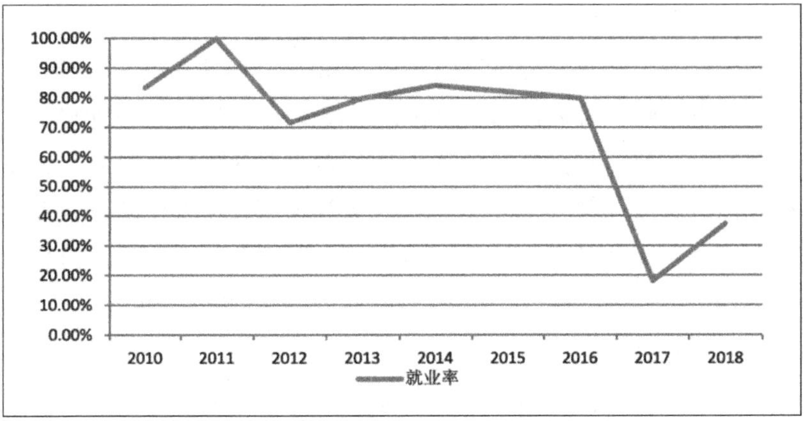

图 1-1-4：中美联合培养毕业生当年在美就业率

3. 美国六所院校及联合培养项目情况

（1）布兰戴斯大学

布兰戴斯大学（Brandeis University）位于美国马萨诸塞州波士顿地区，成立于1948年，是美国第一所犹太人建立的私立研究型大学。以培育精英为理念，是波士顿“五大名校”“八大研究型大学”之一，享有极高声誉，素有“犹太哈佛”美称。该校2021年全美大学排名42。

布兰戴斯大学与国教院合作的“汉语教学硕士项目”，设在文理研究生院，学制一年。分为两个方向，即“成人汉语教学项目”和“青少年汉语教学项目”。“成人项目”设在德、俄、亚洲语言文学系，“青少年项目”设在教育系。由于州内或邻州中小学就业机会相对较多，很多同学毕业时未申请到成人汉语教学职位，便转入中小学。国教院共有18名学生就读该校，17人参加了成人项目，毕业后回国2人，在大学就业4人，其余11人均在中小学任职。

（2）马里兰大学

马里兰大学帕克分校（University of Maryland，College Park），位于马里兰州，毗邻首都华盛顿，始建于1856年，是一所知名度较高的公立研究型大学，被认为是公立“常春藤院校”之一。该校2021年全美大学排名58。马里兰大学与国教院合作的“课程与教学法”专业“世界语教育”硕士项目，设在教育学院，学制分1年制和2—3年制两种。国教院共有3名学生就读该校。

（3）西东大学

西东大学（Seton Hall University）位于美国新泽西州，成立于1856年，是美国历史最为悠久的私立大学之一。该校2021年全美大学排名133。西东大学与国教院合作的“汉语与中国文化教学”硕士联合培养项目，设在文理学院“亚州研究”专业下。西东大学可转换国教院12学分，占总学分36%。国教院共有23名学生就读该校。

（4）罗德岛大学

罗德岛大学（University of Rhode Island）位于罗德岛州，始建于1892年，是一所公立州立旗舰研究型大学。该校2021年全美大学排名170。罗德岛大学与国教院合作的“初/中等外语教育”专业“外语教学”方向硕士项目，设在教育学院，学制一年。该校2021年全美大学教育学院排名112。罗德岛大学可转换国教院12学分，占总学分31%。国教院共有11名学生就读该校。

（5）波特兰州立大学

波特兰州立大学（Portland State University）位于波特兰市，成立于1946年，是俄勒冈州规模最大的公立研究型大学。该校2021年全美大学排名284，教育学院排名112。波特兰州立大学与国教院合作的“国际教师教育硕士学位项目（汉语教学方向）”设在教育学院，学制一年。国教院共有13名学生就读该校。

（6）南佛罗里达大学

南佛罗里达大学（University of South Florida）成立于1956年，主校区坐落于佛罗里达州坦帕市，是公立研究型州立大学。该校2021年全美大学排名103，教育学院排名73。南佛罗里达大学与国教院合作的“外语教育（K–12）双硕士”项目，设在教育学院，学制一年。国教院共有18名学生就读该校。

表 1–1–3 美方院校项目情况

	美方合作院校	项目名称	所在院系	学制	就读人数
1	布兰戴斯大学	汉语教学硕士MTCC	文理研究生院德、俄、亚洲语言文学系	1年	17
		汉语教学硕士MAT	文理研究生院教育系	1年	1
2	西东大学	汉语与中国文化教学硕士	文理学院	1.5年	23
3	马里兰大学	世界语教育硕士	教育学院	1年	2
				2–3年	1
4	罗德岛大学	初/中等外语教育双硕士	教育学院	1年	11
5	波特兰州立大学	国际教师教育	教育学院	1年	13
6	南佛罗里达大学	外语教育（K–12）双硕士	教育学院	1年	17
				1.5年	1

从上表可见，与国教院合作的美国六所院校9个项目[①]中，有

① 布兰戴斯大学、南佛罗里达大学和马里兰大学分别有两个联合培养项目。

7个项目设在教育学院，师资培养的教育属性强。国教院为独立设置的培养单位，汉语国际教育硕士中文和教学属性较强①。由此可见，中美双方课程有效互补，能够充分发挥各自优势，提高人才培养质量。

第二节 培养目标

人才培养目标是培养者对所要培养出人才的质量和规格的总规定②。换言之，就是培养什么类型的人才及其所能从事的职业岗位类型和层次。培养目标是教育目的与教育实践活动之间重要的连接纽带，反映了社会对教育人才培养活动的预期，对人才培养过程起直接的导向作用③。在培养模式中，培养目标是决定性要素，它是人才培养顺利开展的前提和基础，决定着人才培养活动的发展方向。

人才培养目标受社会对人才规格的需求、培养单位自身教育资源、学生的基础条件和发展特点等多个因素的共同制约，能够体现培养单位的办学特色和培养优势。一般来说，培养目标包括人才根本特征、培养方向、培养规格、业务培养要求等内容④。

培养目标有三个层面：第一是国家层面，即教育部依据教育目的、教育方针、社会需求和教育特点等制定的宏观性培养目

① 2022年教育部《研究生教育学科专业目录》调整后，国际中文教育隶属于教育学一级学科。

② 朱晟利.论人才培养模式的概念及构成[J].教育评论，2005（3）：28-29.

③ 陈智慧.略论高等教育目标的内涵与构建[J].交通高教研究，2002（4）：1-2.

④ 郑群.关于人才培养模式的概念与构成[J].河南师范大学学报（哲学社会科学版），2004（1）：187-188.

标；第二是高校层面，体现办学定位的中观性培养目标；第三是专业层面，即突出学科专业内涵与市场需求的微观性培养目标。本研究所指的培养目标是专业层面的微观性培养目标。

《全日制汉语国际教育硕士专业学位研究生指导性培养方案》中将汉语国际教育硕士专业学位的培养目标定位为与国际汉语教师职业相衔接的专业学位，主要培养具有熟练的汉语作为第二语言教学能力、良好的文化传播技能、跨文化交际能力，适应国际中文教育工作，胜任多种教学任务的高层次、应用型、复合型、国际化专门人才，并对人才规格提出具体要求：

1. 掌握马克思主义基本理论，具备良好的专业素质和职业道德。

2. 热爱国际中文教育事业，具有奉献精神和开拓意识。

3. 具备熟练的汉语作为第二语言教学技能，能熟练运用现代教育技术和科技手段进行教学。

4. 具有较高的中华文化素养和传播能力。

5. 能流利地使用一种外语进行教学和交流，具有跨文化交际能力。

6. 具有语言文化国际推广项目管理、组织与协调能力。

可见，汉语国际教育硕士专业学位的培养目标重视职业需求，强调能力培养，国际性和外向型特点鲜明（李泉，2009），这充分体现了本学科特点。各培养院校在参照《方案》的同时，应结合自身特点，充分发挥院校的培养优势进行人才培养。

一、中央民族大学国际教育学院

培养目标明确，培养规格精准，人才培养才具有针对性。朱瑞平（2011）指出：“由于海外各国存在地域性差异，学习者的汉语水平也呈现阶段性差异，为不同地区和国家培养适应现阶段汉语教学工作需求的人才，实际上也存在适用这种阶段性和地域性特征的问题。作为培养单位，应该充分利用走出去、请进来的方法，了解世界各地的实情，通过了解地域性、阶段性特征来加强人才培养的针对性[①]。”国教院依据教指委指导性培养方案，在充分调研美国汉语教学需求的基础上，结合本院地理优势、国际化优势和人才培养优势，精心选拔综合素质高、外向能力强的汉硕，将其培养成为具有“三双一证”的“双语双文化”美国中小学汉语教师。

（一）培养方向

美国中小学汉语教师。

（二）人才根本特征

具备“双语双文化”能力。

（三）培养规格

具备“三双一证”的中小学汉语教师。“三双”指双语、双文化、双硕士；“一证”是美国合作院校所在州的中小学汉语教师资格证。

（四）业务要求

20世纪90年代中期以来，学者们逐渐将人才培养目标内涵集中于“知识”“能力”和“素质”这三要素上。然而，在对“能力”和“素质”进行界定时，不免出现交叉重叠、界限不清的情况。“道德”是指人的品格、精神、胸怀等，是综合素质之一，比“素质”的概念更加聚焦（吴长汉，2017），本研究使用“道德”的概念。民大国教院汉硕培养目标对学生的业务要求主要在知识、能力和道德三方面。

---

① 朱瑞平.略论汉语国际教育人才培养的针对性问题[C]//国际汉语教育人才培养论丛（第二辑），北京：北京大学出版社，2011.

1. 知识方面

（1）具有扎实的汉语专业基础知识和良好的理论素养，包括语言知识、文学文化知识、跨文化交际知识、教育心理学知识等。

（2）了解美国的教育和文化。

2. 能力方面

（1）具有较高的汉语和英语水平。

（2）具有熟练的汉语作为第二语言教学技能，能熟练地运用现代教育技术和科技手段进行教学。

（3）具有良好的中华文化传播技能和中美跨文化交际能力，了解美国教育和文化，能熟练运用英语进行教学和交流。

（4）具有汉语教学和中华文化国际传播项目的策划、管理、组织与协调能力，适应美国汉语教学工作，胜任多种汉语教学任务。

（5）获得中美双硕士学位和美国中小学教师证，通过两到三年不间断学习，同时获得中美两所院校单独授予的硕士学位，并获得所在州颁发的中小学汉语教师证。

3. 道德方面

（1）热爱国际中文教育事业，具有奉献精神和开拓精神。

（2）具备良好的专业素质和职业道德。

对照教指委指导性培养方案可以发现，国教院汉硕培养目标具有以下特点：第一，定位精准聚焦。为美国中小学“量身打造”高质量的汉语师资。这些学生毕业后可以进入美国主流的基础教育体系任职，未来有机会长期在美国从事汉语教学，成为本土师资队伍中的一员；第二，注重能力培养。“双语双文化”教师不仅要具备国际汉语师资应有的专业素养，还要精通中美两国语言和文化，具有较强的中美跨文化交际能力，熟悉美国教育体制和教育理念，能够熟练地使用英语进行教学和沟通，具备进入美国就业市场的竞争力；第三，强调道德发展。培养热爱国际中文教育事业，具有职业理想和道德情操，愿意为中外文化交流无私奉献的中美文化交流使者。学生的知识和能力固然重要，但思想道德境界却是促进个人发展的重要推力。国教院面向美国中小学培养的汉语师资目标指向性强，充分体现培养单位个性化的培养特色。参与该项目的汉硕通过攻读美国院校的学位，获得了打开外语教师准入大门的“金钥匙”；通过获取中小学汉语教师资格证，得到进入美国公立中小学体系任教的“通行证”。

二、美国六所合作院校

美国的教育硕士专业学位包括多种类型，招生人数最多的是MAT（教学文硕士）和MEd（教育专业硕士）①，二者均为职业导向型专业学位。不同的是，MAT主要招收全日制非教育专业应届本科毕业生和其他行业欲从事教育行业者；MEd主要面向在职教师，培养具有一定研究能力、能够解决实际教育问题的专家教师和领导者，以促进教师专业发展，为其职务晋升做好铺垫。

（一）布兰戴斯大学

该校与国教院合作的“汉语教学硕士项目”有两个方向：

1. 中小学项目（MAT）招收本科毕业生或有意从事教育职业者。

（1）培养目标：高质量的、有教师资格证的初中或高中汉语教师。

（2）业务要求：获得马萨诸塞州初级中小学汉语教师资格证。

① MAT（Master of Arts in Teaching）是教学文硕士；MEd（Master of Education）教育专业硕士。

2. 大学项目（MTCC）[①] 招收已获得汉语教学相关硕士学位或至少修完相关硕士基础课程者。

（1）培养目标

①在美国大学或其他机构从事中级水平语言或文化课程教学的汉语教师。

②继续攻读博士学位的学生。

（二）西东大学

该校与国教院合作项目为MA（文学硕士）。

1. 培养目标：能够胜任K–16年级汉语作为外语教学的汉语教师。

2. 业务要求：

（1）知识方面

①熟悉中国文化、历史、语言和文学。

②掌握汉语作为外语教学的理论实践和相关问题。

（2）能力方面

①非英语母语者需具有近乎母语者的英语水平。

②能够胜任K–16年级汉语作为外语教学工作。

（三）罗德岛大学

该校与国教院合作项目为中小学项目（MA）。

1. 培养目标：培养罗德岛州中学汉语教师。

2. 业务要求：在攻读教育专业硕士学位的同时获取罗德岛州初级汉语教师资格证。

（四）波特兰州立大学

该校与国教院的合作项目为中小学项目（ITEP），即课程与教学硕士学位（MEd），同时修读俄勒冈教师资格证课程。

① MTCC：Master of Arts of Teaching Chinese at College Level。

1.培养目标

获得俄勒冈州中小学教师证并在公立学校任教，成为教育专家或领导。

2.业务要求

（1）在学科教学方面出色。

（2）擅长于教学设计和教学实践。

（3）致力于学校和社会的优秀教育。

（4）在攻读硕士学位期间考取俄勒冈州中小学教学执照。

（五）南佛罗里达大学

该校与国教院合作项目有两个，一个有教师证（MAT），一个无教师证（MEd）。

1.培养目标：合格的K–12年级（幼儿园—高中）汉语教师。

2.业务要求

（1）MAT要求获得中小学教师资格证。

（2）MEd要求能够运用所学知识设计、实施和评估有效的教学项目。

（六）马里兰大学

该校与国教院合作项目为MEd。

1.培养目标：合格的小学或初中汉语教师。

2.业务要求：获得马里兰州中小学（幼儿园—高中）汉语教师资格证。

国教院与美国六所院校共有9个合作项目。其中，MAT有2个，MEd有4个，MA有2个项目，MTCC只有1个。除1.5个为大学项目外[①]，其余7.5个均为中小学汉语教学项目。中美院校人才培养目标高度一致，为共同培养针对性强、教学质量高的优秀教

① 西东大学的培养目标既包括成人教师，也包括中小学教师，我们各计一半。

师奠定了坚实基础。整体来看，六所美国院校的培养目标有以下特点：

第一，培养目标明确。布兰戴斯、罗德岛、波特兰州立、马里兰和南佛罗里达5所大学，无论大学项目还是中小学项目均将培养目标定位为汉语教师。如南佛罗里达大学MEd项目原有的培养目标是“希望在外语教学或英语作为第二语言教学领域继续深造的专业教育者”，与国教院合作后，聚焦为培养“K–12年级汉语教师”。

第二，师资规格准确。在9个合作项目中，有8个明确指出培养对象的规格。如布兰戴斯大学MAT和波特兰州立大学MEd旨在培养初中或高中汉语教师；罗德岛大学MA则培养中学汉语教师；南佛罗里达大学MAT和MEd均培养K–12年级汉语教师；马里兰大学MEd培养小学或初中汉语教师；布兰戴斯大学MTCC培养成人汉语教师；西东大学培养中小学和成人汉语教师。不过，西东大学的培养目标相对宽泛，即“能够胜任K–16年级汉语作为外语教学的教师”，人才培养的针对性有待提高。成人汉语教学与中小学生汉语教学在教学理念、教学内容、教学方式和教学评价等方面有较大差异，若不加区分，就会陷入普适性教师的培养怪圈。因而，培养目标的设定不宜过宽，加强针对性才能提高人才培养的有效性。

表 1–2–1　美方合作院校学位类型及人才培养规格

	美方合作院校	学位类型	培养规格	教师证
1	布兰戴斯大学	MAT	初中或高中汉语教师	有
		MTCC	大学或其他机构汉语教师	无
2	西东大学	MA	K–16年级汉语教师	无

续表

	美方合作院校	学位类型	培养规格	教师证
3	罗德岛大学	MA	罗德岛州的中学汉语教师	有
4	波特兰州立大学	MEd	本地公立学校初中或高中汉语教师	有
5	南佛罗里达大学	MAT	K-12（小学 — 高中）汉语教师	有
		MEd		无
6	马里兰大学	MEd一年	小学或初中汉语教师	有
		MEd二年		有

第三，业务要求详细。6个中小学项目均要求培养对象获得所在州中小学汉语教师资格证。学生修完全部硕士学位课程，学校推荐其参加教师证考试，成绩合格可申请公立中小学的汉语教师职位。此外，西东大学、波特兰州立大学和马里兰大学对师资的业务能力还做出具体规定。如西东大学要求非英语母语学生的英语水平需达到母语者程度，熟悉中国语言文化，具备汉语教学所需的理论水平和实践能力；波特兰州立大学不但对学生的学科教学能力提出了较高要求，而且从职业道德上要求学生致力于学校和社会教育；马里兰大学教育学院要求所有研究生具有四个核心能力：

1. 熟练掌握课程教学知识、课程大纲、教学法及学科的相关知识；

2. 用全球化视野和对其他文化的敏感性来理解学习者及其社会文化背景；

3. 通过研究和调查进行评估及批判性解读来反复练习循证结

果，从而提高教学实践水平；

4. 有能力在教学中使用技术手段来支持学生的学习，能为改进教学和学校提供数据驱动的解决方案。

中美院校培养目标的一致性为提高人才培养质量提供了有效保障，中方院校的培养为准教师构建起国际汉语教学的理论体系和教学能力框架，奠定汉语专业知识基础；美方院校的培养进一步将其塑造成与本土教学标准适配的中小学汉语师资，能够迅速适应环境并积极开展工作。

值得说明的是，布兰戴斯大学MTCC的培养目标是成人汉语教师。参加项目的一部分学生期望毕业后能在高校从事成人汉语教学。由于高校教职竞争激烈，职位有限，进入中小学则是其最佳备选。还有一部分学生毕业时经过再三考量，将中小学汉语教师作为职业发展定位。无论哪种情况，对于入职中小学的学生而言，MTCC的培养目标与其所从事的职业错位，师资培养的针对性弱一些。新教师入职后将面临更多挑战，要经历较长时间的自我调适，不断学习和反思成长才能适应中小学汉语教学。

第三节　培养过程

培养过程是为实现一定的人才培养目标而实施的人才培养活动的过程，它由一系列的教育教学活动和相应的条件构成[①]。这些活动和条件对于培养学生的知识、能力和素质非常重要，它们彼此联系又彼此制约。培养过程是培养模式的核心，主要包括课程

① 阴天榜、张建华、杨炳学.论培养模式[J].中国高教研究，1998（4）：46-47.

体系、培养途径和培养手段等内容。中美双方院校的培养过程决定着面向美国中小学“双语双文化”汉语师资培养质量。本节将从国教院和美国六所合作院校的课程体系、师资队伍、培养途径以及培养手段来分析“双语双文化”汉语师资的培养过程。

一、课程体系

课程体系是指在一定的教育理念指导下，为实现人才培养目标将同一专业各类课程进行有序组合，是“教学内容按一定的程序组织起来的系统”和“教学内容及其进程的总和”[①]。课程体系是培养目标实施的关键，是人才培养质量得以保障的前提条件。课程体系要充分考虑学科专业特色，在培养学生知识结构的基础上，系统平衡基础课程与专业课程、理论教学与实践教学、知识与能力之间的关系（胡显章，2002）。

（一）教指委指导性培养方案

汉语国际教育是一个交叉学科，涉及语言学、教育学、心理学、传播学、管理学等学科知识。汉语国际教育硕士应具备语言知识，文学文化知识，教育、心理学知识；具备教学能力，外语能力，跨文化交际能力和文化推广能力；具备文化才艺技能和多媒体运用技能[②]，同时具有良好的专业素养和职业道德，具有奉献精神和开拓意识。因此，职业型、应用型和外向型是汉语国际教育学科的人才特点。

《全日制汉语国际教育硕士专业学位研究生指导性培养方案（2009）》建议汉硕的学习年限一般为2年，其中课程学习为一年，实习及毕业论文1年。总学分不低于38学分，教学实习6学分，

① 潘懋元.新编高等教育学（第1版）[M].北京：北京师范大学出版社，1996.

② 李春玲.“UGS”视域下汉语国际教育硕士模块式培养模式探索[J].长江学术.2013（4）：104-109.

学位论文2学分。汉硕课程由“核心课程”“拓展课程”和“训练课程”三个模块构成，强调以实际应用为导向，以国际汉语教师的职业需求为目标，围绕汉语教学能力、中华文化传播能力和跨文化交际能力进行培养，形成以“核心课程”为主导、“模块拓展”为补充、“实践训练”为重点的课程体系①。其中，“核心课程”和“训练课程”为应设课程，“拓展课程”则属于选修课程性质②（赵金铭，2012），各培养单位可根据培养规格和自身培养特色，在不同模块下选择设课。此外，指导性培养方案还建议开设“学位预备课程”，以弥补汉硕因专业背景多元而导致汉语专业知识欠缺和教学实践经验的不足。“学位预备课程”包括“综合基础课程”以及“课堂教学观摩与体验”两类。

1.核心课程

“核心课程”是课程体系中凸显专业特征的关键内容，决定培养对象的专业性质。汉教硕士应掌握的基本知识、具备的能力和素质需在核心课程设置中充分体现。指导性培养方案建议开设“核心课程”7门（含2门学位公共课），共计18学分（含学位公共课6学分）③。其中，学位核心课5门12学分，即：

① 汉语作为第二语言教学　（4学分）
② 第二语言习得　（2学分）
③ 国际汉语课堂教学案例　（2学分）
④ 中华文化与传播　（2学分）
⑤ 跨文化交际　（2学分）

① 本节仅对各校三个模块的课程进行分析，实习和毕业论文在第三章单独讨论。

② 赵金铭.课程体系与实习体系—汉语国际教育硕士专业学位的两个科学体系[C]//国际汉语教育人才培养论丛（第2辑），北京：北京大学出版社，2012.

③ 核心课18学分含学位公共课6学分，其中政治2学分，外语4学分。

在核心课程中，“汉语作为第二语言教学”所占学分比重较大，共计4学分。可见，培养学生掌握第二语言教学知识，具备第二语言教学能力，能够将理论与实践较好地结合是汉硕的核心竞争力，是与其他专业人才的区别性特征。

2.拓展课程

“拓展课程”是“核心课程”的补充和深化，在扩大“核心课程”的广度和深度同时，还增加了“教育与教学管理类”课程①。指导性培养方案建议开设三个模块课程，共14门8学分，即：

（1）汉语作为外语教学类（4学分）

◉汉语语言要素教学

◉偏误分析

◉汉外语言对比

◉课程设计

◉现代语言教育技术

◉汉语教材与教学资源

（2）中华文化传播与跨文化交际类（2学分）

◉中国思想史

◉国别与地域文化

◉中外文化交流专题

◉礼仪与国际关系

（3）教育与教学管理类（2学分）

◉外语教育心理学

◉国外中小学教育专题

◉教学设计与管理

◉汉语国际推广专题

① 我们认为“教育类课程”中“外语教育心理学”应被纳入核心课程中，这符合学科特点。

3. 训练课程

“训练课程”是课程体系中培养学生实践能力的重要环节，具有很强的实践操作性。指导性培养方案建议开设4门课程，共计4学分，即：

（1）教学调查与分析（1学分）

（2）课堂观察与实践（1学分）

（3）教学测试与评估（1学分）

（4）中华文化与展示（1学分）

这四门训练课程各有侧重，目标是通过训练来培养和提高学生的不同能力。“课堂观察与实践”注重提高学生的教学能力；“教学调查与分析”强调使学生掌握教学研究的相关方法；“中华文化与展示”重视提高学生的才艺展示能力和文化传播能力。

（二）中央民族大学国际教育学院

中外联合培养的关键并非简单的“中+外”，而是要“中外融合”。在发挥各自优势的同时，有效形成合力，着力培养具有“双语双文化”特质的汉语师资，以促进其高质量地服务于海外当地汉语教学。国教院“1+2+X”培养模式的课程体系采用逆向设计理念，从中小学汉语教师所应具备的能力和素养出发来设置课程，与美国中小学汉语教学需求接轨，凸显了民大培养特色。

国教院汉硕课程体系主要由“核心课程”“拓展课程”“训练课程”和“其他课程”构成，共18门37学分。其中公共课3门5学分，教学实习6学分，毕业论文2学分，必修课程24学分。为提高人才培养的针对性，国教院结合人才培养规格和培养要求，在课程设置中进行了大胆的改革与尝试。第一，设置了暑期学期。第一个暑期学期7月开学，共6—8周。将部分秋季学期课程提前，包括“汉英对比与偏误分析”（18学时）、“中美跨文化交际”（18学时）、“专业英语”（18学时）和“中华才艺训练与展示”（18学时），聘请美国专家现场全英文沉浸式教学并开展相关学术讲座；第二个暑期学期6月底—8月底，学生通过选拔，进入各类在京暑期汉语教学项目实习。第二，开设了国别针对性课程和特色课程。如“美国教育概况”“汉语教学技能训练”及研究方法类课程，提高学生的综合素质和理论素养，使之在具备国际化视野的同时，具有较强的汉语教学能力。第三，设置了“预备课程”和“托福课程”。“预备课程”包括“现代汉语”和“古代汉语”，旨在夯实学生的专业知识基础，缩小不同专业背景学生的专业起点差距。采取“以考促学”的方式，即入学考试中两门课成绩未达到90分者，须在暑期课程结束前参加考试并达标。“托福课程”共64学时，聘请知名英语培训机构①教师授课，强化学生的英语听说读写能力，为其顺利赴美留学提供相应支持。

1.课程内容②

（1）核心课程

由“学位公共课”和“学位核心课”构成。“学位公共课”包括“政治”和“专业英语”，“政治”由学校研究生院统一安排，“专业英语”则由国教院自行安排。为深化国际中文教育学科内涵，结合学科人才培养特点，“专业英语”国教院聘请了暑期休假的美国汉语教学专家担任主讲教师，全英文讲授汉语本体知识、汉语教学法、教学测试及美国汉语教学等相关专业知识。“学位核心课程”与教指委指导性培养方案建议开设的课程完全一致。另外，考虑到培养对象的适用国别，将“跨文化交际”设置为“中美跨文化交际”，共5门11学分，即：

◉汉语作为第二语言教学

---

① 2018年以前，国教院聘请北京新东方英语教师给国教院学生授课。

② 为便于研究，这一节我们只分析课堂教学的课程体系。

◉第二语言习得研究

◉国际汉语教学法及案例分析

◉中华文化与文化传播

◉中美跨文化交际

（2）拓展课程

国教院开设了指导性培养方案14门建议课程中的6门，即“偏误分析”“汉外语言对比”“课程设计”“汉语教材与教学资源”“国外中小学教育专题”和“汉语国际推广专题”。结合学院的培养特色和优势，整合相关建议课程，共开设4门4学分，即：

◉课程设计与教材分析

◉汉英对比与偏误分析

◉国际汉语教学前沿讲座

◉美国教育概况

“国外中小学教学专题”合并在“国际汉语教学法及案例分析”课程中，并未单独开设。增设“美国教育概况”，该课程对学生在美国学习和就业具有重要指导意义。

（3）训练课程

国教院开设了指导性培养方案建议开设的3门课程，名称略有微调。增设“汉语教学技能训练课”36学时2学分，以培养学生的汉语教学能力，共4门6学分，即：

◉教学观察与分析

◉教学测试与评估

◉中华才艺训练与展示

◉汉语教学技能训练

（4）其他课程

为提高专业硕士的学术研究能力，保障学生高质量地完成学位论文，国教院自设2门论文写作和研究方法类课程，共3学分，即：

◉硕士研究生论文写作指导

◉国际汉语教学研究方法专题

2.课程安排

（1）课程总量及学分

国教院暑期学期开设学位专业课程3门4学分，其中“核心课程”1.5门[①]2学分，“拓展课程”1门1学分，“训练课程”0.5门[②]1学分；秋季学期开设学位专业课程8门16学分，其中“核心课程”5.5门13学分（含学位公共课1.5门3学分），“拓展课程”1门2学分，“训练课程”1.5门1学分；春季学期开设学位专业课程7门共9学分，其中“核心课程”1门1学分为学位公共课，“拓展课程”2门2学分，“训练课程”2门3学分，“其他课程”2门3学分。从课程总量上看，秋季和春季两个学期的课程及学分基本相当。

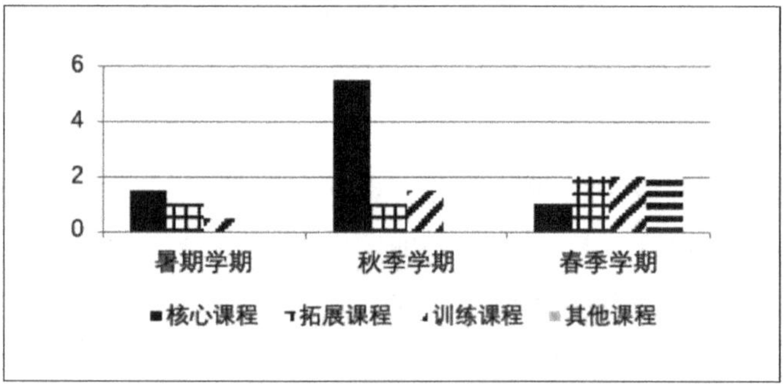

图 1–3–1：中央民族大学国教院课程安排

① “中美跨文化交际”1门1学分，专业英语0.5门1学分。

② “中华文化训练与展示”18学时，0.5门1学分。

（2）课程衔接及难度

国教院开设的课程主要有三种类型：①承接型课程。即不同学期开设的课程之间有承接关系，如“专业英语”在第一个暑期学期由美国专家全英文授课18学时，秋季学期由国教院教师继续开设，讲授另外18学时；②先导性课程。即先设课程是后续课程的基础，如第一学期开设的“教学观察与分析”，为非专业背景或无教学经验的同学提供了解国际汉语课堂、教学对象和教学过程的机会，为第二学期开设的“教学技能训练课”做好相应准备；③专业构建性课程。即合格的国际汉语教师应具备的知识体系和能力体系课程，如秋季学期开设的“汉语作为第二语言教学”“课程设计与教材分析”“第二语言习得”和春季学期开设的“教学测试与评估”“国外汉语课堂教学案例”等。整体而言，国教院的课程体系结构合理，理论与实践并重。课程难度阶梯上升，注重由易到难。课程间相关度高，从培养知识到能力训练，课程模块衔接自然。

3.课程体系特点

国教院汉硕培养理念通过课程体系的具体实施而实现。课程体系突出了国别化和国际化特点，兼顾低龄化；重视学生的汉语教学能力训练，注重培养学生的多元文化意识。

（1）课程突出国别化

“双语双文化”是国教院汉硕的培养内涵。为加强人才培养的针对性，国教院采取两种形式。第一，设置国别化课程。结合美国汉语教学实际情况开设了相应课程，如“中美跨文化交际”“汉英对比与偏误分析”“美国教育概况”等，中外教师协同授课，增强学生对就业对象国的深入了解；第二，各门课程中融入美国教学元素。遵循美国教学理念，凸显美国教学特点，如核心课程“汉语作为第二语言教学”分为语音、词汇、语法和汉字四要素教学，四位授课教师有意识地在课程中聚焦美国汉语教学，融入国别特色；为确保学生熟悉美国汉语教学模式，掌握相应教学方法，国教院将“美国明德教学模式”作为“汉语教学技能训练课”的重要组成部分，由经验丰富的教师指导训练。在“国际汉语教学法及案例分析”课中设置“美国汉语教学法”和近年来在美国发展迅猛的“中文沉浸式教学”等，以帮助学生更好地适应当地汉语教学。

（2）课程凸显国际化

课程的“国际化”指教学语言国际化、课程内容国际化、师资队伍国际化[①]。第一，教学语言国际化。国教院汉硕开设的15门专业课程中，有5门授课语言全部或部分为英文。其中包括3门国别化课程以及“第二语言习得”和“国际汉语教学前沿讲座”等；第二，课程内容国际化。国教院注重培养学生的国际视野，强调课程内容具有开放性、交叉性和前沿性，与国内外相关领域接轨。汉硕任课教师中有一半以上具有海外学习或教学经历，能够很好地将海外不同国家汉语教学情况与课程内容紧密结合，并以案例形式生动呈现。这种显性课程与隐性课程的交融并举，开阔了学生的视野，培养了多元文化意识；第三，师资队伍国际化。由海内外知名专家组成的、阵容强大的授课教师团队是国教院独具特色的人才培养优势，专家们的学术视野、研究方法和人格魅力对学生有着重要的影响作用。这些国际化课程在夯实学生专业知识，提升英语交际能力的同时，也培养了国际素养，为赴美攻读学位奠定了坚实基础。

（3）课程注重低龄化

针对美国汉语学习者呈现的低龄化趋势，国教院不但开设了

① 江傲霜.汉语国际教育本科专业创新人才培养模式探索[J].国际汉语教育，2020（3）：20–29.

专题课程，如"少儿汉语教学法""沉浸式汉语教学""中小学生课堂管理"等，而且在相关课程中，如"汉语作为第二语言教学""中华文化与传播"等融入美国中小学汉语教学内容，并设置模拟教学环节让学生切身感受中小学汉语教学与成人汉语教学的差异，使学生更好地了解不同年龄阶段中小学生的生理和心理特点，掌握针对不同学段中小学生的汉语教学原则、教学模式和教学方法等。为加强汉硕的中小学汉语教学能力，国教院将"少儿汉语教学模式"作为"教学技能训练"课程的重要组成部分，由两位专业教师"带徒式"指导。经过多轮试讲与打磨，学生的教学能力在反思中不断提升。

（4）课程强调实践化

教学实践能力是汉语国际教育硕士的专业特征。国教院秉承知识、能力和素质三结合的培养理念，在科学构建知识体系的基础上，全方位培养学生的教学实践能力。首先，各门课程中均设有一定比例的课堂实践环节。学生通过"在做中学"解决实际问题，将所学理论与教学实践联结，强化对教学理论的深入理解；其次，突出学生的主体作用，以合作探究作为课程教学的主导形式。摒弃"灌输式"的课堂模式，充分调动学生的学习积极性，促进其主动参与、主动思考、主动学习。通过小组合作的学习方式，依靠同伴间的启发和互助，达到共同提高、共同进步的目标；第三，设置专门的实践课程，搭建高端教学实践平台。国教院"汉语教学技能训练"课，创新性地采用"技能拼图模式"，将"明德教学""少儿教学""综合教学"和"口语教学"四种汉语教学模式拼合在一起。在教师们的精心指导下，通过密集的模拟强化训练，培养了学生在不同教学模式下，针对不同教学对象的汉语教学能力。此外，国教院还积极为学生搭建教学实践平台，如PIB（普林斯顿在北京）、CIB（哥伦比亚在北京）、ACC（美国各大学联合会）等多个美国知名在京暑期项目。通过项目的教学实习，学生们的实践能力得到大幅提升。

（5）才艺课程民族化

中华才艺是世界各国了解中华文化的重要载体和有效形式，汉教硕士肩负传播汉语和中华文化的责任。国教院充分发挥中央民族大学作为民族院校的多民族融合、多文化并存、民族才艺凸显的特色优势，在“中华才艺训练与展示”课程中，设置了“民族舞蹈”“民族乐器”“中国书法”等模块。聘请优秀的艺术专业教师任课，将不同民族的文化元素融入才艺课程中，不仅帮助汉教硕士熟练掌握相应的中华才艺，而且培养其将中华才艺与海外教学有机融合的能力。才艺类课程不但提升了学生的文化认知水平和文化素养，而且增强了文化自信和让中华文化“走出去”的决心，使他们学会在润物无声中更好地传播汉语及中华文化。而将民族文化传承、发展和创新融入国际中文教育人才培养中，也是课程思政改革的主要任务。

（三）美国六所合作院校

美国六所院校的课程体系主要由必修课程和选修课程构成，为便于对比，我们采用教指委指导性培养方案的课程模块来分析美国院校的课程体系。

1.布兰戴斯大学

MTCC项目学制9个月，两个学期，开设课程8门32学分。其中，限选课2门（三选二），任选课1门，主要为文化和教育类课程，无教学实习；MAT项目学制13个月，四个学期，即秋季、春季和两个夏季学期，开设课程14门52学分。其中，选修课3门6学分（1门为ESL课程①），实习6学分。两个项目均有专

① ESL是针对入学时英语未达标和就读专业英语要求较高的学生开设的英语辅导课，属于指定选修课，2学分。

业准入性课程，即英语选修课。校方规定凡英语未达标者，须修读“英文口语”“英文学术写作”“英文演讲”等四门课程，计4学分。

（1）课程内容

① MTCC项目

课程体系由“核心课程”“拓展课程”和“训练课程”构成，必修课共7门。其中，“核心课程”2门8学分，“拓展课程”3门12学分，“训练课程”2门8学分。

I 核心课程

◉汉语教学方法论（上）（下）

II 拓展课程

◉荫余堂文献特色古文课

（三选二）

◉东亚历史（上）

◉中国文学史

◉中国电影：中国文化变迁

III 训练课程

◉教学实践（上）（下）

② MAT项目

课程体系由“核心课程”“扩展课程”和“其他课程”构成，必修课共11门，主要包括“汉语”类和“教育”类两部分。其中“核心课程”2门8学分，“拓展课程”8门30学分，“其他课程”1门4学分。

I核心课程

◉汉语教学法（1）（2）

II拓展课程

◉汉语语音、词汇、句法和语用实践

◉中国文学史

◉教育基础

◉教学基础

◉学生学习心理学

◉对PreK–12年级英语学习者的教学

◉反思教学

◉特殊教育

III其他课程

◉教师研究

（2）课程安排

①课程总量及学分

MTCC项目秋季学期课程4门16学分，“核心课程”和“训练课程”各1门4学分，“拓展课程”2门8学分；春季学期4门16学分，“核心课程”2门8学分，“拓展课程（为任意选修课）”和“训练课程”各1门共8学分。两个学期课程总量和学分相当，教学安排均衡（见图1–3–2）。

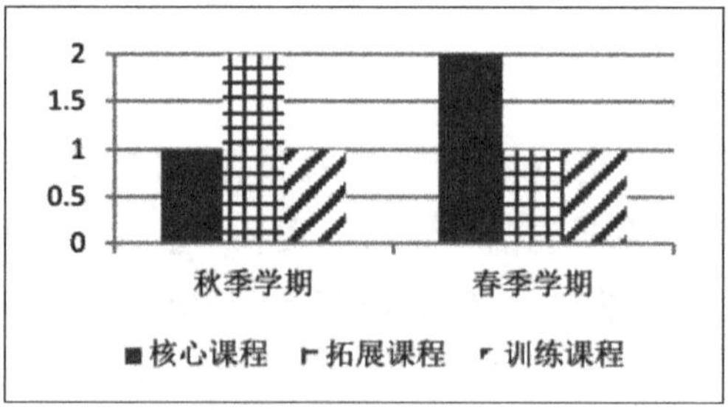

图 1–3–2：布兰戴斯大学 MTCC 课程安排

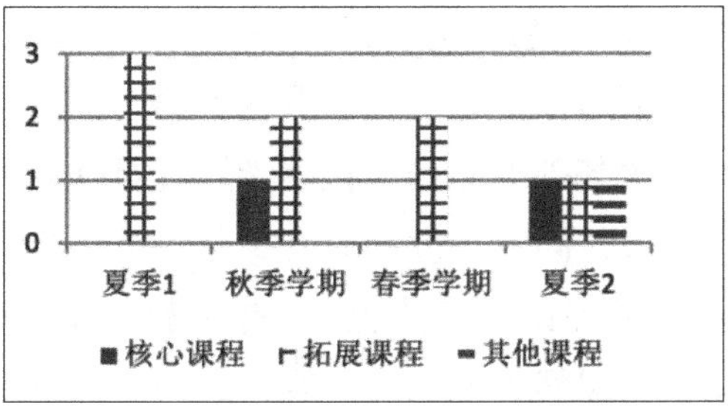

图 1-3-3 ：布兰戴斯大学 MAT 课程安排

MAT项目设春、秋、夏四个学期，第一个夏季学期课程3门12学分，均为“拓展课程”；秋季学期3门12学分，“核心课程”1门，“拓展课程”2门；春季学期课程2门8学分，均为“拓展课程”；第二个夏季学期3门12学分，“核心课程”1门，“拓展课程”1门，“其他课程”1门；前三个学期课程数量和学分大致相当，课程安排均衡（见图1-3-3）。

②课程衔接及难度

MTCC项目两个学期课程由浅入深，衔接度较高（见表1-3-1）。秋季学期课程多为历史文化类，易于激活中国学生已有知识，借助英文继续深度学习；春季学期课程主要为教学实践类，对学生具有一定挑战性，这也符合课程设置由易到难的原则。核心课程“汉语教学方法论”和“教学实践”为顺接关系，接续开设一学年。

表 1-3-1　布兰戴斯大学 MTCC 项目开设课程情况

<table>
<tr><th>秋季学期</th><th>春季学期</th></tr>
<tr><td>汉语教学法（I）</td><td>荫余堂文献特色古文课</td></tr>
<tr><td rowspan="3">东亚历史
中国文学史（三选二）
中国电影：中国文化的变迁</td><td>汉语教学法（II）</td></tr>
<tr><td>教学实践（II）</td></tr>
<tr><td rowspan="2"></td></tr>
<tr><td>教学实践（I）</td></tr>
</table>

MAT项目四个学期课程是逐层递进关系（见表1-3-2），从专业基础课程逐渐延伸至专业核心课程。第一个夏季学期开设了汉语基础和教育学基础类课程；秋季学期着重开设教学类基础课程；春季学期实习，同时开设针对青少年的英语教学，使学生在实习过程中将课堂理论“实践化”，并在教学中不断反思进步；最后一个暑期学期课程难度螺旋上升，进一步探讨特殊教育和教师自身的研究。

表1-3-2 布兰戴斯大学MAT项目开设课程情况

夏季学期1	秋季学期	春季学期	夏季学期2
汉语语音、词汇、句法和语用实践	汉语教学法I	对PreK-12年级英语学习者的教学	汉语教学法II
教育基础	中国文学史	反思教学	特殊教育
学生学习心理学	教学基础		教师研究

2. 马里兰大学

马里兰MEd学制分为一年和二至三年两种。一年制项目有春、夏、秋季三个学期，开设课程11门42学分，实习12学分，必修课程30学分。二至三年制项目有四个常规学期，开设11门36学分，实习5学分，必修课程31学分。

（1）课程内容

①一年制项目

由“拓展课程”和“其他课程”构成。“拓展课程”9门，“其他课程”2门。

I 拓展课程

◉第二语言教学理论与实践

◉ K-12年级世界语言教学方法与科技运用

◉高等K–12年级世界语言教学方法与科技运用

◉各学科的阅读

◉阅读、认知和阅读方法1：学科内阅读

◉专业教学

◉多样化环境下学生的学习研究

◉青少年发展

◉课堂学生的多样性

II其他课程

◉教学研究方法（1）（2）

②二至三年制项目

由“核心课程”“拓展课程”“训练课程”和“其他课程”构成。其中，“核心课程”1门，“拓展课程”6门，“训练课程”3门，“其他课程”1门。

I核心课程

◉二语习得

II 拓展课程

◉K–12年级世界语言教学方法与科技运用

◉高等K–12年级世界语言教学方法与科技运用

◉各学科的阅读

◉阅读、认知和阅读方法1：学科内阅读

◉课堂学生多样性

◉人类发展

III训练课程

◉第二语言课堂评估

◉实习生教学方法

◉课堂观摩

IV 其他课程

◉教学研究方法

（3）课程安排

①课程总量及学分

一年制项目秋季学期课程3门8学分，其中，“拓展课程”2门，“其他课程”1门；春季学期课程4门10学分，“拓展课程”3门，“其他课程”1门；夏季学期课程4门12学分，均为“拓展课程”（见图1-3-4）。

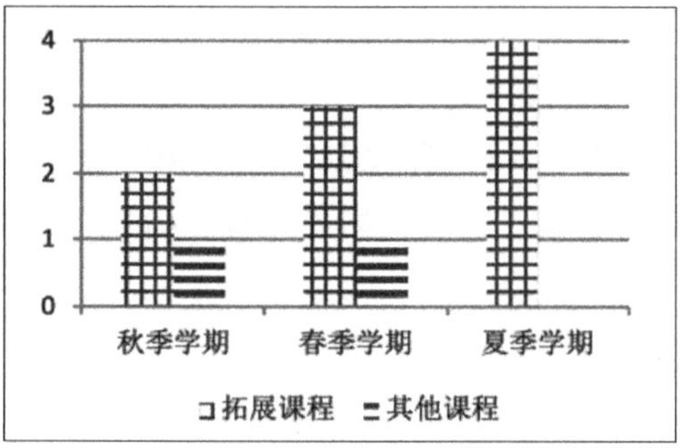

图 1-3-4：马里兰大学 MEd 一年制课程安排

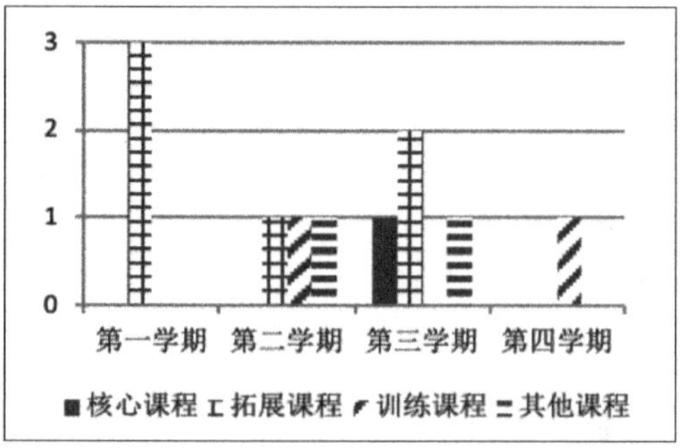

图 1-3-5：马里兰大学 MEd2-3 年制课程安排

二至三年制项目第一学期开设课程3门9学分，均为“拓展课程”；第二学期3门课9学分，“拓展课程”“训练课程”“其他课程”各1门；第三学期开设4门10学分，“核心课程”1门，“拓展课程”2门，“训练课程”1门；第四学期只有1门“训练课程”。前三学期课程总量和学分相当，课程安排均衡。第四学期为学生实习期，主要开设方法训练课程。（见图1–3–5）。

②课程衔接及难度

课程安排应遵循从整体到局部，从宏观到微观，从基础到专业的原则。一年制项目在第一学期开设了针对具体教学对象的语言教学类课程“高等K–12年级世界语言教学方法与科技运用3”，在第二学期开设了宏观基础类课程“第二语言教学理论与实践”。从课程设置的难度衔接上看，第一学期开设高阶课程，第二学期开设常规课程，属于逆序设置，不利于学生的理解和掌握（见表1–3–3）。二至三年制项目在课程安排上比较合理，课程设置由易到难，课程衔接好，注重课程内容的连续性（见表1–3–4）。

表 1–3–3　马里兰大学 MEd 一年制课程安排

秋季学期	春季学期	夏季学期
高等K–12年级世界语言教学方法与科技运用3	第二语言教学理论与实践	阅读、认知和阅读方法1：学科内阅读
多样化环境下学生的学习研究3	各学科的阅读	专业教学
教学研究方法2	教学研究方法1	青少年发展
	K–12年级世界语言教学方法与科技运用	课堂学生的多样性

表 1-3-4 马里兰大学 MEd 二至三年制课程安排

第一学期	第二学期	第三学期	第四学期
K-12年级世界语言教学方法与科技运用	阅读、认知和阅读方法1：学科内阅读	高等K-12年级世界语言教学方法与科技运用	实习生教学方法
各学科的阅读	第二语言课堂评估	二语习得	
课堂学生多样性	教学研究方法	人类发展	
		课堂观摩	

3.西东大学

MA项目学制一年半，三个常规学期，7门课程39学分，可转换国教院12学分，学生需修满27学分，实习3学分，必修课程7门24学分。

（1）课程内容

由“核心课程”“拓展课程”“训练课程”和“其他课程”构成。其中，“核心课程”1门，“拓展课程”4门，“训练课程”1门，“其他课程”1门。

①核心课程

◉汉语教学法

②拓展课程

◉中华文明

◉中国历史

◉中国语言学

◉中国文学

③训练课程

◉有指导的教学

④其他课程

◉研究方法论

（2）课程安排

①课程总量及学分

国教院学生前两个学期各需修读3门课程9学分，最后一学期修读1门3学分并完成实习。总体来看，学生每学期课程数量不多，而且该项目设在“东亚研究”专业下，课程设置较为重视历史和文化类课程。该类课程能够与学生已有知识勾连，尽管为全英文授课，但学生的学业压力并不大。

②课程衔接及难度

西东大学注重学生的发展，尊重个人意愿，学生修课的自由度很高。每学期导师或项目负责人根据学生的时间安排、研究兴趣、课程衔接和难度，帮助其规划下一学期需修读的课程，学生可自主决定何时修读哪一门课程。

4.南佛罗里达大学

该校两个合作项目学制均一年，有春季、夏季和秋季三个学期。MEd项目无教师证，开设课程7门33学分，可转换国教院12学分，学生需修读21学分；MAT项目有教师证，开设课程8门42学分，实习6学分，学生必修课程24学分。目前，就读该校的学生大部分选择无教师证项目。

（1）课程内容

①MEd项目

由“拓展课程”和“训练课程”构成。“拓展课程”6门18学分，“训练课程”1门3学分。

I拓展课程

◉英语作为第二语言教学方法和策略

◉当前外语教育趋势

◉多元学校环境中的课堂管理

◉对青春期学习者的教学

◉外语教育技术应用

◉课程和教法基础

II 训练课程

◉教育测量基础

②MAT项目

由“拓展课程”和“训练课程”构成。“拓展课程”7门21学分，“训练课程”1门3学分。

I 拓展课程

◉英语作为第二语言学习者的教学方法和策略

◉ESOL 1

◉中学外语教学实践

◉当前外语教育趋势

◉多元学校环境中的课堂管理

◉对青春期学习者的教学

◉外语教育技术应用

II 训练课程

◉教育测量基础

（2）课程安排

①课程总量及学分

MEd项目秋季学期开设课程3门，均为“拓展课程”；春季学期开设3门，其中，“拓展课程”2门，“训练课程”1门；夏季学期开设1门“拓展课程”。MAT项目秋季学期课程3门，全部为“拓展课程”；春季学期开设3门，“拓展课程”2门，“训练课程”1门；夏季学期开设2门，均为“拓展课程”。整体看来，该校两个项目所开设主体课程一致。MAT较MEd多一门ESOL课程和

“中学外语教学实践”，MEd较MAT增加了“课程与教法基础”。课程总量和学分相当。

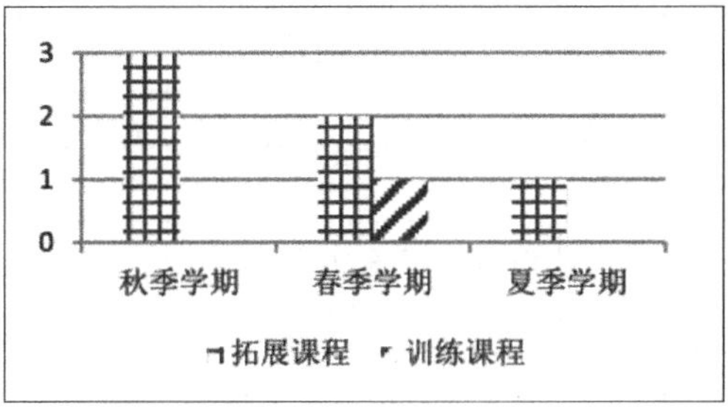

图 1-3-6：南佛罗里达大学 MEd 课程安排

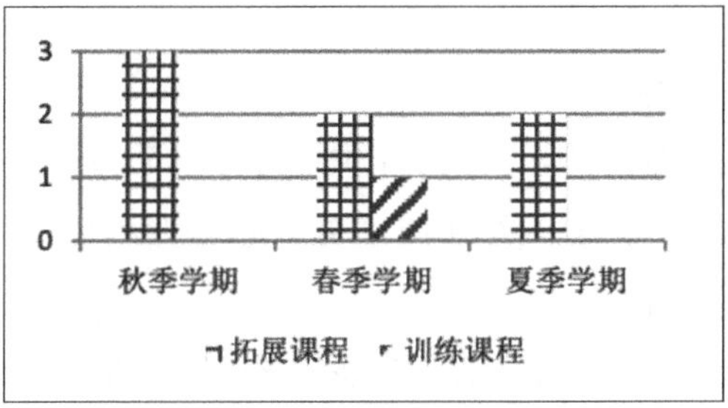

图 1-3-7：南佛罗里达大学 MAT 课程安排

②课程衔接及难度

两个项目都遵循“从基础课程到专业课程”的原则，秋季学期先行开设教育类课程，向学生介绍外语教育趋势，讲授课堂管理和教学法基础；春季学期开设英语作为第二语言的相关教学法，第三学期开设“外语教育技术应用”。总体来看，MAT课程设置较MEd更为全面，设置更加合理，增加了“ESOL”课程和“中学外语教学实践”，帮助学生更好地理解外语教学的特点，从而将理论知识与教学实践更好地融合。

表 1-3-5　南佛罗里达大学课程安排

秋季学期	春季学期	夏季学期
当前外语教育趋势	英语作为第二语言教学方法和策略	外语教育技术应用
多元学校环境中的课堂管理	教育测量基础	对青春期学习者的教学（MAT）
课程和教法基础（MEd）	对青春期学习者的教学（MEd）	
ESOL 1（MAT）	中学外语教学实践（MAT）	

5. 罗德岛大学

MA项目学制一年，分为春季、夏季、秋季三个学期，有教师资格证，共38学分，实习12学分，必修课程8门26学分。

（1）课程内容

由“拓展课程”和“训练课程”构成，“拓展课程”6门，“训练课程”2门。

①拓展课程

◉当代社会教育

◉学习心理学

◉中学教育当前趋势

◉有特殊需求学生的教育

◉中学教育的方法及教材

◉青少年课堂管理

②训练课程

◉教育测量

◉汉语教学研讨

（2）课程安排

①课程总量及学分

MA项目秋季学期课程5门17学分，全部为"拓展课程"；春季学期开设1门"训练课程"3学分；夏季学期课程2门6学分，其中"拓展课程"1门，"训练课程"1门；从课程数量和学分上看，三个学期不均衡，秋季学期课程偏多，春季学期课程较少，这与春季实习有关。

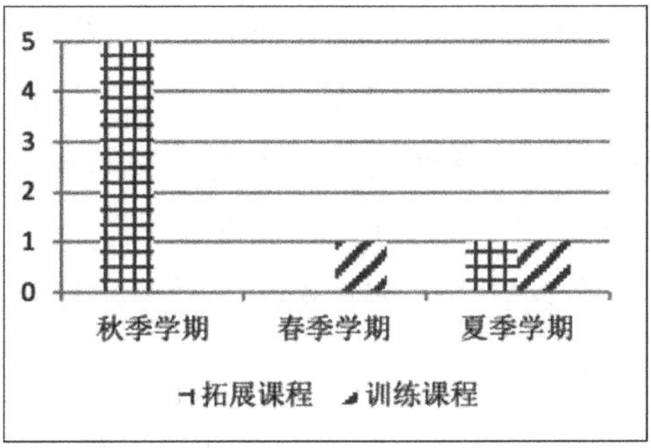

图 1-3-8：罗德岛大学 MA 课程安排

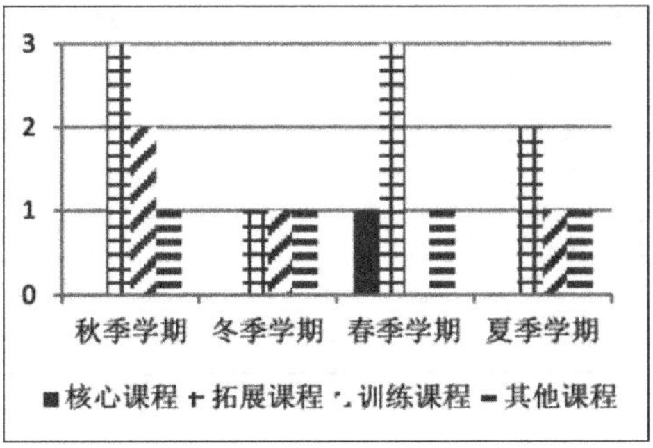

图 1-3-9：波特兰州立大学 MEd 课程安排

②课程衔接及难度

MA项目秋季学期课程全部为教育学课程，可以使学生有针对性地了解中小学生的学习特点及教育特点，为春季学期的实习奠定基础；春季学期是学生实习期，同时开设了“汉语教学研讨”。该课程的实践指导性非常强，学生们将在实习中遇到的问题带入课堂中，在任课教师有计划的指导下，一起讨论、合作学习，并将解决方案运用于教学中。有效地实现了“在做中学”，提高了学生的实习效果。“教育测量”这门课相对较难，遵循课程难度螺旋上升的原则，安排在最后一个学期非常合理。然而，“有特殊需求学生的教育”这门课程安排在实习之后，未能充分发挥课程对实习应起到的指导作用。对于毫无特殊教育背景和经验的学生来说，未经过专门学习和训练，在实习中很难满足特殊学生的教育需求，也难以恰当处理特殊教育学生出现的问题，对国教院学生更是一种挑战。

表 1-3-6 罗德岛大学 MA 课程安排

秋季学期	春季学期	夏季学期
当代社会教育	汉语教学研讨	有特殊需求学生的教育
学习心理学		教育测量
中学教育当前趋势		
中学教育的方法及教材		
青少年课堂管理		

6.波特兰州立大学

波特兰州立大学MEd项目学制一年，有春、夏、秋、冬四个学期，分为有教师证项目和无教师证项目，国教院绝大多数学生修读有教师证项目。有教师证项目课程由两部分构成，即俄勒冈州教师证核心课程和“课程与教学”硕士学位核心课程，共48学分。其中，教师证核心课程24学分，实习6学分，硕士学位课程24学分，必修课程18门42学分。

（1）课程内容

由“核心课程”“拓展课程”“训练课程”和“其他课程”构成。其中，“核心课程”1门，“拓展课程”9门，“训练课程”4门，“其他课程”4门。

①核心课程

◉ K-12年级学生语言习得

②拓展课程

◉第二语言教学方法（1）（2）（3）

◉课堂管理

◉高等教育心理学

◉课程的理论典范

◉中学全纳课堂

◉初级文化和语言实践基础

◉平等与社会公正教育

③训练课程

◉学习评估

◉专业研讨

◉初级教学实践（1）（2）

④其他课程

◉研究和课堂调查

（2）课程安排

①课程总量及学分

MEd项目秋季学期课程6门14学分，其中“拓展课”3门，

“训练课”2门,“其他课程”1门;冬季学期课程3门7学分,“拓展课程”“训练课”“其他课”各1门;春季学期课程5门12学分,其中“核心课程”1门,“拓展课程”3门,“其他课程”1门;夏季学期4门9学分,其中“拓展课程”2门,“训练课程”1门,“其他课程”1门。春、秋学期课程数量和学分相当,夏、冬学期课程数量和学分相当。

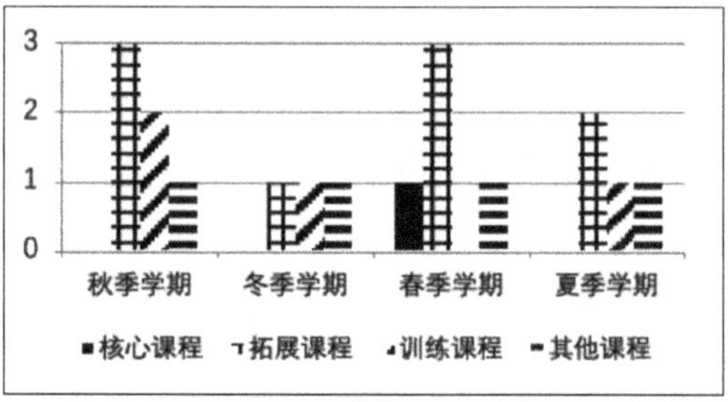

图 1-3-10:波特兰州立大学 MEd 课程安排

②课程衔接及难度

MEd项目的最大亮点是课程延续性强,各学期课程的衔接性和承接性较好,难度符合螺旋上升原则。作为第二语言教师教育专业,“第二语言教学法”和“研究与课堂调查”是培养教师教学及研究能力的核心课程。前者连续开设三个学期,后者则贯穿四个学期。不过,第三学期开设“K-12年级学生语言习得”稍晚,如能调至第二学期并结合中小学生教学类课程,更符合学生的学习顺序。“初级文化和语言实践基础”可提前至第一或第二学期,有助于降低赴美学生的学习难度。

表 1-3-7 波特兰州立大学 MEd 课程安排

秋季学期	冬季学期	春季学期	夏季学期
第二语言教学法	第二语言教学法	第二语言教学法	初级文化和语言实践基础
平等与社会公正教育	学习评估	K-12年级学生语言习得	中学全纳课堂
课堂管理	研究与课堂调查	课程的理论典范	初级教学实践
专业研讨		高等教育心理学	研究与课堂调查
初级教学实践		研究与课堂调查	
研究与课堂调查			

（四）美方院校课程体系特点

1.与教师资格证紧密结合

为保障教学质量，美国公立中小学要求所有教师须持有州一级政府颁发的教师资格证。教师资格证由各州教育厅制定标准，有些州教师资格证可与他州互认，无需因所在州不同而重新考取。美国大部分州有两类教师证书，即初级证书（provisional/initial certificate）和永久或专业证书（permanent/professional certificate）。无教学经验的硕士毕业生可以申请初级证书，若要获得专业证书则需具有2—5年工作经验，完成一定时数的在职培训并获得硕士学位。专业证书也有期限，超过有效期需要更新。

在美国，获取教师资格证的程序非常严格。申请者所获学位若非由州教育厅批准的、具有相关学科教师资格认定院系所授予，则需补齐州教育厅要求的教育课程和相关专业学分。因此，申读具有学科教师资格认定的院校是获得教师资格证的最佳途径。美国合作院校9个项目中，6个项目的课程体系包含所在州中小学教师资格证规定的所有课程。学生在攻读硕士学位期间就可以修完全部课程，获得相应学分，完成指定的教学实习，若通过教师资格证考试（Praxis），就读院校可推荐其申请教师资格证。获得中小学汉语教师资格证意味着就业渠道更宽，就业选择更广。

2. 以教育学课程为主

美国师范教育的一大特点是“对教育学和专业教育法课程的重视，学分往往占必修课总数的40% — 50%”（何文潮、唐力行，2006），初级教师资格证书也要求完成关于教育理论与实践以及教育技能等方面的课程。与国教院合作的美国院校项目，有78%设在教育学院，课程体系以教育学和教学法课程为主体甚至全部。“教育类”课程和“教学法类”课程主要有：普通教育学课程；外语教育课程；学科教育课程；教育技术课程；特殊教育课程；教育发展课程和教育实践课程等类别，与国教院课程形成了有效的互补，有效促进学生全面深入地了解美国中小学教育。

3. 突出教学对象特点

美方合作院校9个项目中，有7个明确定位为培养中小学汉语师资，在课程体系中设置很多针对中小学生教育教学的实用性课程，既包括专业知识，如语音、词汇、语法、二语习得、多元文化等，也包括青少年成长和发展变化、学习过程、多元环境下的课堂管理、对有特殊需求学生的教学、语言习得和读写能力发展、科技教育技术运用等等。这些课程从不同角度为国教院学生构建起在美国中小学从事汉语教学需掌握的知识体系，为其胜任教学工作奠定了坚实的基础。

（五）中美院校课程体系的差异

中美院校在课程设置数量上有较大差异。国教院共设16门专业课程（含专业英语），美国合作院校56%项目设置7–8门，

33%设置11门，只有波特兰州立大学与国教院设课数量接近，共18门，占11%。国教院汉硕课程体系由“核心课程”“拓展课程”“训练课程”和“其他课程”四部分构成，美国合作院校项目中，只有西东大学MA课程结构与国教院相同，其余院校课程均由三部分构成。

表 1-3-8　美国院校各项目课程结构对比表

美国院校项目		课程结构				课程总数
		核心课程	拓展课程	训练课程	其他课程	
布兰戴斯大学	MTCC	2	3	2	●	7
	MAT	2	8	●	1	11
马里兰大学	1年	●	9	●	2	11
	2–3年	1	6	3	1	11
西东大学		1	4	1	1	7
南佛罗里达大学	MEd	●	6	1	●	7
	MAT	●	7	1	●	8
罗德岛大学		●	6	2	●	8
波特兰州立大学		1	9	4	4	18

1. “核心课程”侧重不同

国际汉语教师是中外文化的友好使者和海外民众全面深入了解中国的桥梁，他们的主要任务是教授汉语和传播中华文化，用他者适应的教育文化讲好中国故事，影响公共外交和人文外交形象。国教院将“汉语教学”“文化传播”和“跨文化交际”能力作为国际汉语教师的三个核心能力来培养，共设置5门“核心课程”；美国合作院校开设核心课的项目占55%，其中开设1门的占33%，2门的占22%。西东大学和布兰戴斯大学项目都设置了“汉语教学”类课程，马里兰大学二至三年项目和波特兰州立大学项目分别设置了“二语习得”，但上述项目均未设置“中华文化”和“跨文化交际”类课程。可见，中美院校在“核心课程”的侧重上有较大差异，美方院校项目对汉语所承载的中华文化以及跨文化交际类课程关注较少。

2.“拓展课程”数量差别大

“拓展课程”带有鲜明的培养院校特色，美国院校设课数量总体高于民大国教院。国教院“拓展课程”共设置4门，其中“汉语教学类”和“教育类”课程各2门；美国院校“拓展课程”设置3—4门的项目仅占22%，其余78%均在6—9门之间，且“教育类”和“外语（英语）教学类”课程占主导，只有西东大学和布兰戴斯大学开设了“中国文学文化”类课程。由此可见，美国院校项目更注重培养教师的教育学知识、素养和能力，强调第二语言教师培养的教育属性。汉语教学具有自身独特性，有针对性的课程设置，才能帮助学生尽快提升在美国教育情境下的汉语教学能力。

3.“训练课程”聚焦各异

国教院“训练课程”共开设4门，内容涉及较广，包括“教学能力”“教学测试”“教学调查与分析”和“中华文化才艺与展示”；美国合作院校89%的项目开设了“训练课程”，数量为1—2门，主要涉及“教学评估”和“教学能力”。其中，33%的项目上述两类课程全部开设，56%只开设其中一类课程，而马里兰大学二至三年项目和波特兰州立大学项目分别开设了3门和4门，可见其对“教学评估”和“教学能力”尤为重视。尽管中美院校都开设了教学能力训练课程，但形式差别较大。国教院设置专门的“汉语教学技能训练课”，由经验丰富的专业教师一对一点评指导，学生以模拟教学的方式完成；美国院校则将该课程定位为“专业研讨”，通常设在教学观摩或实习期间。

4.“其他课程”

国教院“其他课程”均为“研究方法”类，共2门；美国院校非常重视对学生研究能力的培养，56%的项目开设了该类课程，数量为1—2门。其中，波特兰州立大学设课数量最多，研究方法课程连续开设4个学期，共5学分，布兰戴斯大学两个项目和罗德岛大学未开设该类课程。

从中美院校课程结构可知，双方课程体系的核心内涵有较大差异。国教院培养的是“双语双文化”美国中小学汉语教师，汉语教学是其职业特征，课程体系中“汉语作为第二语言教学”类课程占比较高，不仅包括各要素教学、针对不同对象的教学和“教学技能训练”，还包括“中华文化传播”类课程和“跨文化交际”类课程，以保障学生能够迅速适应美国跨文化汉语教学。美国院校培养的是本土中小学汉语教师，人才规格需符合各州教育厅对中小学教师的要求，各校课程体系中“教育学”类课程、“第二语言教学法”类课程为主体，以帮助学生更好地了解从教环境和教学对象，具备胜任教学的能力。

由于教师教育者来源不同，中美院校课程体系的优势和不足也较为明显。国教院课程对学生的汉语专业知识和教学能力培养广度有余，而关于美国中小学教育教学类课程则涉及较少；美国院校课程关于合格本土中小学教师培养的广、深度俱佳，但汉语教学的课程设置却严重不足，有些项目甚至未开设该类课程。中美院校应发挥双方优势，统筹协调，形成资源互补，共同培养出汉语教学能力强、了解美国中小学教学实际的中美文化交流使者。

二、师资队伍

师资是教学质量和教学水平的重要保障，培养优秀的国际汉语教师须有一支过硬的教师教育者队伍。培养面向美国中小学的“双语双文化”汉语教师，对中美院校教师教育者要求较高。中方教师除应具有较强的专业知识和专业能力外，还需具有宽阔的学术视野、多元的文化意识和文化包容性、较好的外语表达能力，对美国及海外汉语教学情况非常了解，熟悉美国学生的学习特点，能够有效指导出国套读学位的学生，使其赴美后迅速适应从母语环境到外语环境的转变；美方教师除要具备较强的专业能力外，还应充分考虑到中国学生的特点并进行有针对性的引导，帮助其建构起在美国教育环境下教学所需要的知识与能力结构。

（一）中央民族大学国际教育学院

中央民族大学国教院以培养“地球村村民”为己任，从知识、能力和素质三个维度，将学生培养成为高质量的国际中文教育人才。学院建立起以学科带头人为引领、以骨干教师为支撑、以具有海外留学经历的青年教师为生力军的导师队伍，同时聘请一批知名专家、学者作为学院的兼职教师或特聘教授，每年为学生授课或开设讲座。打造了一支海内外结合、“学业导师－行业导师－学界专家”三位一体的专业化高水平教师团队。

1. 国内师资

（1）学院导师

①总体情况

国教院现有专职教师28人，其中女教师24人，男教师4人。教授3人，副教授11人，讲师14人。教育部“新世纪优秀人才”1人，中央民族大学“引进人才”1人。具有博士学位的22人，占教师总人数80%；有海外经历的14人，占教师总人数52%；具有十年以上汉语教学经历的教师占总人数88%。

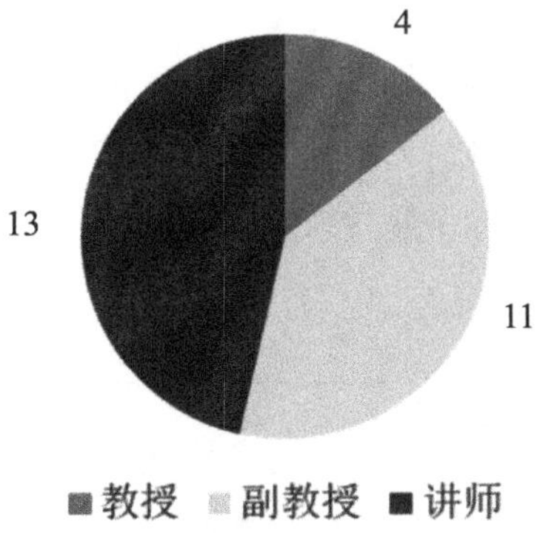

图 1-3-10：教师职称情况图

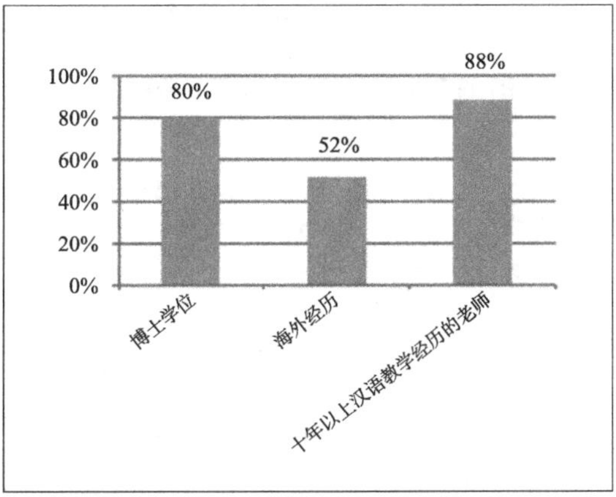

图 1-3-11：教师类型图

②毕业院校

汉教硕士学业导师22人，95%具有博士学位。其中，68%毕业于北京大学、山东大学、武汉大学、北京语言大学、北京师范大学和中国传媒大学等国内知名高校，23%毕业于美国卡内基梅隆大学、夏威夷大学，英国剑桥大学和兰卡斯特大学等海外知名高校。

③年龄分布和专业背景

学业导师中35岁以下的占12%，36—46岁的占36%，47岁—57岁占52%。84%为语言学和国际中文教育相关专业，12%为人类学或文化专业；4%为文学专业。

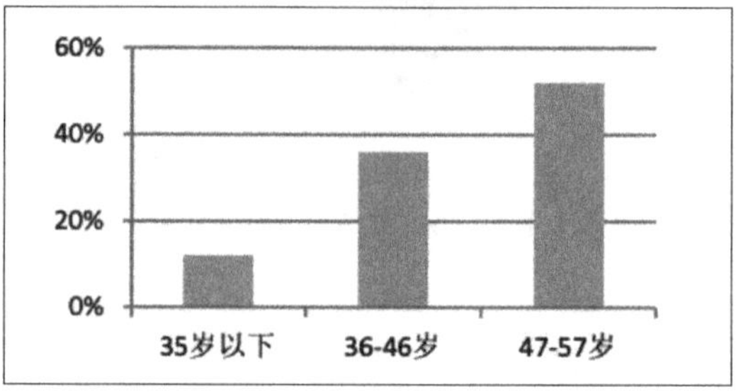

图 1-3-12：学业导师年龄分布图

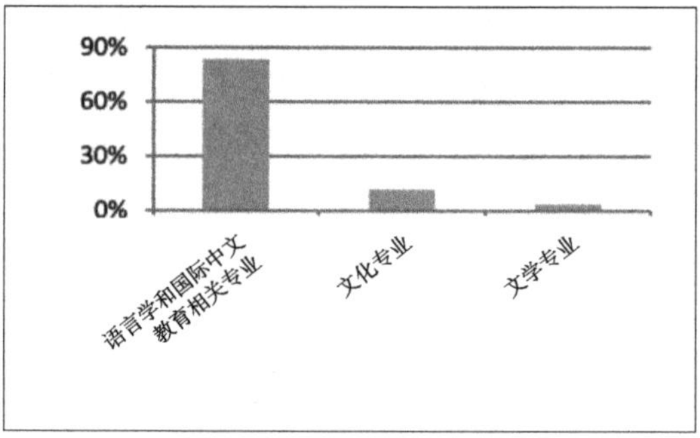

图 1-3-13：学业导师专业背景分布图

④教学科研成果

近五年，导师们紧密围绕国际中文教育学科和事业的发展进行教学研究。获批立项的国家社科基金一般项目4项，青年基金项目1项，教育部人文社科一般项目1项，教育部语合中心等其他项目38项。发表论文92篇，其中SSCI论文13篇，CSSCI论文

23篇，出版专著7部。

学院还组织编写出版了“国际汉语教学研究生系列教材”，在业内率先开展案例库研究，建立的“国际汉语教学数据库”，为学院师生和部分校外同行搭建了良好的研究资源平台，成为学生学位论文选题和论证资料的重要来源。这些高水平的研究成果转化率高，很好地反哺教学，促进了学生的教学和科研发展，有力支撑起高质量人才的培养。学院设有“语言教学、认知与习得开放研究中心”，产出一系列高水平研究成果。

（2）行业导师

国教院聘请行业内中小学教师和高校教师作为兼职导师。目前，中小学行业导师共5人，在学生实习时进行教学指导。兼职导师共7人，全部为副教授以上职称。其中，国内高校4人，美国高校3人。教授4人，博士生导师3人，负责指导学生的学位论文。

2.海外师资

为培养学生的国际化能力和多元文化适应性，国教院充分利用学院的国际交流优势，聘请海外知名学者和教授承担汉硕学分课程的教学，如《专业英语》《中美跨文化交际》和《美国教育概况》。2010年至今，先后聘请了刘乐宁、朱永平、陶红印、靳洪刚、俞志强、储诚志、冯禹、梁霞、张霓、王觉非、Diane Yendol、Francine Hultgren等16位美国知名汉语教育教学专家全英文授课，教学内容包括汉语本体知识、汉英语言对比、汉语教学法、汉语教学模式、中华文化传播、跨文化交际和美国汉语教学等，共计550余学时。美国教师的教学内容提升了学生的国际视野和语言能力，开启了多元思维，增强学生面对异域文化的信心，更加坚定了赴美套读学位的决心。

3. 学界专家

为提升学生的理论素养，扩展国际化视野，接轨国际中文教育前沿，国教院聘请了国内及美、英、法、韩、日等海外知名学者如冯禹、梁霞、刘珣、崔永华、孟柱义、古川裕等10余人为特聘教授。此外，长年邀请国内外知名专家定期为学生开办学术讲座。从2010年至今，国教院共举办学术讲座300余场[①]。这些学界专家不但学养深厚，享有盛名，而且对国内外汉语教育情况非常熟悉，能够在课程学习和学术研究上指导和引领学生。学界专家的加入，不但壮大了国教院汉硕师资队伍，而且为学生打开一道通往世界的大门，使其在学习专业的同时，英语能力得到大幅提高，很多同学感慨地表示：

过去在书上看到的名字或“传说”中听到的学术大咖就站在你面前给你讲课，听到的是你之前从未听到的内容，感到真的太幸运了。大家上课时就像海绵吸水一样，想把专家讲的所有内容全部吸收。（刚入学学生）

学院给我们安排的课程太高端了，海外专家的教学开阔了我们的学术视野，提升了我们的专业知识，而且让我们对美国汉语教学有了全方位的了解，对于后期出国攻读学位和在美国就业帮助特别大。（已毕业学生）

4. 师资队伍特点

（1）“海内外–校内外”双结合

国教院师资队伍构成多元，国内教师与美国教师比例几乎为2∶1，在全国培养院校中实属罕见。兼职导师、行业导师与校内导师分工协作，共同完成对学生的学业或实习指导。这种“海内外—校内外”双结合的模式，能够整合、发挥国别及行业教师

① 具体讲座安排在第四章讨论。

优势，培养高质量的外向型专业硕士。

（2）国际化能力高

师资的国际化程度对学生国际化能力的形成有很大影响。国教院师资队伍的国际化水平较高，一半以上导师具有海外教学或留学经历。近五年，学院又吸纳4位英美名校毕业的海归博士。这些师资了解海外汉语教学情况，教学视野开阔、国际理解力强、外语能力强、跨文化沟通交流能力强。他们的教学理念先进、教学内容前沿，能够很好地将海外情况与课程教学结合，并以案例的形式生动呈现。

（3）教学科研能力并重

国教院汉硕师资95%具有博士学位，不仅擅长教学，科研成果也颇为丰硕，很好地践行了教学科研“双促进”理念，这是国教院努力打造“双师型”教师队伍的显著成果。目前，国教院已建立起一支年龄结构合理、专业背景多元、科研能力强的优质师资队伍。

（二）美国六所合作院校

美国院校各合作项目的授课教师大致为4—7人（见下表）。从职称看，教授13人，占40.6%（含客座教授2人）；副教授8人，占25%；讲师5人，占15.6%；助教6人，占18.8%。具有博士学位29人，占90.6%，硕士学位3人，占9.4%。从学术背景看，“教育”专业占62.5%，“语言教育”占9.4%，“文学和文化”占9.4%，“教育技术”占6.3%，“语言学及应用语言学”占6.3%，“历史”和“心理”各占3.1%。由此可见，美国院校也选派了优质师资参与面向美国中小学的“双语双文化”汉语教师的培养，努力为其搭建专业化的平台，达到培养效果最优化。美国合作院校师资队伍的学术背景以“教育学”为主，这与美国教师培养理念和归属培养单位有关①。

表 1-3-9 美国六所院校授课师资情况表

学校名称	人数	职称				学历		专业背景						
		教授	副教授	讲师	助教	博士	硕士	语言教育	文学文化	教育技术	教育	历史	心理学	语言学及应用语言学
布兰戴斯大学	4	1	1	2	0	3	1	2	1	1				
马里兰大学	7	3	2	1	1	5	1				7			
西东大学	5	3	1	0	1	5	0		2		1	1		1
罗德岛大学	6	3	1	1	1	5	1	1			5			
南佛罗里达大学	4	0	2	1	1	4	0			1	1		1	1
波特兰州立大学	6	3	1	0	2	6	0				6			

三、培养手段

培养手段是指培养活动中所采用的方式和方法，既包括培养者与培养对象在培养活动中所采用的教和学的方式和方法，也包括进行培养活动时所运用的一切物质条件②。面向美国中小学培养的“双语双文化”汉语师资采取中美合作的培养方式，充分发挥双方院校的培养特长，采取独特的培养手段。中国院校着力夯实学生的汉语专业基础，提高汉语教学能力、跨文化交际能力和英

① 美方院校以项目形式与国教院合作而非举全院之力培养汉语师资，且不同年级学生的授课教师可能有区别，这里我们仅分析师资的基本情况。

② 朱晟利.论人才培养模式的概念及构成[J].当代教育论坛.2005（3）：28–29.

语交际能力；美方院校重在提升学生在当地中小学的教育教学能力。中美院校共同协作，确保师资规格符合本土教学需求。

（一）中央民族大学国际教育学院

《全日制汉语国际教育硕士指导性培养方案（2009版）》建议汉教硕士培养应运用团队学习、案例分析、现场研究、模拟训练等教学方法。国教院在人才培养过程中，遵循能力导向的培养理念，结合国际中文教育发展趋势，科学合理地运用各种教学方法，强调教学理论讲授与教学实践有机结合，不断促进学生反思成长。

1.“多轮驱动教学法”

“学习金字塔（cone of learning）”显示，传统的“听讲”“阅读”“视听”和“演示”属于被动学习，学习者两周后学习内容的平均存留率在30%以下，极容易遗忘；而“讨论”“实践”和“教授给他人”是主动学习，两周后学习内容平均存留率超过50%，尤其是“教授给他人”的方式，可以达到90%。国教院采取能力导向的“多轮驱动教学法”，促进学生积极参与主动学习，将教学理论在实践中内化和吸收，从而达到学术性和职业性融合的培养目标。“多轮驱动教学法”有五个步骤。第一，教师设立任务目标。驱动学生思考如何完成目标；第二，教师点拨和指引。驱动学生在“做中学”，培养自主学习能力；第三，师生共同学习。通过讨论典型案例，驱动学生探索真实情境下解决问题的方法；第四，同伴合作学习。驱动学生在同伴学习中互相启发，进行深度思考；第五，学习成果展示。驱动学生将知识系统化整理，呈现解决方案最优化。这“五步”是一个教学培养闭环。国教院汉硕培养的多门课程均采取多轮驱动的培养手段，促进学生创新思维能力和解决问题能力的形成和提升，使其未来更好地独自面对和处理教学中遇到的各种问题。

案例一：多轮驱动的语音教学课

“汉语语音及对外汉语语音教学”是“汉语作为第二语言教学”课程组成部分之一，共18学时，授课教师J将教学内容安排为6个专题，采取“多轮驱动教学法”。首先，确立每节课的任务目标，使学生明确不同专题教学的主要任务，带着任务开始学习；其次，教师课前布置任务，让学生在“做中学”，教师进行适度讲解和指导。每个专题教学开始前，教师均布置任务，由学生查找资料、积极思考并在课上与其他同学分享；第三，师生共同讨论，结合语音理论知识，分析不同国家语音教学的典型案例；第四，小组合作学习共同成长。如声母、韵母和声调专题教学中，教师将学习的主动权交给学生，学生分组查找资料，共同在“做中学”。首先，在组内讨论确定所研究的对象国，然后着手查找资料确定该国学习者的学习难点及采用的对策。通过查阅文献，学生对该领域的研究有了大致了解；其次，寻找该国留学生采集语音样本。学生们亲自接触外国留学生，感知他们的语音偏误。同伴间的讨论开启了彼此的思路，团队合作加深了对问题的理解，呈现出最优解决方案。最后，课上由一人代表团队向全班汇报，教师针对各组讲解的具体问题查缺补漏进行理论提升；第五，语音教学成果展示。在“汉语语音及对外汉语语音教学”这门课上，学生们不仅要完成每个专题的成果展示，在学期结束时，教师还要求学生们以留学生为教学对象，小组合作完成一个语音教学视频，作为学生学期成果的检验，以培养学生的语音综合教学能力。

课程实施几轮，学生们表示这样的教学方式和培养手段让他们更有参与感，学习更加主动，更重要的是学会了如何分析问题，在任务目标驱动下寻求解决问题的答案。在自我实践的过程中，可以更好地理解语音教学理论。同时，在教师的指导下，学生将理论有效地运用于教学，枯燥的教学理论被化解融入实践中，语音教学能力在无形中得到了提升，获得了极大的教学自信。

2.“同伴合作学习法”

合作学习是当前学习理论所倡导的一种新型学习方式，它建立在自主学习的基础上，对培养学生的专业能力、思维能力和沟通能力具有重要作用。在学生人数较多的课堂中，教师无法对每个学生都进行深入指导，互动性不足是最大的瓶颈，同伴合作学习则是解决这一问题的有效途径。首先，同伴间学习比较平等，不会给学习者带来权威和等级压力；其次，同伴间可以互相示范，互相启发，互为教师；第三，学习者更愿意倾听并采纳来自同伴间的建议。同伴学习不仅是学习方式，也是教学方式。由于同伴多极合作学习的互动性好，教学效率高，深受国教院教师的青睐。学生们认为同伴合作的学习效果远远高于个人思考。“他人就是宝藏”，通过讨论分享，头脑风暴，思想碰撞，组员们在合作学习中受到很多启发。国教院汉硕同伴合作学习主要有三种方式：共学共享法、任务分项法和切块拼接法①。

（1）共学共享法

共学共享法由美国明尼苏达大学约翰逊兄弟②（1987）提出的。这一方法以4—5人为一组，共同完成教师布置的同一任务。在完成任务过程中，全体成员对学习内容有更深入的了解，通过互相交流彼此启发、共同进步。

① 任彪.汉语国际教育专业硕士课程合作学习模式研究—以M大学为例[D].中央民族大学专业硕士学位论文，2021.

② David W.Johnson，&RogerT.Johonson著，伍新春、郑秋、张洁译：合作学习[M].北京：北京师范大学出版社，2004.

案例二：“课程设计与教材分析”中的合作学习

G老师将“语言教学理念与教学设计”的学习视频及任务清单发放至公共邮箱，由组长下载领取，各组学习同一内容。学习后，小组成员约定时间一起观看教学案例视频，指出视频中教学的优缺点并进行反思，之后小组集体完成任务清单，并将小组的学习情况及任务完成情况打包发给G老师。

【学生的观察日志】我们小组在学习过程中发现学习内容任务很新颖也很有趣味性，在这次合作学习中，我对当代语言教学理念的核心思想有了更为深刻的理解，对语言大纲和情境教学大纲的定义、内容和应用也进一步得到拓展。这种合作学习方式的记忆很深刻①。

（2）任务分项法

任务分项法是将一个总任务分解为若干子任务，小组成员需先完成每一个子任务，然后共同完成总任务。任务分项法遵循由易到难、从局部到整体的教学理念，不但分解了教学难度，也使得教学内容由点到面，连点成线，系统性更强，学生在合作学习中对同一主题进行深入探索。

案例三：语音教学课中的合作学习

J老师先给学生需要研究的典型对象国编码，由各组组长抽取号码。每组抽到哪个国别，则本学期需对该国汉语学习者在学习声母、韵母、声调和语流方面的存在的问题及教学策略进行调查分析，并在相应教学专题中向全班汇报。各子任务中包括了解该国汉语学习者的个人情况、采集语音样本、分析语音偏误以及选择纠正偏误的正确方法等。不同专题中子任务的完成度与学生对知识能力的掌握密切相连，学生完成所有子任务后，学期末要

① 任彪.汉语国际教育专业硕士课程合作学习模式研究 — 以M大学为例[D].中央民族大学专业硕士学位论文，2021.

完成教师布置的一个总任务，即以留学生为教学对象进行语音教学试讲。

【学生的观察日志】这段时间大家在完成任务时都很积极，几乎所有小组都在努力找寻符合要求的被试，而且在课程结束前的总任务汇报中都对自己组整个任务的合作学习表示比较满意[①]。

（3）切块拼接法

切块拼接法是阿朗逊（Aronson）及同事1978年提出的[②]。阿朗逊将学生6人成组，分别学习已经被他分割成不同片段的学习材料。由于各组的学习内容不同，汇报组需将学习内容以最优化的形式讲解和呈现，以助于给其他同学理解和掌握。切块拼接法的显著优势是组内学习能够促进每位成员积极贡献个体智慧并形成团队智慧，通过教授他人的方式实现个体学习效果最大化；组间的学习以听取他人讲授作为新知识的主要获得渠道。由于教学氛围真实而平等，听者能够积极地与同伴交流和讨论，并在不同观点的碰撞中进行思考，提升学习的深度和效度。

案例四:《美国教育基础》课中的合作学习

该课程旨在帮助学生了解中国和美国的文化差异，学习相关的跨文化沟通知识并掌握相应技能，使用英文原版教材。W老师的课程中采用两次切块拼接的合作学习方式。第一次拼接是教师请自由组对的10个小组分别选择教材中一个章节，并将该章内容概括出三个知识点向全班汇报；第二次拼接是各组内成员对所领取的材料的再度分工，通过认真的学习和讨论最后与他组分享。

① 任彪.汉语国际教育专业硕士课程合作学习模式研究 — 以M大学为例[D].中央民族大学专业硕士学位论文，2021.

② Aronson，E.，Bridgeman，D&Geffier，R.（1978）Interdependent interactions and prosocial behavior.Journal of Research and Development in Education，12（01），16–27.

【学生的观察日志】由于该课程的内容全部为英文，对个人外语能力提升帮助很大。最重要的是每组的人多，完成的内容不多，每次任务也都比较轻松①。

3.“案例教学法”

案例教学法是实践性教学的重要方法，它以案例为媒介，搭建起理论和实践的沟通之桥（舒尔曼，2007）。案例教学通过真实事件或真实场景的再现，引导学习者分析和思考，培养其解决问题的能力，促进个人专业成长。案例虽以真实事件为基础，但案例教学的目的并非讲故事，而是要产出知识。汲传波（2015）指出：人的学习过程不是知识的线性累加，而是在与环境和他人的交互作用中，不断进行社会建构的过程②。通过真实案例的呈现，学习者能够了解教学情境的真实情况，将教师讲授的理论知识与教学实践结合，在他人案例中汲取经验形成教学知识。个人的“前概念”③也可以在案例分析过程中进行反思、讨论并得以修正。教指委指导性培养方案建议，汉硕培养应多使用案例教学的方式，力争在课程学习期间接触到100个以上不同类型的案例，以便提高教学技能和国外适应能力。

国教院是业内最早启动案例库建设的院校，所构建的特色教育资源库数量多、国别广、呈动态化发展，与课程体系相配套，有效地支撑了汉教硕士的培养。国教院除开设了专门的案例教学课外，大部分课程中也都使用了案例教学法，主要按照“案例引入–案例讨论–案例总结–案例反思”几个环节来实施。采用的案例有本院教师自编案例和他人编写案例；类型有文本案例和视频

① 任彪.汉语国际教育专业硕士课程合作学习模式研究 — 以M大学为例[D].中央民族大学专业硕士学位论文，2021.

② 汲传波.案例知识与教师学习[J].国际汉语教育，2019（1）：28–35.

③ “前概念”是指自己对于学校、课堂、教学的理解。

案例；所用案例可以是优秀案例，也可以是问题案例。案例教学法成功的关键是案例的质量和案例使用的时机。教师在理论教学中恰当引入案例，学生可以围绕案例的出现问题、产生原因和解决办法进行讨论。在讨论过程中，学生们调动已有的理论知识，以案例教学现场的教师身份去思考，分析评价核心问题的症结，探讨最佳的解决方案。学生们的理论知识在分析处理的实践中得到更好地运用，起到了实践验证理论、理论指导实践，理论与实践有效结合的作用。

情境性和在地性是案例的最大优势，案例教学能够使语音教学中的理论问题具体化。如“汉语语音及对外汉语语音教学”声母专题，教师采用了案例教学法。首先展示了中亚志愿者教师和意大利志愿者教师的几个声母教学案例，然后由教师抛出一些关键性问题，学生们通过同伴合作，讨论志愿者教师的教学过程、遇到的问题及采用的策略，最后全班分享总结，形成反思并升华。通过案例教学，学生真切感受到在不同国家任教的汉语教师所遇到的语音教学问题，分析授课教师彼时彼地所采用的教学策略及其对教学效果的影响等，对语音教学理论和语音教学的理解也更加深刻。在案例教学中，教师的总结和概括非常关键，它是对教师专业功底的检验。首先，教师要具备甄选案例的能力；其次，具备对案例文本进行深入挖掘的能力；最后，还要具备从真实案例中提炼教学理论的能力。

4.“翻转课堂+现场指导”法

翻转课堂（Flipped Classroom）源自美国，就是将传统教学的“课堂讲授+课下学习”颠倒，变成“课前传授+课上内化”的教学模式，是“先学后教”的新范式①。翻转课堂充分利用现代

① 崔艳辉、王轶.翻转课堂及其在大学英语教学中的应用[J].中国电化教育，2014（6）：116–120.

信息技术，教师课前将录制的教学视频、制作的教学课件等相关教学资料发送给学生，由学生自主学习，教室则成为学生深度学习的场所。课堂上，教师通过搭建脚手架，引导学生讨论，将课前自主学习与课堂合作学习的成果有效连接并转化，以获得最佳的学习效果。

国教院有一些课程采用“翻转课堂+现场指导”法。（1）教学技能训练课。该课程的翻转课堂是在教学开始前，任课教师将教学ppt、教学示范录像、优秀示范教案等以翻转的形式发送学生，由学生自主学习。教师ppt呈现的内容通常包括教学相关要求、选用的教材、教学核心内容、教案的编写、教学设计、教学考核、课堂教学注意事项等等。通过学习相关资料，学生们能够了解教学模式的特点，教学所用教材的情况，如何编制教案，如何设计教学。通过反复观看教学录像和视频，熟悉汉语课堂教学的环节，授课教师采用的教学方法和教学设计流程等。在课堂教学中，教师引导学生积极讨论，深度挖掘教学内容资源，并对其教学进行现场指导和点评。（2）教学评估。因课程教学时数有限，在第一轮授课中，任课教师无法完成教学计划中的全部内容。在第二轮授课时，L老师主动采用翻转课堂的教学形式，将原本由教师讲授的部分内容翻转为学生课前学习，不但节省出更多的教学时间，而且充分培养了学生的自主学习能力、分析思考能力及批判性思维能力。

5.“模拟教学训练法”

职前教师汉语教学能力培养至关重要。对于新任教师来说，汉语教学能力不但影响其未来的专业发展，而且决定其能否继续从事教师职业。教学能力的获得需要通过专门的教学实践训练，它是师资培养中无法取代的重要环节。汉教硕士的专业背景多元，80%以上的学生缺乏汉语教学经验，教学能力培养任务繁重。目前，实习是汉教硕士教学能力培养的主要训练途径。然而，各培养单位招生人数多，实习条件受限，导致汉硕直接参与教学实践的机会不均等，模拟教学训练的教学方式成为必不可少的重要补充。“模拟教学”这一概念源于情境认知理论，1989年布朗、科斯林、杜吉德在《情境认知与学习》中提出：知识具有情境性，知识处于情境中并且在行为中得到进步与发展。汉语教师的教学能力是一个内涵丰富的概念，成为一名合格的教师需要有大量实践经验积累，还要不断反思修正。有学者指出“在正式开展实习之前，必须有一定数量的模拟教学以及一定的观课经验，即必须保证获得足够多的间接教学经验”（马秀丽，2012）。

国教院教师以培养学生的教学能力为目标，充分运用“模拟教学训练法”。除设置专门的教学技能训练课程，学生们在专业教师的指导下全程进行模拟试讲外，很多教师有意识地在各自的课程中恰当地安排模拟教学环节，以帮助学生全方位提升汉语教学能力，促进教学成长。（1）语法课。教师定期布置初、中级汉语学习者的汉语语法点，让学生针对不同教学对象分组进行模拟试讲，训练语法教学能力。（2）汉字课。教师在不同教学专题中预留出部分教学时间，学生根据专题内容设计教学，通过模拟的方式完成教学。（3）语音课。教师除在声母、韵母、声调各专题中，安排专业知识试讲外，还设置“中小学语音教学”专题，要求学生以美国中小学生为教学对象设计教学，通过使用教具，创设情境进行十分钟模拟语音教学。学期课程作业要求以一位或几位留学生为教学对象，录制真实的教学视频。教师选择典型视频，以微格教学的方式在课堂上分享，进行讲解和讨论。通过观看视频，学生能够关注到个人需要提升的教学细节。模拟教学不但能使学生发现知识上的不足和技能上的缺陷，还能够纠正教态和不当教学行为。（4）中国文化与文化传播课。教师让学生分组设计文化传播项目，录制相应宣传视频等教学资源，以模拟教学方式向全班汇报展示。

（二）美国六所合作院校

美国院校的教学理念“以学生为中心”，教学过程注重互动性，能够有效避免“以教师为中心”造成的课堂气氛沉闷，学生学习兴趣不足等问题。美国课堂的师生关系是“伙伴式”的平等关系，教师鼓励学生表达个人观点。对于学生的观点，教师不进行评判，而是包容地发现亮点加以肯定，培养学生的独立见解和创新性意识。美国六所合作院校的9个项目普遍采用的培养手段有“观点陈述法（presentation）”“团队合作学习法”“教学研讨法（seminar）”和“现场指导法”，个别学校也使用“模拟教学训练法”和“案例教学法”。

1.“观点陈述法（presentation）”和“团队合作学习法”

这两种教学方法是美国高校课堂教学的常见手段，也是培养学生自主学习、深度思考，形成批判性思维的有效途径。

（1）观点陈述法

在课程开始之前，教师给学生提供学期教学计划、每星期课程的教学内容、讨论内容和参考书目并提出具体教学要求，课程开始后严格按计划执行。学生们需提前做好准备，阅读大量专业书籍和相关文献，完成读书报告。课堂教学时，教师先行引导，然后按照既定安排，由指定同学进行观点陈述（presentation），其他同学认真聆听并积极参与讨论，教师则在关键知识点上给予指导和点拨。在这个过程中，教师不仅要在知识上引领，还要引导学生分享观点，碰撞思想，形成独立的见解。通过陈述汇报，学生对理论知识的理解更加深入，自主学习能力和思考能力也大幅提升。由于每位同学都被要求进行“观点陈述”，教师根据主讲学生的陈述和其他同学参与讨论的情况给予平时成绩，因此同学们的投入程度很高，学习成效明显。

（2）团队合作学习法

团队合作学习是学生课堂参与度较高的一种教学方式，每个小组是一个团队，团队成员既有分工又相互依赖，共同完成课程中的任务。美国教师普遍采取就近组合的方式分组，美国学生喜欢发表个人观点，重视个人在组内合作学习的贡献度，很多学生每次上课都会主动调换座位，以便跟不同人合作学习。各校外语教育专业有很多来自不同国家的学生，如日本、韩国、墨西哥、西班牙、越南等国。合作学习的组内成员可能来自不同国家，文化不同，思维方式不同，对待问题的看法也各异。同伴合作学习不仅能促进学业进步，而且通过跨文化的交流，学生的文化包容性、合作互动意识和国际化能力也得到很大提升。

与国教院合作的中小学项目，聘请教学经验丰富的中小学一线教师或校长参与授课，这些教师给课堂带来了新思路。如在合作学习分组上，有老师采用随机抽签组合法，即课前准备好若干带有不同数字、不同汉字或不同颜色的纸条，抽到相同数字、汉字或颜色的同学结为一组。这种随机抽签的团队组合方式充满新奇感，深受学生们喜爱。

2.“教学研讨法”

美国合作院校的教学训练课程是让学生在真实的教学环境下亲身体验，对观察到或遇到的问题进行“教学研讨”。该类课程通常设在教学观摩或实习学期，也称为“专业研讨”。与国教院合作的美国院校9个项目中，有4个项目开设了这门课程。该课程的最大优势是学生能够进入真实的教学现场，以其遇到的教学问题为基点，由教师点拨和引导，寻找问题的根源，通过同伴间的合作讨论，积极探索解决问题的途径。教学研讨法能够解决学生在真实教学环境下发生的各种突发性问题，情境性强，针对性强，实效性强，有效避免模拟教学情境单一，真实性和互动性不足的弊端。

3.“现场指导法”

现场指导对汉语教师教学能力培养的作用举足轻重。熟手教师和专家教师的指导能够让经验不足的实习生获得来自他人的直接经验，教学成效高，教学成长快。现场指导法指教师进入学生的教学现场进行指导，主要运用于实习环节。美国院校的教学实习通常是在行业导师和学院督导“双师”的共同监督下完成。实习学校的指导教师帮助学生设计教学，审核教案，完善教学内容并进行现场指导；学院督导教师则定期进入班级听课。“双师”的现场指导有时在课程结束后，有时也会根据新教师授课情况实时指导。

案例五

就读于美国S大学的一名女同学在一所男子初中实习，班级学生年龄大概17岁左右。这位女学生平时喜欢穿修身衣服。授课那天是新年，学院督导教师去听课，她穿了一件漂亮的黑色修身毛衣。第二天，督导教师在课上针对“新年该穿什么衣服上课”展开了文化教学讨论。通过学生们的讨论和教师的引导，大家对新年教学时的穿着有了更深刻的了解，领悟到如何在体现中国特色的同时展现中华文明之美。这样的现场指导既保护了那位女同学的自尊，又普及了中华文化。使学生树立起海外汉语教学无小事，点滴细节中传播中华文化的意识。

案例六

Z老师是M大学项目负责人，学生们实习时，每次课的教案都要经过她反复批阅点评，修改合格后方可在教学中使用。她经常听实习生的课，有时候一周听好几次，她会重点关注教学问题多的学生。有时候她在学生教学结束后单独指导，有时候也会用巧妙的办法参与课堂，进行现场指导。她说这种指导方式也是传承下来的，她在实习的时候，所在学校的校长见她课堂教学方法过于单调和沉闷，现场帮她调动学生的积极性，活跃课堂气氛。

案例七

B大学有一门训练课程采用了现场指导的方式，学生们被分在不同班级，实行“主讲教师负责制”。学生先观摩主讲教师的课堂教学，课下与之讨论教学中的问题和难点，并做其教学助理，辅导学生、批改作业。经过一段时间的教学观摩后，主讲教师带领学生集体备课，然后反复试讲，教学表现突出的同学会在主讲教师的督导下独立授课。

“模拟教学训练法”“案例教学法”在美国院校合作项目中并不普遍，只有个别院校使用，如西东大学的文化课程，教师让学生针对某个主题进行模拟试讲，其他同学配合并做点评；来自中小学的一线教师，拥有丰富的教学经验，教学中他们也会经常分享一些真实案例，由学生们讨论。

总体而言，中美联合培养项目国内和国外阶段的教学培养手段差异不大。这种高契合度的接轨，使国内外的教育几乎“无缝衔接”，降低了学生进入外语环境下学习的焦虑感，能够更快地适应美国的留学生活。

四、培养途径

培养途径是人才培养活动所借助的一定的载体[①]，主要分为教学途径和非教学途径。教学途径以在课堂内获得相关知识为基础，是显性课程；非教学途径以无意识的方式对学生的知识、价值和行为规范等发生影响，是隐性课程，通常包括教育环境及教

① 郑群.关于人才培养模式的概念与构成[J].河南师范大学学报（哲学社会科学版），2004（1）：187-188.

育活动，如校园文化、社会实践、课余活动等。隐性课程是学校教育的重要组成部分，课堂之外获得的直接经验对教育目标的实现也有重要的影响作用。“课外活动可能不包括正式的学习，但因为它们更生动、更具个性化，所以他们能比那些正式课程中所教授的内容给人留下更深、更持久的印象。”[①]本节主要讨论中美院校的非教学途径。

（一）中央民族大学国际教育学院

国教院的非教学培养途径十分丰富，涉及的范围较广，从“环境–教师–活动”多维度、潜移默化地影响学生的行为和教学能力。

1. 多元文化的环境

（1）校园环境

学校作为学生学习的重要场所，营造的氛围能够感染和影响学生，使其获得难以言传的感受。中央民族大学是民族院校的最高学府，56个民族的学子汇聚于此。校园内经常会看到身着不同民族服饰学生的身影。在民族节日里，同学们载歌载舞，讲述各民族的习俗和故事。蒙古族的“那达慕大会”、苗族“三月三”、彝族的“火把节”、藏族的藏历新年、傣族“泼水节”等，让汉硕在校园内就可以体验不同民族的文化。这种天然的、多元文化的校园环境能够帮助他们建立起文化理解、文化尊重和文化包容的意识，践行民大校训“美美与共、知行合一”的理念。

（2）院内环境

国教院每年来自世界各国的留学生达七八百人，不同洲际和国家的学生所处的文化不同，所使用的语言也有较大差异，汉教硕士与他们共同学习、互相交流、成为朋友，这就是一个跨文化

① 杨征铭.美国研究型大学通识教育中的隐性课程探析[J].武夷学院学报，2020（8）：92-99.

交际的过程。他们之间有相识相知的喜悦，也会因文化不同而产生矛盾和误会，再通过彼此了解而最终和解。在这个过程中，汉硕学会了如何与异域文化相处，跨文化交流能力得到提升。

2.具有国际视野的任课教师

教师的情操和人格魅力对学生心灵产生的影响是“任何教科书、任何道德箴言、任何惩罚和奖励制度都不能代替的一种教育力量。教师的信念和个性品质在教育中具有决定性意义”[①]，一位人格高尚的教师对学生的影响远大于课程内容的影响。

国教院80%以上的教师具有海外留学或教学经历，18%毕业于海外知名院校。16位美国汉语教学专家承担汉硕学分课程的教学，20余位海内外特聘教授定期为汉硕举办学科前沿讲座。这些教师的海外生活和教学经验丰富，具有国际视野，学术地位高。他们的言行、个人经历和价值观以及他们对待事物的看法耳濡目染地影响学生，为其打开一扇了解美国和世界其他国家的大门，甚至影响其职业规划。每年都会有一部分学生，入学之初对参加中美联合培养犹豫和观望，暑期课程接触了一些美国专家，聆听了他们的学术思想，了解他们的个人经历之后，便坚定地选择赴美套读学位并留在美国就业。

3.异彩纷呈的实践活动

（1）参与留学生项目

①汉语课业辅导

为满足不同留学生的学习需求，提高汉语学习效果。国教院从2007年开始，免费为每位留学生提供一周两次的汉语辅导。辅导教师由汉硕担任，每人辅导1–4名留学生。辅导内容以课堂教学答疑和辅助练习为主，结合留学生的个人需求，进行一对一或

① 乌申斯基.人是教育的对象：教育人类学初探（上卷）[M].郑文樾译，北京：人民教育出版社，1989.

一对多的个别辅导。课后汉语辅导属于加强型学习，针对性强，成为课堂教学有力的补充形式。参加辅导的留学生希望“提高口语能力，改善发音”“拓展汉语知识”“考HSK”“学习课堂上不懂的问题或者交中国朋友”；汉硕则希望增加“自己的教学经验”“交一个外国朋友”“多了解外国优秀文化”[①]。由于留学生的辅导需求比较多元，汉硕需要不断调整自己的教学方式以满足不同学习者的需求。经过一个学期的辅导，汉硕接触了不同国家的学生，感知了不同文化的特点，开阔了视野，增长了见识，教学能力和跨文化交际能力得到极大的锻炼。其中，94%的汉硕认为自己的专业知识增长了，88%认为自己的教学经验增加了，77%交到了外国朋友，66%了解了外国文化。

②赛事指导

国教院的留学生经常参加各种汉语赛事，如“汉语桥”世界大学生汉语比赛、北京市外国留学生“汉语之星”大赛、北京市“高校外国留学生汉语辩论邀请赛”、配音大赛、演讲大赛、征文比赛等。从初赛开始，学院就安排了汉硕对选手们进行全程指导并配合训练。参与指导的汉硕全力协助，国教院留学生成绩斐然，不断创造佳绩。近五年，在国家级、省部级及其他各级别赛事中获奖40余人。2017年，伊朗学生参加新华通讯社、孔子学院总部和国务院国资委联合举办的“我的‘一带一路’全球汉语演讲大赛”中获二等奖；2019年由CCTV和孔子学院主办的“2019‘汉语桥’全球外国人汉语大会——汉语影视作品配音比赛”中，缅甸学生瞿玉民夺得金奖。2021年柬埔寨学生艾金花在“汉语桥——‘诗琳通公主杯’东盟国家在华留学生线上视频演讲比赛中”荣获一等奖。通过指导协助留学生参赛，汉硕与

① 麻佳妤.中央民族大学留学生课后汉语辅导项目个案研究[D].中央民族大学硕士学位论文，2019.

不同文化者的沟通协作能力得到锻炼，创新意识和创新能力得到发展，科研能力也得到提高，产出一些以留学生赛事为研究对象的研究成果，如《汉语国际传播背景下高校留学生辩论赛培训机制探索》①《汉语国际教育专业本科国际中华文化传播能力培养初探——以“中央民族大学国际好声音大赛”的组织与实施为例》②《对来华国际学生视频类赛事的调查与思考》③等。

表 1-3-10　国教院获北京市“汉语之星”情况一览表

年份	奖项	人数	国家
2011	北京市十大“汉语之星”	1	缅甸
2012	北京市十大“汉语之星”	1	吉尔吉斯斯坦
2013	北京市“汉语之星”20强	1	越南
2014	北京市“汉语之星”20强	1	美国
2015	北京市十大“汉语之星”	2	伊朗+哈萨克斯坦
2016	北京市十大“汉语之星”	1	日本

③ 留学生短期项目

国教院承办多个来华短期进修项目，如“华语之桥”、教育部港澳与内地高校学生交流的“万人计划”、国侨办“寻根之旅”项目、“汉语桥”线上团组交流项目、美国乔治梅森项目、克莱

① 田艳、陈磊.汉语国际传播背景下高校留学生辩论赛培训机制探索[J].汉语国际传播研究，2011.

② 田艳、史真.汉语国际教育专业本科国际中华文化传播能力培养初探–以“中央民族大学国际好声音大赛”的组织与实施为例[C]//中央民族大学.本科教学研究，2019年，第二十三辑.

③ 田艳、史真.对来华国际学生视频类赛事的调查与思考[J].社会科学前沿，2019（8）：1489–1495.

姆森项目；日本千叶大学项目、大东文化大学项目、岛根县立大学项目等。这些项目参加者有在校大学生，也有中小学生。经过学院的严格选拔和高质量的培训、优秀教师团队全程参与并指导备课，被录取的汉硕可独立完成项目教学任务。由于汉硕充满激情、亲和力好、责任心强、教育技术运用能力强，授课效果得到学员的认可。“港澳与内地高等学校师生交流计划项目”注重语言实践，香港学生和汉硕“一对一”结伴，共同完成生活中的语言任务，参加各种文化活动，体验多彩的中华文化。汉硕还为香港学生提供一些生活帮助，彼此结下了深厚的友谊。2020年“汉语桥”线上冬令营泰国中学生团组项目授课教师全部为汉硕，在课程教师的策划与指导下，汉硕精心备课，制作精美的ppt，录制实景视频，让泰国学生对中国文化和北京有更多直观了解，教学效果得到泰国学生的极大认可。结业式上学生们纷纷表示，冬令营学到了很多知识，看到中国各少数民族文化，希望有机会还能参加这样的课程。短期项目给汉硕提供了很多汉语教学实践机会，促使其在教学中不断成长，也加深了对国际汉语教师这份职业的认同与热爱。

（2）参与留学生的活动

国教院留学生的汉语活动丰富多彩，也为中外学生的交流搭建了平台。通过参与留学生异彩纷呈的赛事和活动，汉硕的组织协调能力提高，项目策划能力增强，团队合作意识增加，文化传播能力得到发展。

①“汉语节目汇报演出”

是国教院留学生汉语教学成果展示的品牌节目，2007年设立。前十年每学期一次，后因设立了“国际文化节”而改为每年秋季学期一次。规定参加演出的节目为语言类，由学生自编、自导、自演。汉硕是留学生汉语节目表演的重要支持力量，在创意策划、编写剧本、指导排练、设计服装、组织所在班级上场等方面积极参与，献计献策。

②“国际文化节”

是国教院多元国际文化展示的平台，一年一度，设在春季学期。国际文化节当天，各国留学生身着本国服饰，向观众展示本国歌舞、饮食、习俗和文化等，深受民大学生的喜爱。汉硕在文化节的筹备中，帮助各国学生策划展位，配合宣传，组织表演，摇旗助阵。

③ “视谈中国”

是近几年国教院面向全校中外学生设立的视频访谈类比赛，要求每个参赛团队由3名中国选手和1名外国选手组成，以“感知中国，同中国当代社会齐发展；探索中国，溯中国热点事件根与源”为主题，围绕当今中国社会热点话题和现象，如“中国的共享经济”“企业的996工作制”“中国特色广场舞”等，通过调查走访以及街头访谈等形式了解普通人的看法，制作成精彩的短视频参赛。进入决赛的团队将由中外学生直接面对评委和观众的提问做出回答。该活动加深了国际学生对当代中国的了解深度，促进了中外学生的友好交流。

3. 参加文化体验和学术讲座

国教院为中外学生安排了一些文化体验活动。校内包括参观民族博物馆、少数民族教师家庭访问、与少数民族学生联谊等；校外包括游览长城和香山、参观联想集团等。通过文化体验加深汉硕对中华文化的理解和感悟。传播中国文化是汉硕具备的职业技能之一，国教院聘请一些历史文化专家开展讲座，帮助汉硕更好地将中华文化知识内化，提升文化教学能力。此外，为使汉硕迅速、及时地了解国际中文教育前沿动态，国教院定期组织丰富多彩的学术讲座、主办国际、国内学术会议及高端论坛，以多种方式让学生参与到一流的学术活动中来，培养学术素养，陶冶学术情操。

4.参加经验分享会

为让汉硕更多地了解海外的生活，顺利完成第二年海外的学习和实习。国教院定期邀请外派志愿者教师和套读美国院校学位并已在美入职的同学分享经验，答疑解惑。现场面对面的沟通，消除了顾虑和担忧，规划出国的学生也更有信心。

（二）美国合作高校

美国六所院校的非教学培养途径也主要涉及“校园-教师-活动”三个维度。

1.沉浸式的语言文化环境

美国是一个移民国家。美国高校的学生群体也呈现多种族、多文化的特点。学生的来源不仅仅有移民，也包括不断攀升的世界各国留学生。美国六所合作大学的校园环境优美，师生对国际学生的态度友好包容、乐于帮助，开放地接纳来自各国的朋友。在多元文化环境中，他们与国际学生和谐共处、共同学习进步。国教院汉硕浸润在全英文环境中，语言能力迅速提高。受当地人处事原则、行为习惯、学习方式和交往方式等的影响，有意识地向当地文化靠近，逐渐融入当地社会。美国院校的一大特点是课外活动丰富多彩，每所学校都有各种社团，学生可根据个人的兴趣、爱好选择参与，认识结交他国朋友、了解当地文化，促进个人能力的发展。然而，由于学业精力有限，国教院学生无人参加各类社团，他们参与的校园活动主要有两种：第一，新生联欢会。有的学校在开学初举办新生联欢会，为新生搭建与老生沟通交流学习、生活信息的平台，帮助其尽快适应校园生活。第二，学术讲座。各院校每学期都会举办各种学术讲座，学校的“研究中心”也会邀请专家作报告，校内各种博士生论文答辩是学生可利用的学习和研究的良好资源。

2. 师资队伍的国际化

美国高校注重师资的学缘结构和国际化背景，任课教师来自世界各地，师资结构呈现多样性。美国合作院校项目的教师来自不同国家，文化背景有所差异。他们学识渊博、视野开阔，不仅能够在专业上引领和指导国教院学生，而且具有多元文化意识、较强的包容性和理解力。通过与他们接触，国教院学生更好地感受和体会到如何与不同文化者交流与相处。教师们用自身丰富的教学经验及其对教育的热情影响着国教院的学生，使之充满爱心，满怀信心地面对教学对象。

3. 专业相关度高的汉语活动

①马里兰大学

国教院学生主要参与孔子学院、“汉语教师协会”或中国留学生协会等团体组织的活动并承担志愿服务。

②西东大学

第一，进行线上讲座。与美国中学生分享多元文化经历与体验，如西班牙文化、俄罗斯文化等。第二，作为组织者参与高中生竞赛。新泽西州每年组织一次以中美两国不同领域的对比为主题的高中生竞赛，如“中美文化异同”“中美体育项目表现上的异同”“中美电视媒体的不同”等，西东大学是主办方之一。国教院学生负责协调、提供帮助。在志愿活动过程中，感受不同学校参赛选手的特点，与各校汉语教师深度交流。第三，参加中小学教师小型圆桌会议。聆听与会教师的真知灼见，与当地汉语教师面对面探讨交流。

③布兰戴斯大学

要求学生在读期间参加一个汉语教学的学术会议，并在会议上报告个人的相关研究。相对于国教院，美国院校的非教学培养途径不够多元，主要原因有：第一，很多院校的汉语师资培养与汉语语言教学所属院系不同，资源难以共享；第二，汉语课程被纳入院校课程体系中，但多为选修课，校方乃至院系的关注力度不够；第三，汉语师资培养通常设在世界语或外语教学方向下，与其他语种师资共同培养，专门针对汉语师资所设计的活动有限；第四，海外汉语学习者的相关赛事或活动缺乏。中美联合培养的汉硕，在美国院校的培养时间多为一年，国教院学生普遍感觉学业压力大，时间紧迫，他们更注重显性课程的学习，对隐性课程关注不够。

第四节　培养制度

培养制度是指有关人才培养的重要规定、程序及其实施体系[①]，它是人才培养得以按规定实施的重要保障和基本前提，也是培养模式中最为活跃的一项内容。培养制度包括基本制度、组合制度和日常教学管理制度三大类。基本制度有学年制和学分制两种模式；组合制度原本是为学有余力的学生提供的额外学习课程，后逐渐成为一种人才培养制度，如双学位制度等[②]；日常教学管理制度是为维护正常教学秩序，使教学过程正常运转而制定的各种

① 朱晟利. 论人才培养模式的概念及构成[J]. 当代教育论坛，2005（3）：28–29.

② 面向美国中小学汉语师资“双语双文化”培养项目不涉及该制度，故不列入本节讨论范围。

规章、制度等制度体系。中美联合培养项目主要依据双方院校对研究生的相关规定和中美双方签署协议中的规定实施。

一、基本制度

中美联合培养项目国内和国外培养阶段均采用学年学分制，学生修满所有课程学分并通过答辩（或考试）后，将获得中美双方院校各自授予的硕士学位。国教院学习年限一般为2学年，37学分，有6个学期（含2个小学期）。其中，第一学年为课程学习时间，有4个学期；第二学年为实习和毕业论文撰写时间。学生可以延长毕业，最多延长2年；美国六所院校的培养时间为1—1.5年，学分32—48不等，分为3—4个学期（含小学期）。教学计划由中美双方共同制定并执行，美方院校同时负责监督学生考取美国中小学汉语教师资格证。

（一）招生制度

1. 中央民族大学国际教育学院

汉语国际教育专业招收国家承认学历的全日制应届毕业生、往届本科毕业生或已获硕士、博士学位人员，专业背景主要为汉语国际教育、英语、汉语言文学、新闻传播学及教育学相关专业，考试分国家统一考试和学院单独面试两部分。国教院学术委员会从政治思想、学业成绩、平时表现和托福成绩几方面进行审核，通过者可申请套读合作院校学位。

2. 美国六所合作院校

各校招生要求基本一致：①申请者已修完中央民族大学国教院所有课程学分；②成绩绩点需达到3.0；③有托福成绩和推荐信。大部分学校要求学生的托福成绩达到80分以上，雅思6—6.5分以上，布兰戴斯大学要求托福成绩100分以上，雅思成绩7分以上，专家推荐信2封；④有视频面谈或提交教学录像。各校非常重视学生的英语口语沟通表达能力，各项目负责人几乎都会对申请学生进行面试；⑤各校每年招收人数5—8人。

（二）管理制度

国内培养实行导师负责制，每位导师负责2—5名研究生不等。导师定期与学生见面，开组会，探讨学术问题，布置学习任务，在学习和生活等方面给予引导和帮助。国外培养实行项目负责人制，由6所院校9个项目的负责人安排套读学生的课程并定期见面，对其学业进行监督。

（三）机构组织管理

国教院设立了“中美联合培养项目组”，由主管教学院长出任组长，下设副组长和秘书各1人，主要负责制定和完善国内、外培养阶段的管理办法、派出学生的选拔、申请相关材料的审核、派出信息备案及汇总、中美双方培养部门的信息沟通以及项目执行过程中的监管等等；美国院校实行项目负责人制。

二、日常教学管理制度

（一）国内阶段

学生需严格遵守《中央民族大学研究生教育管理制度》对教学管理的相关规定，保障学业顺利完成。课程成绩由平时成绩和期末成绩构成，平时成绩包括学生的出勤率、课堂参与讨论情况、每次课作业完成情况等几部分；期末成绩通常有考试和撰写论文两种方式，总成绩由平时成绩和期末成绩构成，成绩不合格者需重修。考勤实行分级管理机制，即“学校–学院–教师–班长”负责制，学校教学督导组不定期巡查，学院领导和教学督导组检查，教师上课点名，班长记录每天出勤，对违反考勤规定的行为给予相应处罚。

（二）国外阶段

1. 课堂教学

美国各院校对学生出勤要求比较严格，私立学校更为严格，很多教师上课要点名。学生的课程成绩由出勤率、参与课堂讨论、完成活动或任务设计情况（assignments and projects）、作业、期中考试、汇报展示（presentation）和期末考试等几部分构成。有的学校对学生的最低成绩做出了明确规定，如西东大学要求学生成绩不能低于B以下，否则需重新完成课程作业或重修该课程。

2. 学业监管

实行以国教院导师负责制为主导的中美双方共同监管机制。首先，建立定期汇报制度。学生出境后3日内，须向国教院提供护照信息页、签证页和海关出入境印章页的电子扫描件或照片；每月1日报告上一月度的学习情况，并于美方院校学期结束一个月内提交该学期成绩单；其次，国教院导师每月至少1次通过电话或邮件方式与套读学生联系，全面了解学生在美国的思想、健康、学习和生活状况等，指导和督促其完成民族大学的研究任务，鼓励和支持学生读书期间积极参加国际学术会议，进行学术交流；美方院校项目负责人全程监管学生的学习和实习；最后，学生毕业前两周内，需向国教院提交总结报告。

第五节　培养评价

培养评价是依据一定的标准对培养过程及所培养人才的质量与效益做出客观衡量和科学判断的一种方式[①]。通过人才培养评

① 郑群.关于人才培养模式的概念与构成[J].河南师范大学学报（哲学社会科学版）.2004（1）：187-188.

价，一方面可以判断人才培养目标是否实现；另一方面可以有效监控培养过程，及时反馈、调节和优化，使培养模式日臻完善。人才培养“入口–过程–出口”是一个闭环，重视每个环节的评价措施，才能确保人才培养体系良性发展，人才培养质量得以保障。在入口时，通过科学的考核方式，选拔有潜质的学生；培养过程中，不仅对学生的学业成绩进行评价，还要对教师的教学、课程设置等进行评价；在出口时，对学位论文和就业情况进行评价。

一、严把招生“入口关”

国教院主要培养以美国为主的外向型汉语师资，故对学生的专业背景、心理素质和教学潜力要求较高。在招生入口处精挑细选，将生源素质好，职业匹配度高的学生选拔进来。国教院录取学生的要求是：第一，综合素质好。反应灵活、思路开阔、表达能力好，沟通应变能力强；第二，心理素质好。性格积极乐观、沉稳大方；第三，专业基本功扎实。学习能力强，有教学潜质；第四，英语基础好，中华才艺突出。为录取到可塑性高、培养潜力大的学生，国教院建立健全选拔机制，复试采取“笔试+面试”双轨制，全方位考察学生的专业能力和综合能力。笔试主要考察学生的专业能力、英语能力及逻辑思维能力；面试考察学生的基础知识、教学能力和跨文化交际能力等。面试由具有多年研究生培养经验的教师担任，试题范围较广，内容灵活。

近年来，“1+2+X”的培养模式受到广大考生的认可，报考人数逐年攀升，从2010年首次招生42人发展到2019年385人，第一志愿报录比从2010年的1∶1.05到2019年的1∶8.19。近三年来，考生的报录比均在1∶6以上。为保证人才培养质量，实行精细化培养，国教院并未扩大招生规模，而是坚守准则择优录取。

由于国教院人才培养选拔机制严格，被录取的学生专业能力和综合素养较高，也为美国合作院校提供了优质生源。

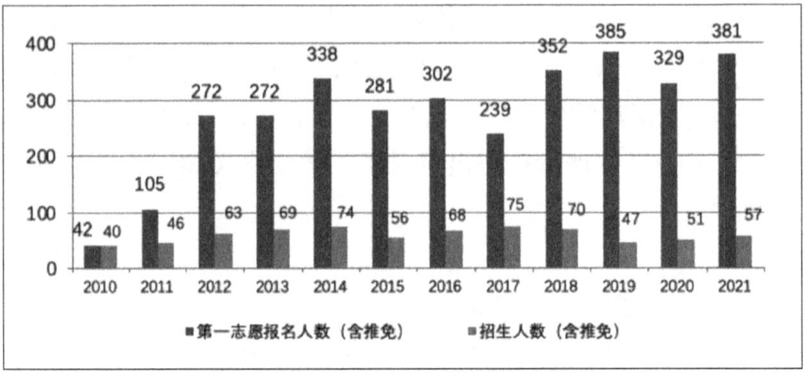

图 1-5-1 ：2010—2021 年考生报录情况

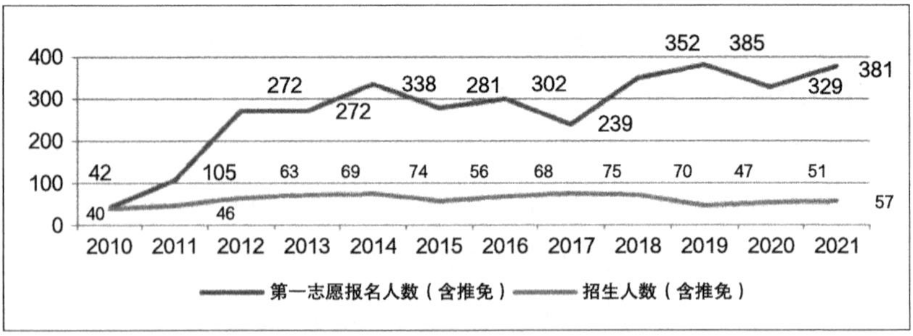

图 1-5-2 ：2010—2021 年考生报录趋势图

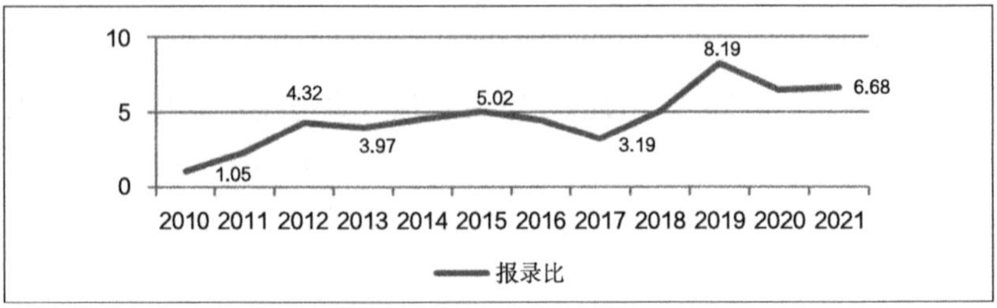

图 1-5-3 ：2010—2021 年考生报录比走向图

二、严控过程“质量关”

在培养过程中，国教院重视学生的学业发展，各门课程教师依据学校的管理要求，通过考试或提交论文的方式，对学生的课业表现做出公正的评价。为保证人才培养质量，国教院采取引育并举的方式，打造一支高素质的导师队伍。注重科研教学并重，培育“双师型”导师。创设了“同行听课、督导检查、学生评教、教学奖惩”相结合“四位一体”的教师评价制度，及时监测反馈教学不足，迅速进行调整。

汉硕对国教院教师的教学非常认可，历年来所有课程学生的评教分数均在90分以上。一方面说明教师们在多年的汉硕培养中，逐渐形成个人的授课体系和风格，并且不断完善和优化，教学方式较好地呈现了教学内容，满足学生的学习需求；另一方面也说明该模式能够紧密围绕培养目标和培养规格，注重理论与实践相结合，多种教学手段相结合，受到学生的欢迎。在国教院的精心培育下，汉硕学生整体呈现出学业水平较高，专业能力较强，科研势头强劲，应用性成果突出的特点，近五年来在相关领域取得了优异成绩。

（一）奖学金及“优秀毕业生”

14人获“国家奖学金”，384人获学业奖学金，7人获北京市“优秀毕业生”，18人获校级“优秀毕业生”。

（二）各类竞赛

在国家级、省部级等各类教学比赛中获奖共40人。其中，特等奖1人，一等奖3人，二等奖4人，全国季军1人，团体二等奖1次，在其他专业技能大赛中获奖20余人次。

（三）创新创业

2016级学生的“I SPY全球移动端语言教育项目”在“全国大学生创业大赛”中获金奖；31人次荣获校级创新创业大赛奖。

（四）科学研究成果

学生以第一作者身份或与导师合作在国内外期刊/论文集上发表论文30余篇，在国际/国内学术会议（论坛）上报告论文57人次，获得会议“优秀论文奖”10余人。300人参与国际汉语案例教学数据库建设，共提交1500篇汉语国际教育案例分析，有370篇被收录到学院案例库中；5名学生参与教师主编的4部汉语教材。

（五）汉语教师志愿者

68名学生通过国家汉办（现语合中心）外派志愿者教师选拔考试，赴20国孔子学院/课堂从事汉语教学，8人获得“优秀志愿者”称号，3人获任教机构表彰。

美国院校同样非常重视学生的学业发展，各课程教师依照教学规定评价学生的学业成绩。国教院学生的成绩大部分在A和A–，也有部分A+。合作项目所在院系每学期也会对任课教师的教学进行评价。

三、严守毕业“出口关”

作为高校人才培养模式的产品，培养出口通常以是否获得毕业证书和学位证书来衡量学生的学业合格性和职业适切性。汉语国际教育硕士培养成果的体现，一是学位论文，二是职业匹配度[①]。学位论文是研究生培养中的重要环节，是考量学生在校期间的综合学养、研究能力和学术水平的依据。学位论文不仅体现学生的学业水平，也反映出培养院校的人才培养质量。就业是人才培养目标达成度的晴雨表，专业学位以职业为导向，汉语国际教育硕士是外向型汉语教师，出国率和从教率应成为衡量培养质量

① 职业匹配度与人才培养目标相适应。

的重要指标。

（一）学位论文

教指委在《汉语国际教育硕士专业学位论文撰写指导性意见》中指出：论文写作应特别强调培养学生在教育实践中发现问题的敏感性、分析问题的科学性、解决问题的主动性和创造性，使学生获得教育反思能力。因此，汉硕的学位论文要去纯理论化，注重在教学实践中发现选题，并选择恰当的研究方法完成学位论文。论文形式可以是专题研究、调研报告、教学实验报告、典型案例分析和教学设计等。

1. 中央民族大学国际教育学院

2010 — 2021年国教院与美国六所院校联合培养了86名毕业生，全部完成了学位论文的撰写并通过答辩，我们对这86篇学位论文进行了分析。

（1）选题范围及数量

所有论文选题均为国际中文教育领域的实践性选题，主要涉及“汉语作为第二语言教学”“文化与跨文化交际”“汉语作为第二语言习得”“汉语人才培养”以及“汉语国际传播”五类。从选题数量上看，“汉语作为第二语言教学（56%）>汉语国际传播（15%）>汉语作为第二语言习得（13%）>汉语人才培养（10%）>文化与跨文化交际（6%）”（见表1–5–1）。“汉语国际传播”是国教院的学科特色和研究优势，汉硕学位论文选题数量较高，位列第二。

表 1-5-1　国教院中美联合培养学生毕业论文选题分类

<table>
<tr><th colspan="2">选题分类</th><th colspan="2">数量占比</th></tr>
<tr><td rowspan="4">汉语作为第二语言教学</td><td>课堂教学</td><td>20.5%</td><td rowspan="2">56%</td></tr>
<tr><td>教学资源（教材）</td><td>17.5%</td></tr>
<tr><td>教学资源（网络）</td><td>13%</td><td rowspan="2">56%</td></tr>
<tr><td>测试</td><td>5%</td></tr>
<tr><td colspan="2">汉语国际传播</td><td colspan="2">15%</td></tr>
<tr><td colspan="2">汉语作为第二语言习得</td><td colspan="2">13%</td></tr>
<tr><td rowspan="3">汉语人才培养</td><td>课程设置</td><td>1%</td><td rowspan="3">10%</td></tr>
<tr><td>培养模式</td><td>6%</td></tr>
<tr><td>教师发展</td><td>3%</td></tr>
<tr><td colspan="2">文化与跨文化交际</td><td colspan="2">6%</td></tr>
<tr><td colspan="2">总计</td><td colspan="2">100%</td></tr>
</table>

①“汉语作为第二语言教学”类

论文主要研究汉语作为第二语言的课堂教学方式、教学效率、教学设计等问题，分为“课堂教学”“教学资源”和“测试”三类。该类选题人数最多，共48篇，占56%。

I.“课堂教学”

主要包括汉语各要素教学、教学方法、教学设计、教学有效性、教学方法、课堂管理和课堂文化建设等，该类论文有18篇，占20.5%，如《美国成人汉语初学者“一对一”词语教学个案研究》《自媒体在虚拟汉语语言社区的运用——以布兰戴斯大学汉语课为例》《歌曲和短视频在对外汉语教学中的应用研究》《美国华盛顿育英特许学校与College Gardens小学汉语沉浸式教育项目的比较研究》等。

II.“教学资源”

主要进行纸媒教材、网络资源、移动端资源等问题的研究。分“教材”和“网络资源”两类。“教材”有15篇，占17.5%；“网络移动资源”有11篇，占13%；“教材”主要研究纸媒教材。对国际汉语教材及其语言要素、字词、语法、练习以及图片运用等进行考察，如《〈体验汉语口语教程〉1—3册图片运用情况分析考察》《〈博雅汉语〉与〈汉语听说读写〉汉语化因素对比分析研究》《美国国别化汉语教材中的文化词语研究》等；“网络资源”包括线上教学资源及网络孔子课堂的教学功能、移动端资源的应用与调查，如《对网络在线孔子课堂的研究》《基于智能手机的移动汉语学习软件初探——以Chinese Skill为例》《汉语学习者移动汉语学习情况调查分析》。

III.“测试”

论文以汉语水平考试（HSK）、YCT以及其他国家语言水平考试为研究对象，该类论文共4篇占5%，如《新HSK对国内汉语作为第二语言教学反拨效应的实证研究》《新YCT考试效度研究》《HSK（六级）听力理解内容效度研究》等。

②“汉语国际传播”类

论文主要研究汉语在世界各国的传播现状、传播模式、传播内容、传播策略以及不同语言机构间的对比，该类选题共13篇占15%，如《教总对马来西亚华文教育的影响研究》《孔子学院与世界主要语言机构的运营情况比较研究》《20世纪泰国排华背景下汉语“三位一体”传播模式探索》等。

③“汉语作为第二语言习得”类

论文主要研究各国汉语学习者如何学习汉语，探讨学习偏误和学习策略等方面的问题，揭示不同国家学生学习汉语的过程及规律，该类选题共11篇占13%，如《汉字书写加工单位研

究 —— 以汉语零水平者和汉语母语者为例》《泰国学生汉语词汇偏误分析与学习策略探讨》《美国学生习得“二”和“两”的偏误研究》。

④“汉语人才培养”类

论文主要关注中美两国汉语教师的培养、国际汉语教师的成长与发展以及美国汉语师资需求研究等。该类选题共9篇占10%，如《中美汉语作为第二语言/外语教学专业硕士培养模式对比分析》《基于招聘信息的美国汉语师资规格与素养研究》《“超本土”汉语教师成长之路的叙事研究》等。

⑤“文化与跨文化交际”类

论文主要涉及中外跨文化交际、汉语文化教学或教学资源的一些文化问题。该类选题只有5篇占6%，如《东南亚孔子学院文化活动研究》《留学生目的语环境语言文化资源利用情况考察 —— 以中央民族大学语言生为例》《美国大学生对中国文化符号的认知态度研究 —— 以美国三所大学为例》。

（2）研究方法

汉硕论文注重实践性，提倡在教学实践中发现问题、收集材料，在理论的指导下选择不同的研究范式来分析问题并解决问题。从研究方法看，论文主要分为实证研究和非实证研究。实证研究是基于材料、数据的研究，非实证研究是不以系统的材料为基础的研究。从具体的研究路径来看，实证研究又可以分为定量研究、质性研究和混合研究①。定量研究又被称为“量化研究”，是基于大样本的数据收集和量化分析进行的研究；质性研究是以文字性的分析描述为基础进行的研究，通常借助个人访谈、观察和书面材料收集等手段进行。综合运用量化研究和质性研究的方

① 曹贤文.应用语言学实证研究方法与量化数据分析 —— 对外汉语教学研究视角[M].北京：世界图书出版公司，2013.

法进行数据收集和分析的研究，被称之为混合研究。

我们对86篇论文的研究方法进行了分析。结果显示，全部论文选题均来源于教学实践，注重运用材料，通过调查、课堂观察、访谈等方式来解决国际中文教育中的实际问题，具有一定的应用价值。其中，属于质性研究的论文有22篇，占25.6%；属于量化研究的有29篇，占33.7%；属于质性和量化相结合的混合研究有35篇，占40.7%。从研究方法占比数量看，“混合研究>量化研究>质性研究”。

表1-5-2　中美联合项目学生毕业论文研究方法统计结果

研究方法	论文数量	占比
质性研究	22	25.6%
量化研究	29	33.7%
混合研究	35	40.7%
总计	86	100%

量化研究的论文中，非实验研究数量多于实验研究，两者均采用SPSS等统计软件进行样本分析。非实验研究中还出现一些基于自建语料库的量化分析，如《东南亚孔子学院文化活动研究》以2010—2018年孔子学院文化活动数据库为研究工具，对13年的相关数据进行定量统计，分析东南亚各国孔子学院文化活动开展的规律和特点；实验研究主要对随机抽取的样本数据进行不同变量的分析，如《汉字书写加工单位研究——以汉语零水平者和汉语母语者为例》以42名阿拉伯母语者、40名英语母语者和40名汉语母语者为实验对象，通过数码笔和点阵纸记录其书写汉字过程中的笔画间隔停顿时间来研究部件教学的重要性。质性研究的论文主要运用访谈、课堂观察等方法采集小样本研究数据，

对不同国家或地区的汉语教学中的现象和问题进行描述与分析，如《国内海外汉语项目课堂文化建设探析——以清华大学IUP汉语中心为例》通过课堂观察法详细记录教师和学生的课堂表现，并围绕课堂文化对部分师生进行访谈，在此基础上进行分析并提出相应建议和策略，充分了体现质性研究的描述性。

从选题的研究路径看，混合研究的论文占比最高，达40.7%，主要采用个别访谈、文本分析和课堂观察相结合等方式进行研究，使研究结论更加科学、更有说服力，如《汉语学习者移动汉语学习情况调查分析》运用问卷调查法对汉语学习者使用移动端学习汉语的情况进行了量化调查，然后对参与调查的一部分学习者进行访谈，结合个案深入分析汉语学习者如何使用移动端学习汉语，将定量和定性的研究方法很好地结合在一起。

（3）论文类型

教指委指导性培养方案将汉硕论文分为调查报告、教学设计、专题研究、案例分析和教学实验五种类型。调查报告是针对国际中文教育的相关问题进行调查，在数据分析和整理的基础上形成；教学设计则以教学理论为依据，对某门课程或具体课堂教学进行设计；专题研究是针对国际中文教育领域中的某一方面或某一问题进行深入探讨；案例分析则以国际中文教育领域内的案例为对象展开研究；教学实验是在相关理论指导下提出假设，并通过实验来验证假设。

从论文类型来看，86篇论文可分为调查报告、专题研究、教学设计和案例分析四种类型。其中，“专题研究”数量最多，有45篇，占52.3%，主要针对国际中文教育领域内某一问题进行深入探究和思考，并提出解决问题的建议和对策，这类论文几乎涵盖论文所有选题范围，如《对网络在线孔子课堂的研究》《歌曲和短视频在对外汉语教学中的应用研究》等。“调查报告”类论文有

22篇，占25.6%。主要通过实地考察、问卷调查和深度访谈的方式对研究问题进行调查，在调查数据分析的基础上得出结论并提出建议。如《南佛罗里达大学汉语教学调查与分析》以美国南佛罗里达大学汉语系为研究对象，从汉语教学和汉语文化教学两个方面进行了详细的调查和分析。“案例分析”类论文有14篇，占16.3%，如《“超本土”汉语教师成长之路的叙事研究——以中央民族大学五位毕业生为例》记录了中央民族大学五位毕业生从决定进入汉语国际教育领域开始，到成为美国中小学汉语教师的成长经历。通过分析成长过程中的关键事件，提取“超本土”教师的共性特征。“教学设计”类论文数量较少，只有5篇占5.8%，主要为“课堂教学”类。涉及对教学模式、网络教学资源运用等的教学设计，如《一对一网络汉语教学设计研究与反思——以四个学生为案例》以四个一对一网络汉语教学设计为案例进行分析，探讨一对一网络教学的设计原则及教学方式，对网络一对一教学有一定的借鉴意义。

表1-5-3　中美联合培养项目学生毕业论文类型统计结果

论文类型	数量	占比
专题研究	45	52.8%
调查报告	22	25.6%
案例分析	14	16.3%
教学设计	5	5.8%
总计	86	100%

（4）论文特点

参加中美联合培养项目学生的学位论文呈现以下特点：

① 选题多元，应用性强。

86篇学位论文选题多样，涉及范围广泛，聚焦“三教”问题展开研究。不仅有汉语“课堂教学”“二语习得”“纸质教材”等传统研究领域，还包括“网络教学资源”“汉语测试”“汉语国际传播”等新兴或具有挑战性的研究领域。很多选题非常新颖，紧密结合海内外教学实践和前沿问题，属于该领域的开拓性研究，具有重要的应用价值，如《汉语学习者移动汉语学习情况调查分析》《汉语教学对美国青少年汉语学习者形成中国国家形象的影响——以CIEE暑假项目为例》《20世纪泰国排华背景下汉语“三位一体”传播模式探索》《自媒体在虚拟汉语语言社区的运用——以布兰戴斯大学汉语课为例》等。

② 聚焦美国汉语教学，国别针对性强。

参加中美联合培养的学生出国前需完成中央民族大学的学位论文开题。导师们通常会结合学生的自身特长，发挥在地优势，引导其选择与美国汉语教学相关的选题。通过研究，学生们加深对美国汉语教学状况的全面了解。在解决问题的同时，培养其融入美国从事汉语教学的专业素养和生存能力。如《美国K–6沉浸式汉语课堂教学方法及课堂管理个案研究——以犹他州U小学一位熟手教师的课堂为例》《美国汉语沉浸式环境中的类词缀教学研究——以麻州PVCICS中小学为例》《美国华盛顿育英特许学校与College Gardens小学汉语沉浸式教育项目的比较研究》《美国国别化汉语教材中的文化词语研究》《美国两州教师资格证制度对面向美国汉语国际教育硕士培养的启示》等。

③选题实践性强，行业应用价值高。

周小兵（2017）认为汉语国际教育硕士学位论文选题应体现“实用性”“适配性”与“可行性”。实用性突出汉硕选题的应用价值，适配性要契合汉硕的研究水平和国际中文教育实际，可行性强调汉硕选题是否具有可操作性。国教院注重培养学生的创新性、开拓性和国际化视野，导师们对汉教硕士学位论文的内涵把脉精准，论文选题实践性强，前沿性强，具有较高的行业应用价值。如“人才培养”类9篇论文均以美国或中美汉语人才培养为研究内容，涉及中美汉语教师培养对比、中美联合培养“超本土”汉语教师成长、民族大学汉硕出国留学动机、美国中小学教师资格证等多元主题，为中美国际汉语教师培养提供了有益参考。

表 1-5-4 “人才培养”方向学位论文选题一览表

序号	论文题目
1	中美汉语作为第二语言/外语教学专业硕士学位课程设置对比——以十二所中美大学为例
2	美国纽约州教师资格证制度与面向美国汉语国际教育硕士培养的启示
3	中美汉语教育硕士教学实践能力培养比较研究——以中央民族大学和波特兰州立大学为例
4	汉语国际教育硕士出国动机的叙事研究——以中央民族大学20位汉教硕士为例
5	中美汉语作为第二语言/外语教学专业硕士培养模式对比分析
6	四所高校汉语国际教育硕士人才培养比较研究
7	“超本土”汉语教师成长之路的叙事研究
8	基于招聘信息的美国汉语师资规格与素养研究
9	“超本土”汉语教师成长之路的叙事研究（2）——以中央民族大学五位毕业生为例

随着现代教育技术的发展，科技赋能国际中文教育趋势越来越凸显。有些论文开始探索移动端和网络教学以及相关软件的开发与应用，如《英汉学习APP对比分析及其启示研究——以DynEd和Chinese Skill为例》《移动端汉语教学游戏的设计研究》

《基于反馈理论的美国高中汉语沉浸式项目移动端混合式教学案例设计》《一对一网络汉语教学案例设计研究与反思——以四个学生为案例》等，契合了新时代汉语教学的需要，尤其是在后疫情时代，如何运用网络技术手段提高国际汉语教学质量已成为重要课题，这些选题为相关领域的科技产品研发提供了新思路。

④ 研究视角独特，研究领域创新。

86篇论文研究视角多元独特，除传统的教学视角、文化视角外，还从其他视角发现并解决国际中文教育领域的新问题，如《汉语国际教学视角下高校附近商业店名的调查与思考——以中央民族大学周边为例》从商业视角出发，提出将商业店名引入国际汉语教学中的设想与实践，为课堂教学提供了新资源。“汉语国际传播”是近年来蓬勃发展的一个研究领域，民大国教院处于该领域的前沿水平，学生的论文选题也体现出民大培养的独特性。该类论文主要涉及不同国家和地区的汉语传播现状和传播方式等，为国际中文教育更好地发展提供了借鉴和参考，如《上海合作组织框架下吉尔吉斯斯坦汉语传播实证研究》《孔子学院与世界主要语言机构的运营情况比较研究》《美国外语政策背景下马萨诸塞州汉语教学标准研究》《教总对马来西亚华文教育的影响研究》《从汉语学习动机分析马来西亚华校的华语传播策略》等。

⑤研究方法多元，关注质性研究。

86篇学位论文均注重实证研究，运用多种研究范式。除采用较为常见的研究方法外，还出现了一部分使用“全球视野比较法”的研究。“全球视野比较法”是吴应辉（2013）提出，指在全球视野下对不同国别、不同区域、不同文化背景、不同语言背景进行定量和定性的比较研究。该方法强调树立全球化意识、形成国际化思维习惯，在全球化背景下思考问题，如《20世纪泰国排华背景下汉语“三位一体”传播模式探索》《美国孔子学院与四国在华语言传播机构文化活动比较研究》等。

近些年，越来越多的汉硕学位论文使用行动研究、叙事研究等质性研究方法进行研究，使学位论文内容更加丰富，研究手段更加多样。行动研究是教师针对个人在教学中所遇到的问题展开调查和研究，通过自我反思调整教学以达到优化效果的一种研究方法。行动研究强调“在做中学”，形成“发现问题、采取行动、进行反思、改正方案”的良性循环，促进个体的教学成长。该方法与汉硕的职前身份和职业特点高度契合，是新手教师自我成长的重要途径，如《基于三名非华裔美国在华儿童汉语教学的行动研究》是基于学生自身教学经历展开的研究。叙事研究又称“故事研究”，是指研究对象以故事形式叙述重要事件，研究者透过这些故事，探究其背后的教育理念、教学意义等①。尽管该方法对研究者的逻辑思维能力、访谈能力、资料分析能力和理论提炼能力要求较高，但质化研究对个人经历的深度挖掘和细腻呈现的独特魅力，使越来越多的学生勇于挑战和尝试，如《超本土汉语教师成长之路的叙事研究》。

表 1-5-5　“人才培养”方向学位论文选题一览表

序号	论文题目
1	美国两州教师资格证制度对面向美国汉语国际教育硕士培养的启示
2	基于招聘信息的美国汉语师资规格与素养研究
3	中美汉语教育硕士教学实践能力培养比较研究 —— 以中央民族大学和波特兰州立大学为例
4	基于招聘信息的美国汉语师资规格与素养研究

① 丁安琪.汉语教学的研究内容与研究方法[J].国际汉语教学研究，2017（1）：7–14.

续表

序号	论文题目
5	中美汉语作为第二语言/外语教学专业硕士培养模式对比分析
6	超本土汉语教师成长之路的叙事研究
7	“超本土”汉语教师成长之路的叙事研究（2）——以中央民族大学五位毕业生为例
8	汉语国际教育硕士出国动机的叙事研究——以中央民族大学20位汉教硕士为例
9	中美汉语作为第二语言/外语教学专业硕士学位课程设置对比——以十二所中美大学为例

2. 美国六所合作院校

美国六所院校的合作项目，除马里兰大学明确要求学生撰写毕业论文外，其他五所院校并无学位论文要求。学生完成所有学分，完成实践性教学研究，达到学校毕业规定，可顺利毕业。

（1）布兰戴斯大学

MTCC项目需要学生参加capping stone课程毕业项目，即在导师安排下选择一个与教学密切相关且实践性较强的题目展开研究，并在期末做个人展示（presentation）；MAT项目也要求学生根据所在学校的实习内容选取实践性的教学主题进行研究，期末时分组报告。

（2）马里兰大学

MEd项目要求学生撰写30页毕业论文。毕业论文为读书报告性质，学生阅读项目负责人指定的十几本专业书籍后，拟定实用性选题，撰写读书报告，陈述个人观点。

（3）南佛罗里达大学

MEd项目和MAT项目均无学位论文要求，学生毕业前需参加学校的考试，通过后获准毕业。

（4）罗德岛大学和波特兰大学

这两所大学均无学位论文要求，学生独立完成指定课程的论文或研究设计，进行展示汇报，成绩合格后具有毕业资格。

（5）西东大学

西东大学无学位论文的硬性规定，学生可自主选择是否撰写。论文选题需为国际中文教育领域的问题，在导师指导下完成。截至目前，国教院仅有1名学生撰写了学位论文。

3. 对中美院校学位论文撰写的思考建议

专业硕士不但要具有从事专门职业的工作能力，还要具备扎实的专业理论知识。汉语国际教育硕士应成为懂教学、会教学的专业人才，而懂教学、会教学需要在相关专业理论知识的指导下，经过高水平的训练才能实现。离开专业理论知识的指导，个人的教学经验难以提升和发展；离开运用理论知识解决问题的学术研究能力，教学难题就无法解决。汉硕培养需要进行专业的学术训练，撰写学位论文是检验汉硕职业性与学术性兼顾的重要成果。中美联合培养的86位同学，论文选题实践性强、行业应用价值高、研究视角多元、研究方法多样，体现了民族大学国际教育学院独特的培养模式与理念。然而，论文中也存在一些普遍问题：

（1）论文类型过于集中

专业学位注重实践，汉硕学位论文类型应该多样化。然而，86篇论文中，“专题研究”类占绝对优势，超过论文数量的一半；其次是“调查报告”占25.6%，“教学设计”类论文比例较低，“教学实验”类论文未见。这种现象产生的原因与其赴美留学，一年内要同时完成美国院校的学业及民族大学的学位论文有关。由于时间精力有限，多数学生选择相对保守的“专题研究”。“案例分析”和“教学设计”的论文类型为“新生事物”，可供借鉴的成功范例不多，若教学理论掌握有限，教学经验不足，论文易变为“流水账”和“经验总结”。

（2）研究广度有余而深度不足

国际中文教育的实践需要在理论的指导下展开，而以国际中文教育实践为主题的论文，最终也必须将实践的内容上升到理论的层面进行分析和归纳（叶军，2011）。86篇论文普遍存在研究广度有余而深度不足的问题，未能对研究对象进行更加深入的探究和理论提升。如《移动端汉语教学游戏的设计研究》选题新颖，但对移动端汉语教学游戏的设计缺乏实践中的应用，教学效果也有待检验，移动端汉语教学游戏设计对移动端汉语教学的理论贡献也未涉及。由此可见，学生对研究问题挖掘不足，缺乏理论提升的意识。

（3）研究方法科学性需加强

有的论文研究方法不明确，缺乏规范性，将获取数据的方法作为研究方法，导致研究方法混乱，层次不清；有的论文在前文介绍使用案例法或访谈法等，但在研究过程中却未体现这些方法的运用；有的论文调查问卷设计科学性不足，影响了研究结论的科学性和可信度。

（4）对文化与跨文化交际问题关注度不够

86篇学位论文选题，大多集中在“教师”“教材”和“教法”方向的研究，而“文化与跨文化交际”方向的论文仅占6%，说明学生对该领域的问题关注度不够，需扩大研究视角，深度了解中外文化差异，加强中华文化与跨文化交际领域研究。

（二）就业情况

中央民族大学国教院率先探索中美联合培养美国中小学汉语教师。项目实施11年，共培养10届学生86人。毕业当年在美就业率达68.6%，对口就业率达95%以上，为美国中小学汉语师资队伍输送了一批高质量人才。

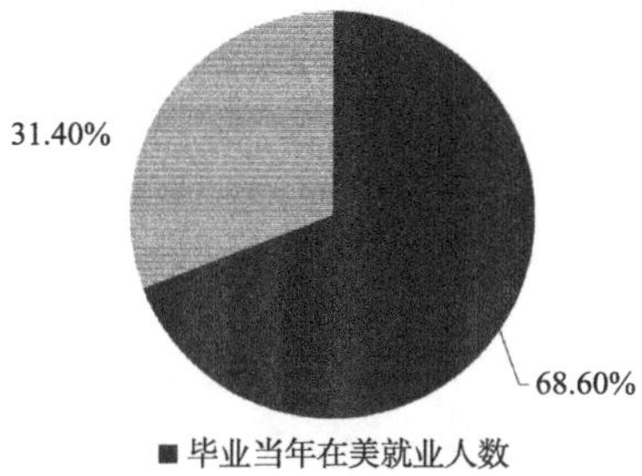

图 1-5-4：毕业生当年就业情况图

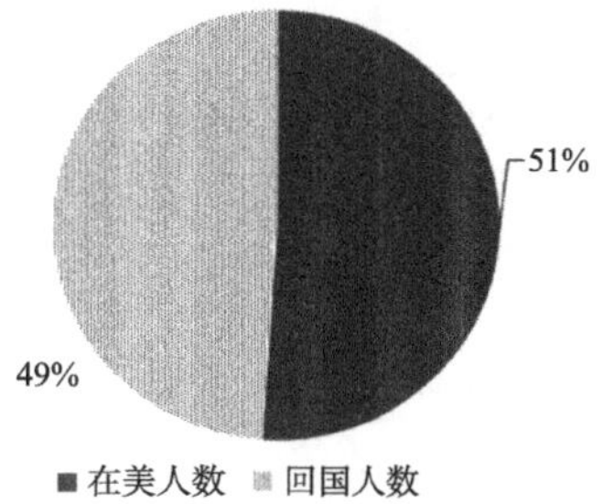

图 1-5-5：至 2021 年毕业生在美就业情况

在美国就业需要具备合法的身份资格，即持有允许工作的合法签证、永久居民身份或美国公民身份。美国主要的工作签证类别之一是H-1B（专业人员临时工作签证）。该签证准许外籍专业技术人员受雇在美国境内工作，最长工作期限为6年，符合条件的H1B持有人可以申请永久居民身份，俗称绿卡。H1B每年有85000个配额限制，所有申请人需先参与65000个常规配额抽签，在常规配额中未中签的研究生及以上学历申请人，再从20000个高级学历配额中参与抽签。中美联合培养的汉语师资拥有美国硕士学位，无需单独进行评估，可进入第二轮抽签。然而，对于抽签未中的学生，过了OPT实习期[①]就只能选择回国。截至2021年8月，中美联合培养中小学汉语师资项目陆续回国学生42人[②]，

① 美国OPT政策是指F1签证学生毕业之后可以有1年的实习期（Optional Practical Training），简称OPT。这段时间有工作许可，可以在美国停留。如果在毕业后60天内仍未申请到OPT，就必须离开美国。

② 也有些学校急需汉语教师，能够帮助教师申请工作签证无需进行抽签，但教师须在规定期限内获得所在州执教资格证。

占总人数的49%，留在美国44人，占总人数51%。其中，6人继续攻读博士学位（2人在职攻读），在美就业40人，就业率达46.5%。

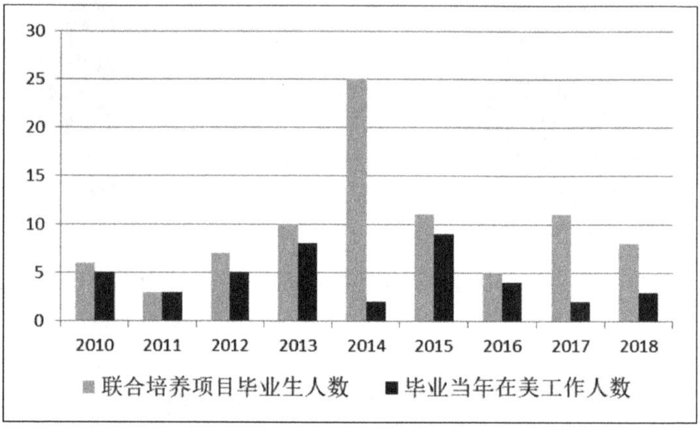

图 1-5-6：历届毕业生在美就业人数

图 1-5-7：历届毕业生当年在美就业人数趋势图

（一）就业类型

在美就业的40人中，有38人从事汉语教学或相关教育，占94.7%；2人在非汉语教学行业从业，占5.3%。汉语教师中94.7%在国民教育体系内任教，其中大学5人，占13.89%，中小学31人，占80.81%；5.3%在私人教学机构任教。可见，中美联合培养的中小学汉语师资对口就业率非常高，近95%毕业生均从事汉语教学，三分之二在中小学任职。

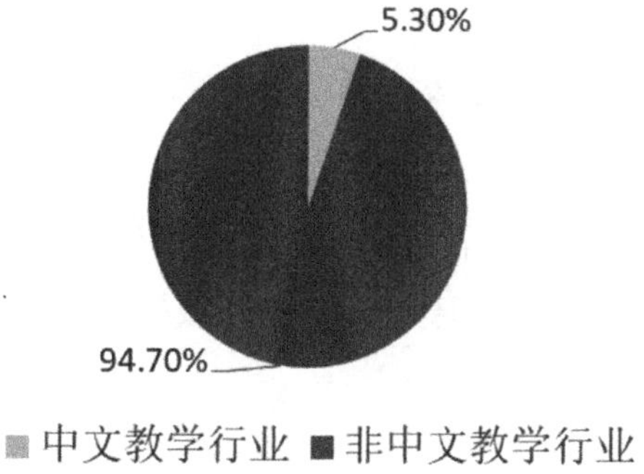

图 1-5-8：毕业生在美就业类型图

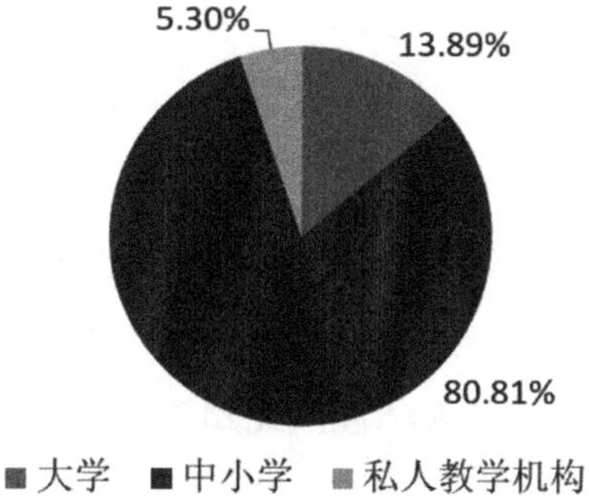

图 1-5-9：毕业生在美就业类型图

（二）就业地域分布

毕业生主要分布在马萨诸塞州、加利福尼亚州、新泽西州、伊利诺伊州、田纳西州、佐治亚州、华盛顿州、佛罗里达州、德克萨斯州、俄勒冈州、肯塔基州、犹他州、康狄涅格州、纽约州、北卡罗莱纳州、罗德岛州、宾西法尼亚州、新罕布什尔州等18个州和首都华盛顿。

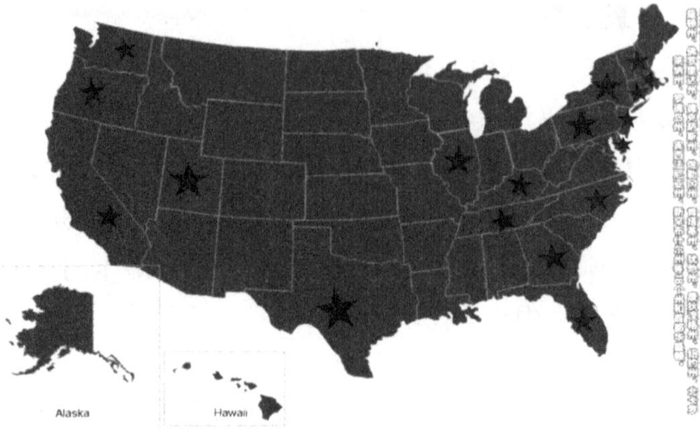

图 1-5-10：毕业生就业地域分布图

在18个州中，人数最多的7个州为新泽西州7人、马萨诸塞州6人、犹他州5人、加利福尼亚州4人、康狄涅格州和俄勒冈州为3人和佐治亚州2人，其余各州均1人。

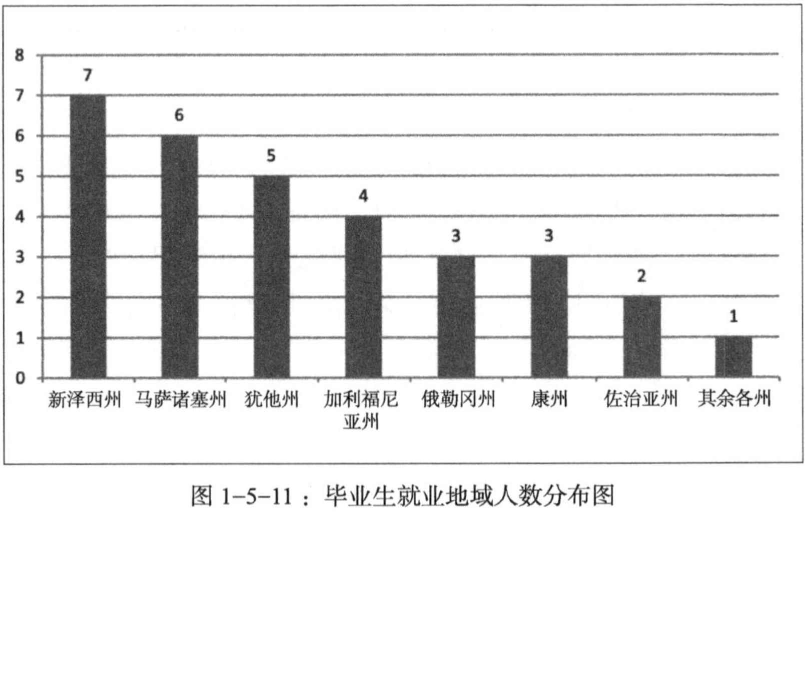

图 1-5-11：毕业生就业地域人数分布图

（三）任职学校性质

在美国中小学从事汉语教学的31人中，高中和小学所占人数最多。其中，高中14人，初中4人，小学13人。按学校性质划分，公立学校任教人数最多，有17人，占54.8%；其次是私立学校13人，占41.9%；在特许学校任教人数较少，只有1人，占3.3%。公立学校中，在小学任教7人，占41.2%；初中3人，占17.6%；高中7人，占41.2%；私立学校中，在高中任教7人，占53.8%；初中1人，占7.7%；小学5人，占38.5%。

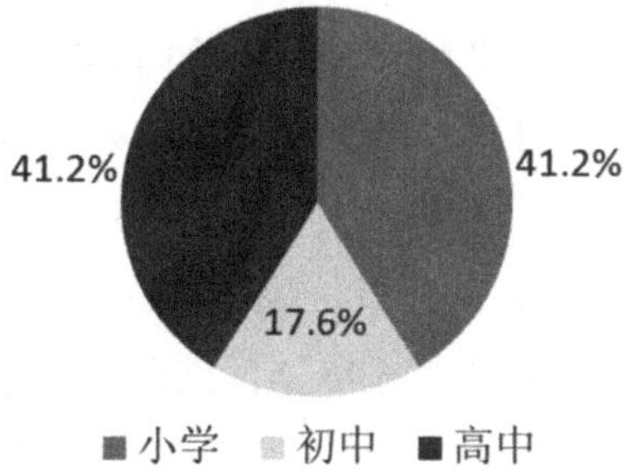

图 1-5-12：毕业生公立学校任职情况图

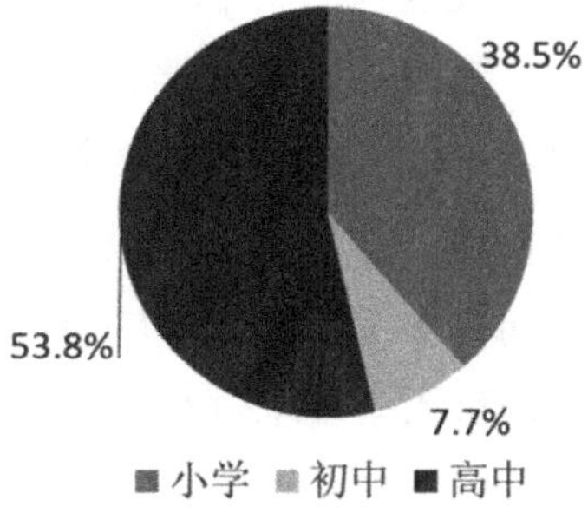

图 1-5-13：毕业生私立学校任职情况图

（四）美国各院校毕业生就业情况

美国六所院校，由于所处地理位置、入学要求及专业特色等不同，国教院申请就读学生人数也不一。2010级至2020级学生，就读西东大学的人数最多21人；其次是布兰戴斯大学和南佛罗里达大学18人；第三位是波特兰州立大学13人；第四位是罗德岛大学11人；第五位是马里兰大学3人。

从学生择校指数看，西东大学、布兰戴斯大学和南佛罗里达大学位居前列的主要原因是：第一，西东大学地处新泽西州，靠近大都市纽约，地理位置优越，汉语学习需求旺盛，就业机会多。西东大学的合作项目为“汉语与中国文化教学”，除开设汉语教学类课程外，也注重培养学生的文学、文化素养，为有意继续攻读交叉学科博士学位的同学提供了便利条件；第二，布兰戴斯大学位于波士顿名校区，学术氛围好，学校综合排名靠前，因该校对学生的英语水平要求较高，国教院每年只有2–3人可以被录取；第三，南佛罗里达大学坐落旅游区，风景优美，学费适中，是中央民族大学的校际交流合作院校。依照合作协议，民族大学可为交流学生提供往返机票和一定标准的生活费用，该项目深受学生欢迎。

波特兰州立大学、罗德岛大学和马里兰大学的培养内容及课程设置各具特色，培养效果突出。不过马里兰大学的英语入学标准较高，雅思单项成绩均须达到7分，且国际学生不享受州内学生同等学费标准，10年间仅有3位同学申读该校硕士。2019年，该校对入学要求进行了调整，托福成绩需达到96分，雅思成绩达到6.5。

截至2021年8月，布兰戴斯大学毕业生归国6人，在美12人；西东大学归国10人，在美11人；波特兰州立大学归国6人，在美7人；罗德岛大学归国5人，在美6人；南佛罗里达大学归国13人，在美5人；马里兰大学毕业生全部在美，共3人。

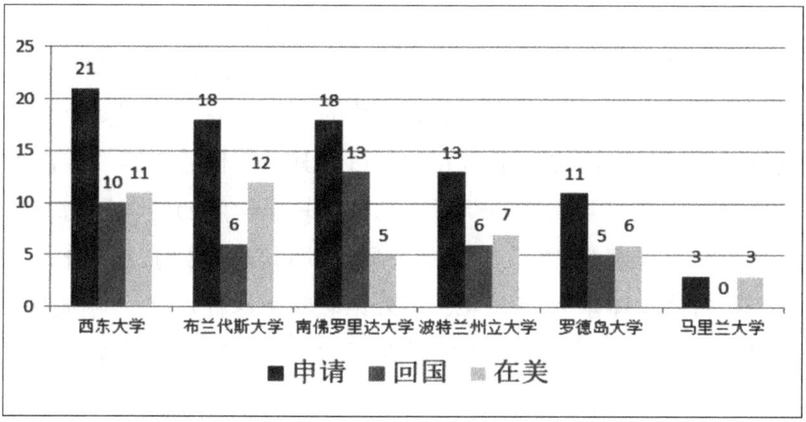

图 1-5-14：2010 级—2018 级各校毕业生走向图

从毕业当年在美就业率看，马里兰大学最高100%，布兰戴斯大学89%，西东大学76%，罗德岛大学64%，波特兰州立大学54%，南佛罗里达大学44%。尽管受美国签证政策的影响，但美国各校毕业生在美就业总体趋势仍然保持在50%以上。其中，马里兰大学100%，布兰戴斯大学67%，西东大学52%，罗德岛大学55%，波特兰州立大学54%。

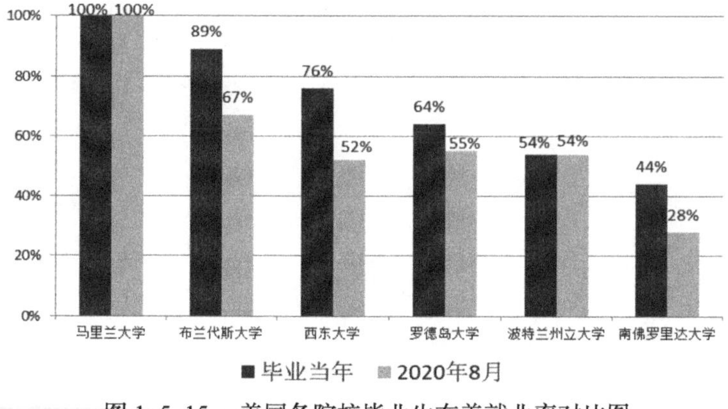

图 1-5-15：美国各院校毕业生在美就业率对比图

南佛罗里达大学申读学生数量在六所院校中位列第二，而毕业生当年在美就业率却在六所院校中最低，达44%，2020年8月更低至28%，不足申请该校学生总数的三分之一。除却就业率的偶然性因素外，南佛罗里达大学项目有其独特优势。第一，该项目可得到中央民族大学的经费资助，减轻了学生的经济压力；第二，可转换国教院12学分，无教师证项目仅需修满21学分；第三，项目课程体系为TESOL，由外语教学类课程构成，与国内阶段学习内容自然衔接，学生的学业压力不大。这成为有留学意愿且欲归国发展的学生的首选。有些学生在套读学位期间转变了想法，毕业后要在美国发展，却因没有教师证，无法申请公立体系教师岗位，只能在私立学校或汉语教学机构求职，就业范围大大受限。由于南佛罗里达州汉语教师需求量较小，未能找到工作的学生只能放弃回国。

不过，有些中小学急需汉语教师，被录取的教师若无教师证，入职后在规定时间内需考取所在州的教师证。

第二章　面向美国的“双语双文化”汉语师资培养课程设置

第一节　课程设置概说

一、课程设置定义

课程设置是课程领域中的一个重要的课题和范畴，是“学校教育的灵魂，是任何教育研究都无法回避的核心问题”①。课程设置是课程体系的核心部分和关键要素，是人才培养目标的具体体现，影响着人才的培养质量。课程设置是针对人才培养目标或培养定位，有计划、有组织地设计课程结构，选择设立课程类型和课程门类，确定教学顺序、学分学时情况并简要规定各类课程的学习目标、学习内容和学习要求。课程设置的关键在于课程结构和课程内容的合理性。课程结构的合理性是指各门课程之间结构是否合理，包括开设的课程是否合理，课程开设的先后顺序是否合理，各课程之间衔接是否有序，能否使学生通过课程的学习与训练，获得某一专业所具备的知识与能力；课程内容的合理主要指课程内容能否反映学科的重要知识，主要的方法论及时代发展

---

① 曲铁华、马艳芬.论教师专业化与职前教师教育课程改革[J].教育科学，2004（4）：44–47.

的要求与前沿。专业课程的设置需围绕培养目标，以一定的理论和实践为依据选择、安排、组织课程内容，使之能够紧密结合，有机衔接。

二、汉语国际教育硕士课程设置研究现状

课程设置直接影响汉语国际教育硕士的知识结构和能力结构水平的高低。关于汉硕课程设置的内容、不同课程的比例、课程与教学能力的培养及课程针对性等方面的问题，学界已进行了充分讨论（蒋晓棣，2009；陈青妮，2008；丁安琪，2009；朱永生，2007；吴成年，2011；杨刚，2013）。近年来，基于国外英语二语师资培养的对比研究增多，为汉语国际教育硕士课程设置提供了启发和借鉴。李晓琪、黄立（2001）和李晓琪（2011）先后对美国大学TESOL课程进行了分析和对比，概括出美国TESOL专业硕士课程设置的“3+1格局”，并指出十年间美国TESOL课程“3+1”格局稳定，主干课程和非主干课程内部均有一定的调整变化。李晓琪、张菡（2010）指出无论是英语二语教学还是汉语二语教学，在师资培养方面都突出了学科的应用型特点，重视对教学能力的培养，将“教学类课程”放在了首要地位，“二语习得和教学理论类”课程是汉语国际教育硕士培养中不可缺少的一部分，同时也要关注“教师发展类课程”和“教学方法类课程”的设置。田艳（2012）借鉴了英国MTESOL的课程设置，指出国内汉语国际教育硕士应重视特设项目的课程设置，扩大学生的选课范围，注重学科内容的交叉，适当增设方法类、国际主题类课程。根据培养院校的自身特色，突出地方性、差异性、开放性和多样性。

第二节　中美院校课程设置分析

我们借鉴李晓琪（2001）关于美国TESOL专业硕士课程的“3+1”模式，来分析中美院校课程设置的格局和特点。“3”代表三类主干课程，即“普通语言学与英语语言学类”“第二语言习得理论与第二语言教学理论类”和“英语教学理论与实践类”；“1”代表非主干课，即主干课程外的其他课程，指“教育学、研究方法、文化和其他”。为便于分析，我们将具有相似性和相关性的课程归入一类，如“教育学”和“心理学”归入“教育类”，“中国文学”和“中国文化”归入“文化类”。主干课程可分为“语言学”“二语习得与教学理论”和“汉语（英语）教学理论与实践”[①]，非主干课程分为“教育学”“研究方法”“文化”和“其他”。

表 2-2-1　“3+1”课程设置格局表

<table>
<tr><td rowspan="4">主干课程</td><td colspan="2">课程类别</td></tr>
<tr><td colspan="2">语言学</td></tr>
<tr><td colspan="2">二语习得与教学理论</td></tr>
<tr><td colspan="2">汉语（英语）教学理论与实践</td></tr>
<tr><td rowspan="2">非主干课程</td><td>教育学</td><td>研究方法</td></tr>
<tr><td>文化</td><td>其他</td></tr>
</table>

① 有的项目未设汉语教学理论与实践项目，设有英语教学理论与实践项目。

一、中央民族大学国际教育学院

（一）课程总体情况

国教院专业课程由必修课和选修课构成，其中必修课11门，指定选修课5门。实习为“必修环节”，我们将其纳入必修课中，共计17门。

（二）课程设置格局

国教院的课程格局为“2+1”格局，未设“语言学”类课程。“主干课程”13门，“其他课程”4门。国教院将“专业英语”调整为用英文讲授的主干课，我们将其纳入主干课程。

“国际汉语教学前沿讲座”依据内容分类，可将0.15门归入“研究方法”类课程，0.1门归入“文化与传播”类课程，0.5门归入“汉语教学理论与实践”类课程，0.25门归入“二语习得与教学理论”类课程。

1. 主干课程

（1）“二语习得与教学理论”类

1.25门，包括“第二语言习得研究”1门，“国际汉语教学前沿讲座”0.25门。

（2）“汉语教学理论与实践”类

9.5门，包括“汉语作为第二语言教学”“国际汉语教学法及案例分析”“汉英对比与偏误分析”“课程设计与教材分析”“教学测试与评估”“教学观察与分析”“汉语教学技能训练”“实习”“专业英语”，另外加入“国际汉语教学前沿讲座”0.5门。

2. 非主干课程

（1）“教育”类

1门“美国教育概况”。

（2）“文化与传播”类

3.1门，包括“中华文化与文化传播”“中华才艺与展示”“中美跨文化交际”，另外加入“国际汉语教学前沿讲座”0.1门。

（3）“研究方法”类

2.15门，包括“国际汉语教学研究方法专题”“研究生论文写作指导”，另外加入“国际汉语教学前沿讲座”0.15门。

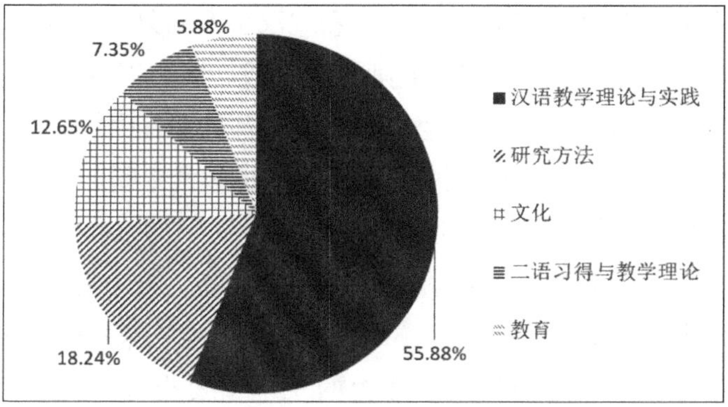

图 2-2-1：国教院课程比例图

国教院课程主要由两类主干课程“二语习得与教学理论”“汉语教学理论与实践”以及非主干课程“教育、文化和研究方法”三类课程构成。主干课程占课程体系的63.23%，非主干课程占36.77%。各类课程所占比重为“汉语教学理论与实践（55.88%）>研究方法（18.24%）>文化（12.65%）>二语习得与教学理论（7.35%）>教育（5.88%）”类课程。可见，国教院非常重视“汉语教学理论与实践”类课程，占课程总量的一半以上，其次是“研究方法”类课程，“文化类”课程位列第三，教育类课程偏少。

（三）课程设置特点

1. 主干课程个性化特色明显，注重培养学生的教学能力。

（1）重视汉语语言要素教学

语言要素教学能力是汉硕应具备的基本教学能力，汉语的自身特点决定了语言要素教学的独特性。学生需要了解海外不同国家、不同程度的学生在学习汉语时应掌握的基本内容，学习的重、难点及所应采取的教学方法和进行的教学设计等，同时兼顾学界最新发展和研究动态。国教院将“汉语作为第二语言教学”这门课程分解为“语音及对外汉语语音教学”“词汇及对外汉语词汇教学”“语法及对外汉语语法教学”和“汉字及对外汉语汉字教学”四个语言要素教学，由四位老师接续完成。课程以专业知识为基础，侧重如何进行语言要素教学。四位教师在课程中均安排了大量案例和教学实践，以及针对美国中小学生的教学专题。

（2）注重教学方法的培养

教学方法是指语言教学的某些规律性的、分为若干步骤的、系统的技巧和做法（李晓琪，2001）。教师能否采取恰当的教学方法进行教学，是衡量教学能力的一个重要指标。对于新手教师，教学方法需经过系统学习和不断实践，才能转化为有效的教学知识。教学方法的获得依赖于实践和情境，国教院开设了“国际汉语教学法及案例分析”课，以案例为依托，通过对海内外典型案例的分析，多视角、多渠道地为学生构建起国际汉语教学法的相关理论知识，使学生更好地了解不同课型、不同模式、不同教学环境下的教学方法，在系统掌握汉语教学理论的基础上，提升教学能力。该课程由“二语教学法流派”“不同技能的汉语教学法”“少儿汉语教学法”“汉语教学资源”等多个专题构成，同时有针对性地开设“美国汉语综合教学法”“沉浸式汉语教学”“海外少年儿童汉语教学”等专题（见下表）。

表 2-2-2 “国际汉语教学法及案例分析”课程内容表

教学内容	课时
二语教学法流派	6

续表

教学内容	课时
阅读教学法	3
口语教学法	3
写作教学法	3
听力教学法	3
任务教学法	4
汉语教学资源的建设	2
少儿汉语教学法	4
美国汉语综合教学法	3
沉浸式汉语教学	2
长城汉语	3

（3）全方位培养学生的教学能力

国教院以职业为导向，构建起“技能融合+模拟仿真+实战训练”的实训体系和“四结合+全过程”的专业实践体系，切实做到“海外实践与国内实践结合”“线上与线下结合”“校内导师和行业导师结合”“实践前、中、后全过程结合”，全方位培养汉硕的汉语教学能力。“汉语教学技能训练”是国教院的品牌课程，经过不断探索和创新，历经几轮教学改革，现阶段采用“技能拼图式”训练，侧重培养学生“综合汉语教学”“口语教学”“少儿汉语教学”和“明德模式教学”四种能力，教学效果和反馈评价非常好。此外，国教院还多渠道地为学生提供实习机会，包括推荐学生进入PIB（普林斯顿在北京暑期项目）、ACC（美国各大学联合汉语中心）、HIB（哈佛北京书院）等近十个美国知名在京留学项目实习，对学生赴美学习和就业起到重要的支撑作用。

2. 非主干课程注重多元融合，培养学生的综合素质

（1）强调中美差异，培养文化理解力。

从事国际中文教育事业需要具有多元文化意识和文化包容性，无论这种文化与自己母文化是否有巨大差异，都要以平等开放的心态，给予理解和尊重（江傲霜，2020），这是汉硕在异域文化中顺利生活和工作的先决条件；通过汉语的载体，让更多人了解中国及中华文化，更好地促进中外民众的相互理解也是汉硕的责任和使命。国教院注重培养学生讲好中国故事的能力和文化项目策划宣传能力，教师通过大量案例和实践，聚焦中美文化差异，让学生“在做中学”，降低跨文化交际障碍。同时，发挥民族院校的培养优势，设置民族舞蹈、民族体育、民族乐器及少数民族文化讲座等模块，促进中华民族文化的国际融通。

（2）重视学术熏陶，培养学生的国际化视野。

为将学生打造成教学能力强，学术基础好，具有国际视野的汉语教学人才，国教院在第二学期专门设置了“国际汉语教学前沿讲座”课程，聘请国内外知名专家，围绕国际汉语教学和汉语国际传播的研究动态，分享最新研究成果。不仅扩大了学生们的学术视野，而且有助于培养多元思维和批判性思维。

从2010年开始招生至2021年，国教院共组织了中外知名外专家讲座225场（见图2–2–2），包括美国汉语教育教学专家周质平、白建华、储诚志、袁伯平、刘乐宁、何文潮、冯胜利、唐力行等，后方法创始人库玛，法国白乐桑、日本古川裕等百余位国际知名汉语教学专家及国内知名大家与学者如陆俭明、赵金铭、刘珣、李宇明、李泉等。国教院的“国际汉语教学前沿讲座”全年开展，身兼学分课程和隐性课程双重性质，对学生的学业、学术发展具有重要的影响作用。

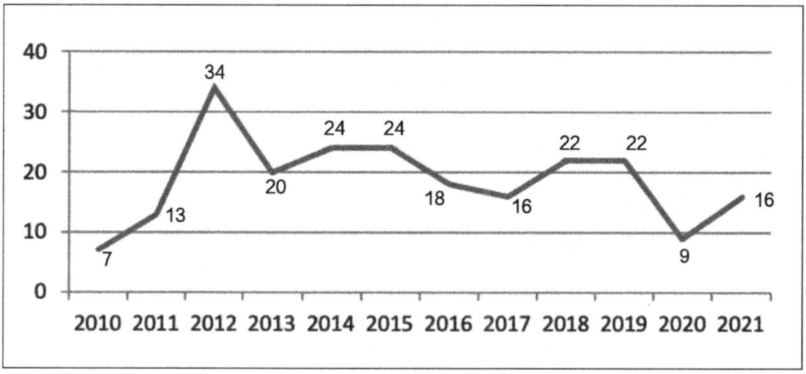

图 2-2-2：2010—2020 国教院组织的学术讲座

（3）注重研究意识，培养学生的研究能力。

发现问题、思考问题和解决问题的研究能力，对学生的职业发展非常重要，它是教师解决教学问题、提升教学质量的有效途径。研究能力的培养需要设置相应的课程。目前，科研方法类课程在我国研究生教育中一直没有受到重视，学生缺少治学能力和获取知识能力的课程和环节（权京超，2007）。教指委指导性培养方案建议的“训练课程”中，并未列出研究方法性质的课程，这对于汉硕学术能力的提高十分不利。

国教院2010年制定培养方案时，就明确规定要加强培养学生的研究能力，专门开设“国际汉语教学研究方法”课，向学生介绍国际汉语教学常见的研究方法。该课程由13个专题构成，共36学时2学分（见表2-2-3），主要包括“国际汉语教学研究方法概论”“课堂教学和各要素教学研究方法”及“国际汉语教学中常用的研究方法”等几类，涵盖了汉硕在解决教学实践问题时所采用的常见研究方法，不但涉及量化研究，也涉及质性研究。同时还增加了“研究生论文写作指导”，这两门课程的设置，对汉硕研究意识和研究能力的培养帮助很大，为学生撰写毕业论文、进行相关研究奠定了坚实的基础。

表 2-2-3 “国际汉语教学研究方法专题”课程构成一览表

研究方法专题名称	课时
国际汉语教学研究方法中的若干理论问题	2
国际汉语教学中的课堂教学研究方法	2
语法及语法教学研究方法	2
语音及语音教学研究方法	2
汉字及汉字教学研究方法	2
国际汉语教学案例研究法	3
国际汉语教学数据库设计与建库	3
国际汉语教材研究方法	2
叙事研究	2
国际汉语教学中的实验研究法	2
汉语教学模式研究方法	4
国际汉语教学中的调查方法	2
论文撰写技巧与规范	2
统计分析	6

3.“教育类课程”设置明显不足

教育教学类课程是国际汉语教师培养课程的重要组成部分。李晓琪（2010）对美国10所TESOL教学知名度较高大学的课程进行了调查，结果发现，“教育类课程”所占比例为9.28%；国教院“教育类课程”仅有1门，即《美国教育概况》，占6.25%，低于美国10所院校的课程设置。中美联合培养项目主要培养面向美国中小学的汉语教师，国内阶段关于美国中小学生的年龄特点、身心发展特点、学习特点、学习规律等方面的内容涉及过少，尽管开设了“少儿汉语教学法”，但只有4课时，学时数量远远无法满足学生的学习需求。

二、美国六所合作院校[①]

（一）布兰戴斯大学MTCC

1.课程总体情况

MTCC项目必修课程5门，选修课程为限选课（三选二）。按照“规定选修数/可选课程数”的方法计算，该项目选修课程为1.33门，学生应修课程共6.33门。

2.课程格局

MTCC的课程格局为“1+1”格局，未设“语言学”和“二语习得与教学理论”类课程。“主干课程”4门，“非主干课程”1.33门。

（1）主干课程

①“汉语教学理论与实践”类

4门，包括“汉语教学方法论（上）（下）”和“教学实践（上）（下）”。

（2）非主干课程

①“文化”类

2.33门，1.33门为限选课。

②“其他”类

1门，“古代语言文献”类。

① 为了便于分析比较，我们主要考察美国院校的必修课。

表 2-2-4 布兰戴斯大学 MTCC 课程设置格局

课程大类	课程类别	门数	百分比
主干课程	语言学	0	0
	二语习得与教学理论	0	0
	汉语教学理论与实践	4	63.09%
非主干课程	文化+其他	2.33	36.91%

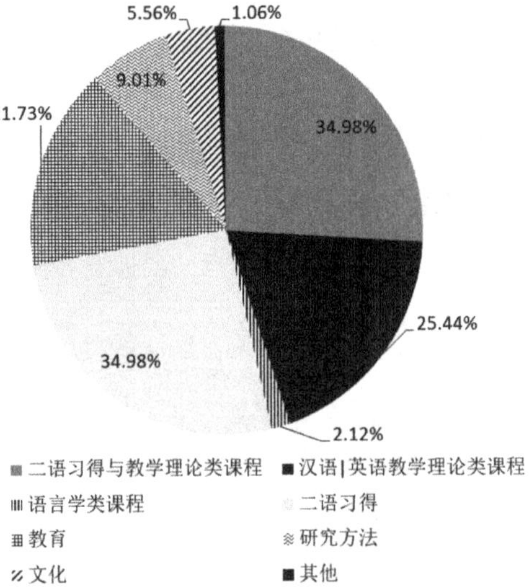

图 2-2-3：布兰戴斯大学 MTCC 课程比例图

3.课程特点

MTCC项目课程由主干课程“汉语教学理论与实践”和非主干课程“文化”及“其他”构成。“主干课程”占课程体系的63.09%，“非主干课程”占36.91%。各类课程所占比例为“汉语教学理论与实践（63.09%）>文化（21.15%）>其他（15.76%）”。

“汉语教学方法论”是理论课程，涉及汉语教学指导原则、课程建议书的撰写、教学测评、电脑化操作、高年级跨学科汉语教学等；“教学实践”是学生在教师一对一的指导下参与一门或多门课程的实际教学工作，包括小班操练、批改作业、单独辅导等，第二学期部分学生还可以独立授课。“其他”课程只有1门，即该项目的特色课程“荫余堂文献特色古文”。要求学生能够掌握辨识、整理、翻译用行书和草书撰写的徽商和晋商文书的能力。由此可见，MTCC项目课程高度重视学生汉语教学理论与实践的培养，以拓宽学生的文学文化素养。

（二）布兰戴斯大学MAT

1.课程总体情况

MAT项目必修课12门。

2.课程设置格局

MAT课程格局为“3+1”格局，由主干课程和非主干课程构成。其中，“主干课程”7门，“非主干课程”5门。“教育研究”0.5门归入“教育类”，0.5门归入“研究方法”类。

（1）主干课程

①“语言学”类

1门，汉语本体类，为“汉语语音、词汇、句法和语用实践”。

②“二语习得与教学理论”类

3门，主要为第二语言教学理论类课程，包括“教学基础”“对preK–12年级英语学习者的教学”和“反思教学”。

③“汉语教学理论与实践”类

3门，“汉语教学法（上）（下）”和“实习”。

（2）非主干课程

①“教育”类

3.5门，包括“教育基础”“学生学习心理学”“特殊教育”，另加0.5门“教育研究”。

②“研究方法”类

0.5门，“教育研究”。

③“文学与文化”类

1门，“中国文学史”。

表 2-2-5 布兰戴斯大学 MAT 课程设置格局

课程大类	课程类别	门数	百分比
主干课程	语言学	1	8.33%
	二语习得与教学理论	3	25%
	汉语教学理论与实践	3	25%
非主干课程	文化+其他	5	41.67%

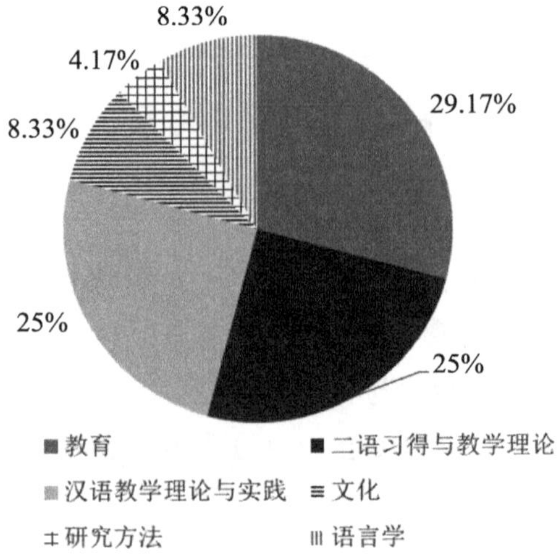

图 2-2-4：MAT 课程结构比例图

3.课程特点

MAT项目由主干课程“语言学”“二语习得与教学理论”“汉语教学理论与实践”以及非主干课程“教育”“研究方法”和“文化”几类构成。“主干课程”占课程体系的58.33%，“非主干课程”占41.67%。各类课程比例为“教育（29.17%）>二语习得与教学理论（25%）=汉语教学理论与实践（25%）>语言学（8.33%）=文化（8.33%）>研究方法（4.17%）”类。可见，MAT项目的“教育”类课程所占比例最高；其次是“二语习得与教学理论”和“汉语教学理论与实践”类课程，“研究方法”类所占比重最低。

（三）马里兰大学

马里兰大学项目分为一年制和二至三制两种。

1.课程总体情况

一年制项目和二至三年制项目课程均由必修课构成，共12门。

2.课程格局

（1）一年制项目

课程格局为“2+1”格局，未设“语言学”类和“二语习得”类课程。“主干课程”8门，“非主干课程”4门。

① 主干课程

◉ “第二语言教学理论”类

7门，主要包括“第二语言教学理论与实践”“各学科的阅读”“阅读、认知和阅读方法1：学科内阅读”“专业教学”“高等K–12年级世界语言教学方法与科技运用”“K–12年级世界语言教学方法与科技运用”“多样化环境下学生的学习研究”。

◉ “汉语教学理论与实践”类

1门，“实习”。

② 非主干课程

◉ “教育”类

2门，“青少年发展”“课堂学生的多样性”。

◉ “研究方法”类

2门，“教学研究方法1”“教学研究方法2”。

表2-2-6　马里兰大学1年制项目课程格局

课程大类	课程类别	门数	百分比
主干课程	语言学	0	0
	第二语言教学理论	7	58.33%
	汉语教学理论与实践	1	8.33%
非主干课程	教育+研究方法	4	33.33%

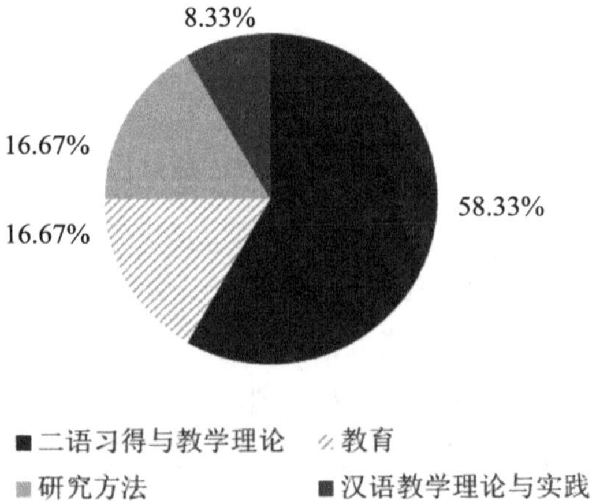

图2-2-5：马里兰大学1年制项目课程比例

（2）二至三年制项目

课程格局为“2+1”格局，未设“语言学”类课程。主干课程9门，非主干课程3门。

①主干课程

◉“二语习得与教学理论”类

6门，包括“二语习得”“K-12年级世界语言教学方法与科技运用”“高等K-12年级世界语言教学方法与科技运用”“各学科的阅读”“阅读、认知和阅读方法（1）：学科内阅读”“第二语言课堂评估”。

◉“汉语教学理论与实践”类

3门，“实习生教学方法”“课堂观摩”和“实习”。

②非主干课程

◉“教育类”类

2门，“青少年发展”和“课堂学生的多样性”。

◉“研究方法”类

1门，“教学研究方法”

表 2-2-7　马里兰大学 2-3 年制课程格局

课程大类	课程类别	门数	百分比
主干课程	语言学	0	0
	二语习得与教学理论	6	50%
	汉语教学理论与实践	3	25%
非主干课程	教育+研究方法	3	25%

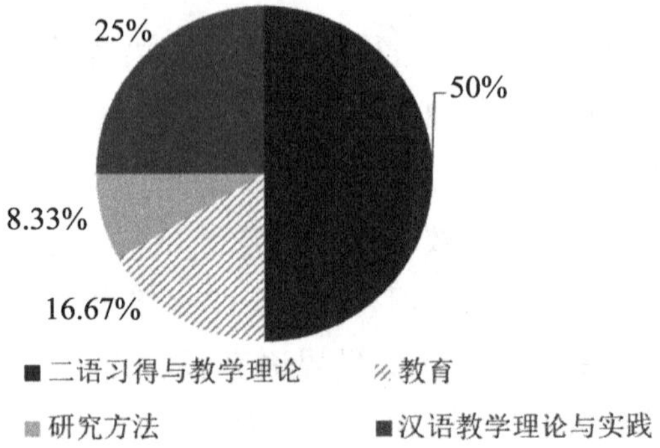

图 2–2–6：马里兰大学 2–3 年制课程比例图

3. 课程特点

MEd一年制课程和二至三年制课程均由主干课程“二语习得与教学理论”“汉语教学理论与实践”和非主干课程“教育”和“研究方法”构成。一年制项目“主干课程”占课程体系的66.66%，“非主干课程”占33.34%。各类课程所占比例为“二语习得与教学理论（58.33%）>教育（16.67%）=研究方法（16.67%）>汉语教学理论与实践（8.33%）”；二至三年制项目“主干课程”占课程体系的75%，“非主干课程”占课程体系的25%。各类课程所占比例为“二语习得与教学理论（50%）>汉语教学理论与实践（25%）>教育（16.67%）>研究方法（8.33%）

可见，马里兰大学两个项目非常重视“二语习得与教学理论类”课程，设课数量占总数一半及以上，二至三年制项目培养时间充裕，“汉语教学与实践类课程”设置是一年制项目的三倍，而研究方法类课程却只有一年制项目的二分之一。一年制项目对“汉语教学理论与实践”类课程设置不足，仅有1门“实习”。

（四）西东大学

1.课程总体情况

MA项目课程均由必修课构成，共8门。

2、课程格局

课程格局为"2+1格局"，未设"二语习得与教学理论"类课程。"主干课程"4门，"非主干课程"4门。

（1）主干课程

①"语言学"类

1门，"汉语语言学"。

②"汉语教学理论与实践"类

3门，"汉语教学法""有指导的教学""实习"。

（2）非主干课程

◉"文化类"

3门，"中华文明""中国历史""中国文学"。

表2-2-8　西东大学MA课程格局表

课程大类	课程类别	门数	百分比
主干课程	语言学	1	12.5%
	二语习得与教学理论	0	0
	汉语教学理论与实践	3	37.5%
非主干课程	文化+研究方法	4	50%

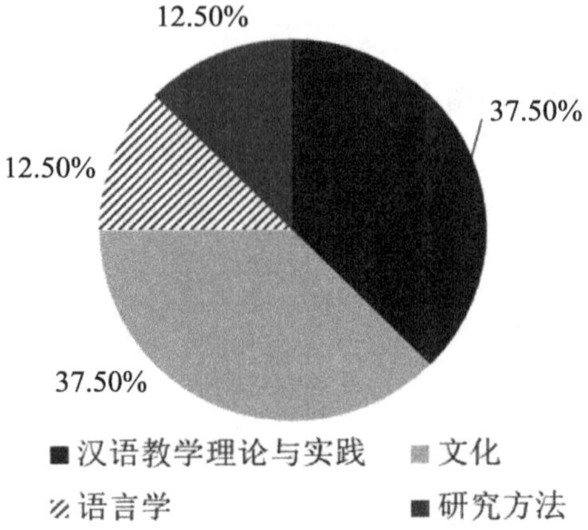

图 2-2-7：西东大学 MA 课程比例图

3. 课程特点

西东大学课程由主干课程“语言学”“汉语教学理论与实践”和非主干课程“文化”“研究方法”构成，“主干课程”与“非主干课程”分布均衡，各占50%。各类课程所占比例为“汉语教学理论与实践（37.5%）=文化（37.5%）>语言学（12.5%）=研究方法（12.5%）”。西东大学注重培养学生的汉语理论、教学能力以及中华文化底蕴，夯实学生的中国历史、文学和文化知识，因此这两类课程数量相同。同时，该校还加强对学生语言学知识及研究能力的培养，这两类课程数量相同，大约为前两类课程的三分之一。

（五）南佛罗里达大学

1. 课程总体情况

MEd项目和MAT项目课程均由必修课构成，MEd项目共7门，MAT项目共9门。

2.课程格局

两个项目的课程格局均为“2+1格局”，未设“语言学”和“二语习得与教学理论”类课程。其中，MEd项目“主干课程”5门，“非主干课程”2门；MAT项目“主干课程”7门，“非主干课程”2门。

(1)MEd项目

① 主干课程

◉ “第二语言教学理论”类

4门，主要包括“对青春期学习者的教学”“外语教育技术应用”“课程和教法基础”和“教育测量基础”。

◉ “英语教学理论与实践”类

1门，“英语作为第二语言教学方法和策略”。

②非主干课程

◉ “教育”类

2门，“当前外语教育趋势”和“多元学校环境中的课堂管理”。

表 2-2-9　南佛罗里达大学 Med 课程格局

课程大类	课程类别	门数	百分比
主干课程	语言学	0	0
	第二语言教学理论	4	57.14%
	英语教学理论与实践	1	14.29%
非主干课程	教育	2	28.57%

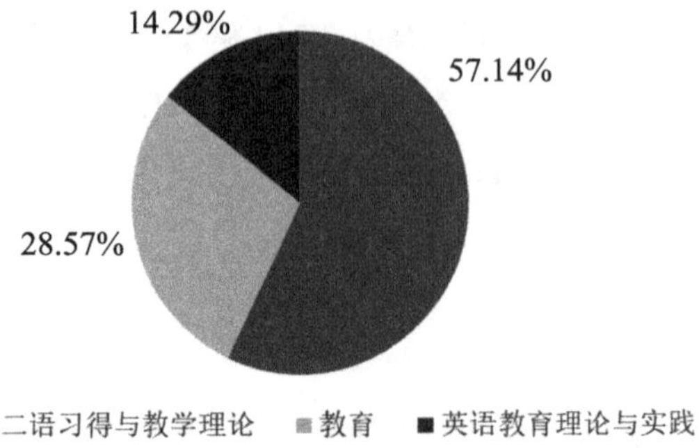

图 2-2-8：南佛罗里达大学 MEd 课程比例图

（2）MAT项目

①主干课程

◉“第二语言教学理论”类

4门，主要包括“对青春期学习者的教学”“外语教育技术应用”“教育测量基础”和“中学外语教学实践”。

◉“汉语（英语）教学理论与实践”类

3门，其中，英语类2门，即“英语作为第二语言教学方法和策略”和“ESOL1”；汉语类1门，实习。

②非主干课程

◉“教育”类

2门，“当前外语教育趋势”和“多元学校环境中的课堂管理”。

表 2-2-10 MAT 课程格局

课程大类	课程类别	门数	百分比
主干课程	语言学	0	0

续表

课程大类	课程类别	门数	百分比
主干课程	第二语言教学理论	4	44.44%
	英语（汉语）教学理论与实践	3	22.22% 11.11%
非主干课程	教育	2	22..23%

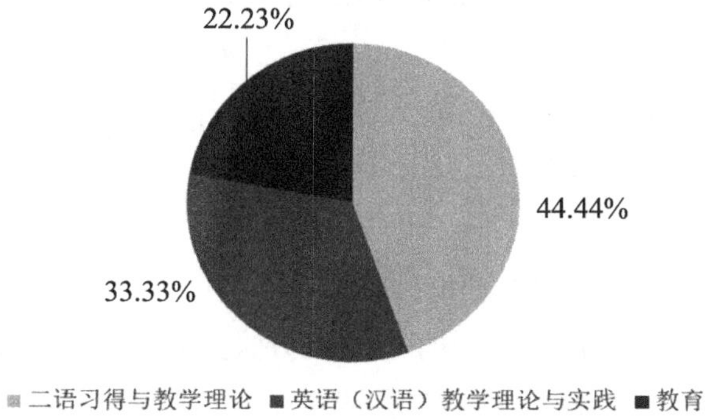

图 2-2-9：MAT 课程比例

3. 课程特点

MEd和MAT两个项目均由主干课程"二语习得与教学理论""汉语（英语）教学理论与实践"和非主干课程"教育"类课程构成。MEd"主干课程"占课程体系的71.43%，"非主干课程"占28.57%。课程所占比例为"二语习得与教学理论（57.14%）>教育（28.57%）>英语教学理论与实践（14.29）"类课程。MAT"主干课程"占课程体系的77.77%，"非主干课程"占22.23%。课程所占比例为"二语习得与教学理论（44.44%）>英语（汉语）教学理论与实践（33.33%）>教育（22.23%）”类。可见，南佛罗里达大学两个项目均重视对学生第二语言教学理论的培养，MEd设课数量超过课程总数50%，MAT接近50%。MEd更为重视教育学基础，未开设汉语教学相关课程，师资培养的针对性不足；MAT仅开设一门“实习”，对汉语教师教学能力培养也较为薄弱。

（六）罗德岛大学

1.课程总体情况

MA项目课程均由必修课构成，共9门。

2.课程格局

课程格局为“2+1格局”，未设“语言学”类课程。“主干课程”4门，“非主干课程”5门。

（1）主干课程

①“第二语言教学理论”类

2门，主要为包括“中学教育的方法及教材”“教育测量”。

②“汉语教学理论与实践”类

2门，“汉语教学研讨”“实习”。

（2）非主干课程

①“教育”类

5门，有“当代社会教育”“学习心理学”“有特殊需求学生的教育”“青少年课堂管理”“中学教育当前趋势”。

表2-2-11　罗德岛大学MA课程结构

课程大类	课程类别	门数	百分比
主干课程	语言学	0	0
	二语习得与教学理论	2	22.22%

续表

课程大类	课程类别	门数	百分比
主干课程	汉语教学理论与实践	2	22.22%
非主干课程	教育	5	55.55%

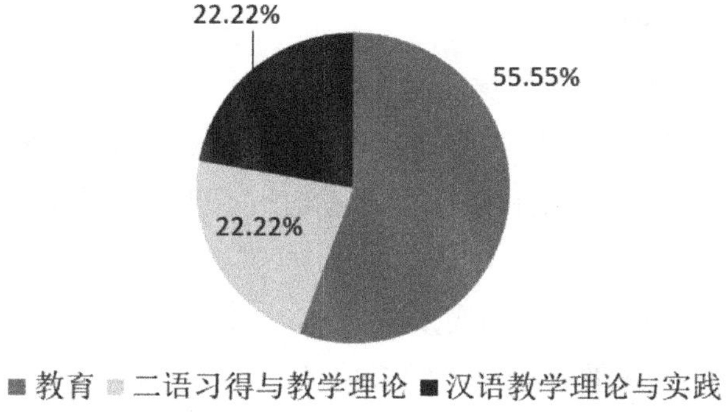

图 2-2-10：罗德岛大学 MA 课程比例图

3. 课程特点

MA项目课程由主干课程“二语习得与教学理论”“汉语教学理论与实践”和非主干课程“教育”类课程构成。“主干课程”占课程总量的44.44%,“非主干课程”占55.55%。课程所占比例为“教育（55.55%）>二语习得与教学理论（22.22%）=汉语教学理论与实践（22.22%）”类课程。由此可见，该项目非主干课程数量占主导,“教育”类课程是“二语习得与教学理论”和“汉语教学实践”的二倍多。这说明罗德岛大学重视中小学教师的教育基础，该类课程能够帮助学生了解教育趋势、教学对象特点、教学中可能遇到的问题等。但“汉语教学理论与实践”类课程设置有限。

（七）波特兰州立大学

1.课程总体情况

MA项目课程均由必修课构成，共19门。

2.课程格局

课程格局为“2+1格局”，未设“语言学”类课程。“主干课程”11门，“非主干课程”8门。

（1）主干课程

①“二语习得与教学理论”类

7门，“K–12年级学生语言习得”“第二语言教学方法（1）（2）（3）”“初级文化和语言实践基础”“课程的经典理论”和“学习评估”。

②“汉语教学理论与实践”类

4门，“初级教学实践（1）（2）”“实习”和“专业研讨”。

（2）非主干课程

①“教育”类

4门，“平等与社会公正教育”“中学全纳课堂”“课堂管理”和“高等教育心理学”。

②“研究方法”类

4门，“研究和课堂调查（1）（2）（3）（4）”。

3.课程特点

该项目课程由主干课程“二语习得与教学理论”“汉语教学理论与实践”和非主干课程“教育”和“研究方法”类课程构成。“主干课程”占课程体系的57.89%，“非主干课程”占42.11%。课程比例为“第二语言教学理论（31.58%）>汉语教学理论与实践（21.05%）=教育（21.05%）=研究方法（21.05%）>二语习得理论（5.26%）”。可见，波特兰州立大学项目重视“第二语言教学理论”类课程，在课程设置中占比最高；此外，注重培养学生的汉语教学能力、教育学基础和研究能力，这些课程设置比例相同；二语习得理论类课程设置最少。

表 2-2-12 波特兰州立大学 ITEP 课程格局

课程大类	课程类别	门数	百分比
主干课程	语言学	0	0
	二语习得与教学理论	7	36.84%
	汉语教学理论与实践	4	21.05%
非主干课程	教育+研究方法	8	42.11%

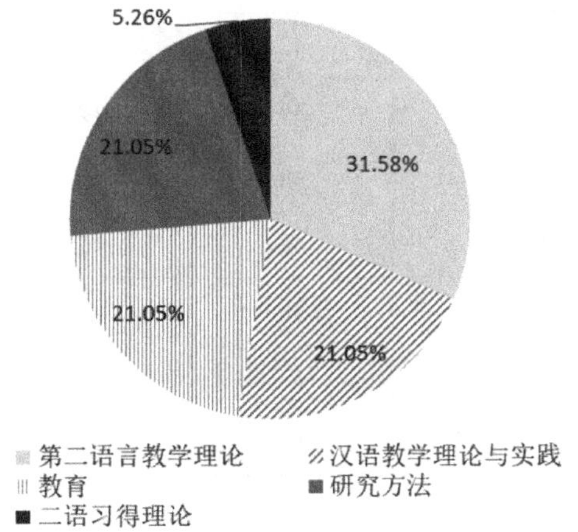

图 2-2-11：波特兰州立大学 ITEP 课程比例

三、中美院校课程设置共性及差异

（一）学分趋同

国教院总学分为37学分，美国院校各项目总学分大致相同，基本在36–42之间。只有波特兰州立大学MEd项目和布兰戴斯大学MAT项目的总学分略高，为48学分和52学分。在美国，若要获得中小学教师资格证，需修满36学分以上课程；无教师资格证的项目，总学分均在33学分以下。美国六所院校中，有4所转换国教院12—14学分，不仅可以避免中美课程重复设置，也减轻了学生的学业压力和经济压力。

表 2-2-13　中美院校总学分一览表

项目名称	规定学分	转换学分	实际修读学分
布兰代斯MTCC	32	0	32
布兰代斯MAT	52	0	52
马里兰大学	42	0	42
西东大学	39	12	27
南佛MEd	33	12	21
南佛MAT	42	12	30
罗德岛大学（有证）	38	0	38
罗德岛大学（无证）	33	14	19
波特兰州立大学	48	0	48

（二）课程格局趋同

国教院课程格局为“2+1”，美国6所院校9个项目的课程格局以“2+1”为主，占77.78%，“3+1”和“1+1”不多见；课程格局为“3+1”的仅有1个，即布兰戴斯大学MAT，占11.11%；

课程格局为“1+1”的仅有1个，即布兰戴斯大学MTCC，占11.11%。

表 2-2-14　美国合作院校课程格局表

大学名称	项目名称	课程格局
布兰戴斯大学	MTCC	“1+1”
	MAT	“3+1”
马里兰大学	1年制	“2+1”
	2-3年制	
西东大学	MA	“2+1”
南佛罗里达大学	MEd	“2+1”
	MAT	
罗德岛大学	MA	“2+1”
波特兰州立大学	ITEP	“2+1”

（三）课程分布差异大

国教院课程分布比重为“汉语教学理论与实践类课程（55.88%）>非主干课程（36.67%）>二语习得与教学理论类课程（7.35%）”，这与田艳（2012）对英国TESOL课程分布比重的研究结论基本吻合，即“语言教学理论与实践类课程 > 非主干课类课程 > 语言学类课程 > 第二语言教学及习得理论类课程”。与国教院合作的美国9个项目课程分布比重则是“非主干课程（37.46%）>二语习得与教学理论类课程（34.98%）>汉语/英语教学理论类课程（25.44%）>语言学类课程（2.12%）”。与国教院的差异主要表现在：

1. 汉语教学理论与实践类课程

专业素养高、教学能力强应为国际汉语教师的专业特点，“汉语教学理论与实践类”课程设置的科学性和有效性直接影响学生未来的汉语教学水平。该类课程美国各院校共开设24门，平均设课2.67门；国教院开设9.5门，是美国院校的近4倍。尽管美国合作院校有8个项目开设了该类课程，但就开课数量和具体内容而言，大部分学校只开设了“实习”，个别项目额外开设2–3门。从人才培养目标和规格上看，美国院校该类课程设置远远不足，甚至有学校未开设，亟需加大“汉语教学理论与实践类”课程设置力度。

2. 二语习得与教学理论类课程

美国大部分院校的“汉语教学”项目是在已有教师教育专业中增设的一个新方向。由于主体课程面向不同语种外语教师，故“二语习得与教学理论类”课程普适性较强，在各院校项目中所占比例高。然而，汉语教学有其独特性，无法用“第二语言教学理论类”课程代替“汉语教学理论与实践类课程”。对汉语教学特点缺乏了解，教师无法针对汉语特点进行有针对性教学。中美双方院校应统筹设计“二语习得与教学理论类课程”和“汉语教学理论与实践类课程”之间的衔接，处理好课程设置的普遍性与针对性关系。该类课程国教院开设1.25门，课程分布比重为7.35%；而美国院校平均开课数量为3.67门，是国教院3倍，课程分布比重为占34.98%，是国教院的4倍。

3. 语言学类课程

作为汉语教师，语言学知识是必备的基础知识，汉语本体知识则是立身之本。美国很多院校的师资培养设在教育学院，教育学类课程充足而语言学类课程严重缺乏。近年来“语言学知识是进行语言交际的手段这个观念已经成为第二语言教学界的共识”[①]。在汉语师资教育项目中，增加“语言学”类课程，夯实学生的语言学基础尤为重要。然而，国教院未开设“语言学类课程”，美国院校9个项目中，只有布兰戴斯大学MAT和西东大学2个项目开设了该类课程。

4.非主干课程

李晓琪（2010）研究显示，美国TESOL课程中“其他类课程”即教育学、研究方法和文化等课程设置最少，占14.8%。我们的研究发现，在汉语师资培养中，国教院非主干课程占36.67%，美国六所院校非主干课程最多，占37.46%，略高于国教院。由此可见，中美双方院校均注重培养学生的教师专业素养和综合能力，同时要具备研究教学问题的能力和扎实的文化底蕴。

（1）“研究方法类课程”和“文化类课程”

国教院和美国院校均开设了“研究方法类课程”和“文化类课程”。国教院“研究方法类课程”分布比重是美国院校的2倍，设课数量是美国院校的近3倍；国教院“文化类课程”分布比重是美国院校的2倍，设课数量是美国院校的近4倍。由此看来，美国院校这两类课程平均设课数量较少，可以适度增加，以加强学生相关能力的培养和提升。

（2）教育学类课程

美国院校教育学类课程设置较为充分，以中小学教育以及教师资格证规定的教育类课程为主。课程分布比重为21.73%，平均设课量为2.27门。9个项目中有4个项目开设了2门，3个项目开设3.5—5门；国教院仅开设1门“美国教育概况”，教育类课程设置严重不足，导致学生教育学、心理学相关知识欠缺，对美国中小学教育体制缺乏了解。

---

① 李晓琪.英美大学TESOL专业研究生课程设置考察与思考[J].汉语国际传播，2011.

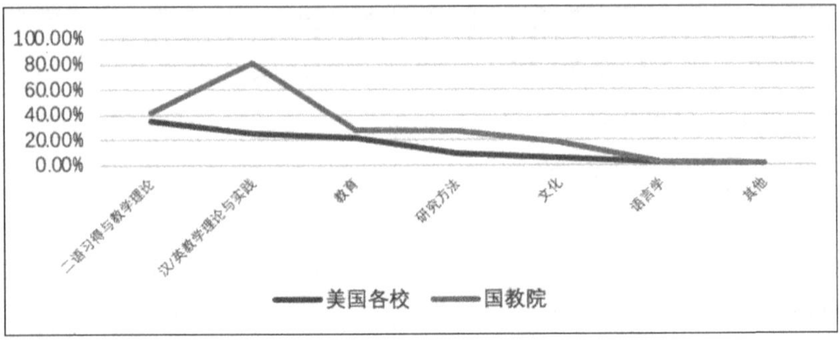

图 2-2-12：中美课程分布曲线

综上所述，美国汉语教师教育是在TESOL基础上发展起来的，第二语言教学理论、中小学教育体系、发展趋势以及针对美国学生的教学类课程占绝对优势，但汉语教学理论与实践类课程严重不足。尽管第二语言具有相通性，但汉语作为表意文字语言的独特性却不容忽视，特别是“语法”和“汉字”教学。国教院的课程设置中，“语言学”和“教育学”类课程设置有限。从中美院校课程设置分析可知，双方院校课程较好地形成了优势互补，中方院校突出了汉语教学能力的培养，美方院校重视教育学类课程及本土融合教育。然而，双方院校的课程设置中均缺乏针对美国中小学的汉语教学类课程及语言学类课程，这也是中美联合培养“双语双文化”汉语师资项目有待完善之处。

第三节 中美院校教学能力训练课程分析

教学能力指教师在顺利完成教学过程、达成教学目标的教学活动中展现出来的基本素质，具有情境性的特征，是教师教育的重要培养目标①。汉语教学能力是汉语师资培养成效的重要衡量指标。与其他技能的获得一样，汉语教学能力也需要不断学习和实践，甚至通过某些专门课程的训练逐渐提升。本节我们主要对比分析中美院校汉语师资教学能力培养的相关课程设置。

一、中央民族大学国际教育学院

（一）课堂教学观摩

汉硕的学术背景多元，即使本科为汉语国际教育专业，也有很多学生从未走进国际学生的课堂，不曾有过国际学生教学经历。为加强学生对国际汉语教学的感知，了解课堂教学环节、教师的教学方法以及国际学生的学习情况等，国教院设置了《教学观察与分析》这门课，课程安排在第1学期，共18学时，要求学生在1个月内完成汉语综合、口语、听力、阅读、写作等不同课型5次教学观摩任务，完成课堂观摩记录表，提交课堂观摩报告，导师批阅指导后，成绩合格者可获得学分。在课堂观摩前，系主任会对教学观摩提出明确要求。每个学生在课堂观摩记录表的引导下，认真观察教师的教学内容、教学过程、教学方法、教学中的突发事件等。该课程的最大优势是使汉硕对国际学生的课

① 钱海峰.教学实践能力的构成及其对教师教育的启示[J]. 教育评论，2015（4）：77 - 79.

堂教学有了整体认知，在观摩过程中积极思考，不断反思，总结经验，促进自身教学成长。观摩结束后，任课教师负责实时答疑，导师进行集中辅导和观摩讨论。在教学观摩过程中，很多学生发现有价值的教学问题，将其作为学位论文选题，进一步深入研究。

表 2-3-1　国教院课堂观摩记录表

类别	项目	你的记录和听课时的想法
教学内容	主要教学内容	教学目标： 教学方法：
教学方法	语言表达	· 讲解简单明了 · 发音标准清楚 · 教学语言规范 · 语速适合学生的水平
	教学步骤	· 层次清楚、重点突出 · 教学环节合理必要 · 时间掌握适度
	课堂活动	· 能以多种方式调动学生的学习积极性 · 教学互动性强 · 能有效组织交际性活动 · 学生的练习机会均等
	教学技能	· 板书准确清楚，布局合理 · 能有效使用身体语言、教具及现代化教学设备 · 教学设计有创意
	因材施教	· 教学方法突出课型特点 · 教学环节的设计适合学生水平、循序渐进
课堂突发事件及处理情况记录：		
听课后的感想：		

（二）教学技能训练课

教育心理学对“技能”的定义是“顺利完成某种任务的一种活动方式或心智活动方式，它是通过练习获得的”①。对于教学技能，学界的主要观点为“教学技能是教师在教学过程中的操作步骤”②“由教师的教学行为和认知活动组成的结构”③“为实现特定目标而采取的有效教学活动方式”④等。教学技能主要培养学生有效的教学行为，如导入、提问、讲解、演示、操练、板书等等，并学会使用有效的教学技巧。国教院高度重视学生的教学能力培养，专门开设“教学技能训练课”，安排教学经验丰富的优秀教师任课，对学生的教学进行一对一全过程指导。该课程共36学时，安排在第二学期，先后采用两种训练模式。

1.“师徒传艺”式

由8–10位教师任课，每位教师指导4–8人。任课教师首先对如何备课、写教案，如何说课和试讲，如何设计教学环节，如何安排教学活动等进行讲解，然后由学生选择1种课型，撰写2课时教案。经过教师多次批改和完善，学生可从提交的教案中选择10分钟内容进行试讲。在试讲中，多数学生选择“综合课”，进行语法或词汇教学，也有部分学生选择口语课。教学技能训练之初，大部分学生并无教学概念，更缺乏汉语作为第二语言教学的意识，有些学生甚至怯场、不自信。指导教师针对学生的教学语言、教学方法、教学设计、教姿教态和ppt制作等等，逐一点评并给予有效的建议。在教师们精心地指导和培训下，经过多轮试

① 潘菽.教育心理学[M].北京：人民教育出版社，1980.

② 胡淑珍，胡清薇.教学技能观的辨析与思考[J].课程.教材.教法，2002（2）：21–25.

③ 卫建国、张海珠.课堂教学技能理论与实践[M].北京：北京师范大学出版社，2008.

④ 张铁牛.教学技能研究的理论探讨[J].教育科学，1997（2）：27–29.

讲演练，反复推敲打磨，学生们不但可以自信地走上讲台，而且能够声情并茂地完成试讲。课程结束时，学院举行“教学技能大赛”，邀请校外专家担任评委。通过以赛促练，以赛促讲的方式，培养学生的教学能力。参赛学生需提前30分钟从题库中抽签决定试讲选题（全部为初级汉语水平的不同课文片段），并进入备考室备课，然后选取一种教学模式进行8—10分钟教学展示。评委的平均分作为考生的大赛成绩，占该课程结业成绩的40%，获奖同学亦可获得相应奖励。

2.“技能拼图”式

随着海外汉语学习者低龄化趋势越来越凸显，国教院将国别区域化与教学针对性落实在教学技能训练课程中，增设了“美国明德模式教学”和“少儿汉语教学”。2016年起，将“师徒传艺式”训练改为“技能拼图式”训练。所谓“技能拼图式”训练由“综合汉语”“汉语口语”“少儿汉语”和“美国明德”四种模式的教学技能训练构成。每种课型8学时，4种课型共32学时，翻转课堂教学4学时，共36学时。

（1）培养理念

遵循“在做中学”和“合作学习与教师指导相结合”的理念，通过四种教学模式下的技能拼合训练，提升学生的汉语教学能力，增强海外教学适应性。

（2）具体实施

全体学生（含外国硕士）按抽签结果分成两组，分别由两个教师团队任教，每个团队4位教师，一共8人。每组分成1、2、3、4四个班，每班不超过10人，各班再分为A、B、C三个小组，每组3—4位同学。每个教师团队的上课周期为4周（一个月），每位教师在一个月内需完成四个班的教学训练指导，包括1次说课和3次试讲，即每个星期，班内3个小组完成同样的任务；一个月内，4个班依次进行说课和试讲。

“技能拼图式训练”要求学生以组为单位，采取合作学习的方式，根据教师布置的试讲任务，进行小组讨论、分工准备、凝聚组内智慧，呈现最优集体成果，每次课由1人主讲。教师则根据主讲学生的教学情况进行点评、指导并评定成绩。由于四种技能的教学模式不同，教学内容不同，教学方法也不同，不同的任课教师在指定学生的试讲内容上有较大自主性，但都以国内出版的权威汉语教材作为试讲材料。

（3）“教学技能训练课”效果反馈

我们对国教院2019级68名参加“教学技能训练课”的研究生（中国研究生57人，外国研究生11人）进行了问卷调查。同时，请担任教学技能大赛的五位评委对大赛反映出的教学情况进行书面反馈。

① 学生的反馈

91.76%的学生认可“技能拼图式”教学技能训练的方式，72.06%的学生认为四种课型的技能拼合比单纯一种对其教学能力提升帮助大。

关于“教学技能训练课程的收获”，61.76%的学生表示学到了不同课型的教学理念；51.47%认为了解了四种课型的特点及相应的教学方式；36.76%认为与同伴学习扩大了自己的视野；33.82%认为能够进行四种课型的教学设计并独立完成教学；30.88%认为观课后能够做出有针对性的评价；27.94%认为改变了之前的教学意识；19.12%能够监控并调整自己的教学。

关于“教学技能课训练内容”，75%的学生认为一次“说课”加三次“试讲”的安排合适。就“学习和教学方式”而言，77.94%更喜欢小组合作的学习方式，他们认为能够在小组讨论中提升自己。66.18%希望教师单独指导每位同学的教学，而73.53%

认为“教师点评+同伴点评”优于“教师点评”。

教学技能训练课采取合作学习的方式也会遇到一些困难。其中，42.65%的同学认为组内成员沟通不及时是最大问题；其次在组内讨论和准备时，同伴不积极，占39.71%；第三是其他组员主讲时，自己的关注度不够，占36.76%。此外，同伴不参与合作学习、组内成员无法统一观点、主讲成员不愿意分享成果、成员们的时间冲突等因素也是良好合作的障碍。有同学建议自愿结对成组会减少上述问题的出现。自2020年起，教学技能训练分组采取自愿结合形式。

②评委的反馈

此次比赛的评委均为业内知名汉语教学专家，他们一致认为国教院采取教学技能大赛这种考核形式具有鲜明的专业特色，聘请校外专家做评委能够保障公平公正，值得推广和借鉴。通过参赛选手的表现，评委们认为国教院学生的汉语教学整体呈现以下特点：第一，教态端庄得体，情绪饱满。参赛学生不怯场，亲和力好，塑造了良好的教学形象；第二，熟悉各种教学模式。了解汉语教学的基本步骤，有练习意识，互动性较好；第三，教学过程基本完整。能够根据教学内容合理有序地安排教学活动，教学内容比较充实，很多学生能够使用图片、动画和视频等辅助教学，提高了教学过程的直观性、生动性和趣味性；第四，教学环节设计比较完整。教学步骤比较清晰，教学节奏比较恰当，讲练比例合适。

评委们也指出学生在教学展示中存在的一些问题：第一，语言知识普遍不足。解释说明不准确，偏误分析和解决问题能力不足，无法正确回答学生的提问；第二，对学生的汉语程度把握不准。出现语言点选取不当，教学用语难度过高等问题，有的同学口头释义的用词远高于所释生词；第三，练习内容科学性、实用性和交际性不足。练习方式缺乏灵活性，操练梯度不够，交际性练习设计意识欠缺。如练习内容语境不清晰或内容偏难，课文填空练习目标不明确，显得随意；第四，课文讲练较为机械，步骤设计程式化，未能根据课文特点和讲练要点进行更有针对性的设计；第五，教学细节尚需打磨。如例句中含有高于本课语言等级的词语或结构，部分用例不正确或不典型，有的例句不够自然。此外，学生们的跨文化意识还需加强。个别学生的教学仍以教师讲授为主，有悖于汉语二语教学“精讲多练”的原则。

（三）实习

教指委指导性培养方案中指出，汉硕的教学实践方式可以是以志愿者身份赴海外顶岗实习，在孔子学院、外国中小学等机构从事汉语教学和文化传播工作，也可以在国内各类学校及教育机构进行教学实习。国教院的实习共计6学分，安排在第二学年，要求汉硕完成不少于40学时的教学实习工作。主要实习途径有：第一，在国内外实习基地实习。国教院在新西兰奥克兰孔子学院建立了海外实习基地，学生通过国家汉办志愿者教师的选拔考试后可参与海外实习；或者在CIEE来华项目实习基地实习[①]；第二，赴海外孔院顶岗实习。由于国教院生源素质较好，每年都有一批学生通过语合中心（原国家汉办）志愿者教师选拔考试，赴欧美等国中小学进行教学实习；第三，在国教院合作项目中实习。国教院与一些美国在京项目建立了良好的合作关系，如美国大学联合汉语中心（ACC）、哥伦比亚大学北京暑期项目（CIB）、普林斯顿大学北京汉语暑期项目（PIB）、密西西比大学北京汉语暑期项目（MIB）、华语之桥（Sino-Language Gateway）等项目，未出国的同学通过面试可进入上述项目带薪实习；第四，在国教

① 该实习基地设在首都师范大学。

院国际学生班级中实习；第五，在其他机构实习。

国教院2010—2018级学生在海外实习人数145人，占学生总数的26.51%；在美国来华暑期项目中实习人数达298人，占54.48%，是海外实习人数二倍；二者共443人，占80.99%，在国内其他教学单位实习占19.01%。

表 2-3-2　2010—2018 级国教院实习人数表

年级	学生人数	海外实习人数	美国在京项目
2010	37	9	26
2011	44	15	26
2012	64	19	23
2013	68	21	42
2014	70	19	35
2015	57	10	38
2016	67	24	35
2017	69	16	35
2018	71	2	38
总计	547	145	298

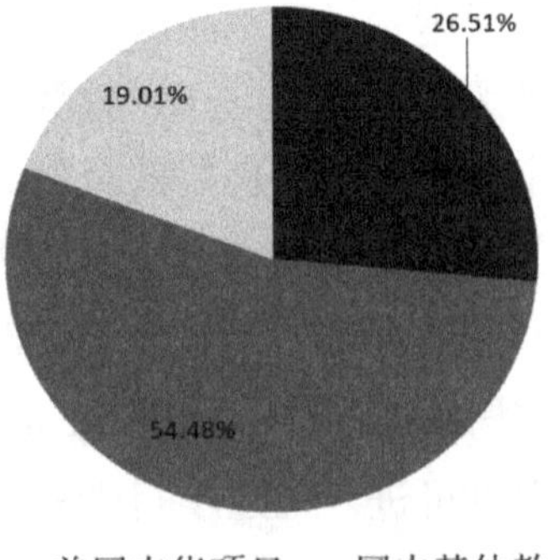

图 2-3-1：2010—2018 级国教院实习人数分布图

二、美国六所合作院校

（一）课堂教学观摩

美国很多院校将课堂教学观摩与实习合二为一，设置1 ~ 3个学期不等，每个学期要求不同，侧重也不同。有的学校在第一学期就安排了教学实践，即学生白天进入当地中小学观摩和实习，晚上回学校上课，如马里兰大学、波特兰州立大学、罗德岛大学等；有的学校将课堂观摩安排在固定学期，如西东大学、布兰戴斯大学MAT等。要求学生每周在观摩学校1–3天，主要观摩教师如何上课、如何组织课堂活动、如何进行课堂管理并了解教师如何针对学生特点进行备课。有时候学生还要协助教师做教具，维持纪律，甚至参与学校的活动，如消防演习等等。有的院校将课堂观摩指导教师指定为学生的长期指导教师，学生日后的实习需在该教师的班级中完成。指导教师不仅要引导学生进行课堂观察，还要帮助学生备课、设计教案，以便其能够顺利完成实习任务。此外，各院校也鼓励学生参与各种工作坊，在观摩和体验中提高教学能力。美国各院校未独立设置“教学技能训练课”，也没有单独的模拟训练课，而是让学生直接参与教学实习，实现在“做中学”。

（二）实习

美国六所院校的9个合作项目中，有7个要求学生在当地中小学实习，实习时间在一学期至一学年之间。各校均有长期合作的K–12年级学校，学生实习由学院统一联系安排，并选派教师指导其完成教学实习，西东大学还允许学生在中小学之外的教学单位实习。

实习开始前，学生就读院校的教学负责人或学术导师安排其与实习导师见面，一起制订实习计划，并提出相关实习要求。一般情况下，每位学生会有一位实习导师。实习导师正式听课至少三次，并对学生的教学进行点评和指导。学生需在实习导师听课前一周内提交教案，经过反复修改，导师允许后才能进入课堂独立教学。实习导师全程听课，并在课程结束后与学生一起讨论，分析其教学优势和不足，学生在此基础上进行反思和改进，以便下一次教学有所提高。除了中小学实习导师外，美国各校还安排了大学的督导教师全程监管学生的实习。督导教师由任课教师[①]或汉语项目负责人担任，间隔半月或一个月进行现场教学巡察，并有针对性地加以指导。波特兰州立大学还安排了学区教学督导，定期进入实习生的课堂听课。

表 2-3-3 美国六所合作院校实习情况

项目名称	实习学分	实习时长
布兰戴斯大学MAT	6	1个学期
马里兰大学（2个项目）	6	1个学期
西东大学	6	2个学期
南佛罗里达大学MAT	6	1个学期
罗德岛大学	12	1个学期
波特兰州立大学	6	1个学期

三、中美院校教学能力训练课程的差异

（一）课堂教学观摩的深度与广度

课堂教学观摩对于职前教师教学能力的培养非常重要，通过观摩其他教师的课堂教学，职前教师可以了解相应的教学环境、教学对象、教学环节和教学方法，促进教学理论的理解与深化。国教院要求学生在1个月内完成5次10学时、不同课型、不同任

① 有些学校配合实习，设置了《教学研讨》课程，任课教师负责督导学生的实习。

课教师的课堂教学观摩。美国大部分院校课堂教学观摩为1个学期，有的学校安排了3个学期，要求学生每天或每周三天去学校观摩所在班级教师的课堂教学。

课堂教学观摩的广度是指观摩所涉及的教师范围。它决定了观摩者能否接触不同教学风格的教师，了解其教学特点，获得更多启发；课堂教学观摩的深度是指观摩一位教师的教学长度。它决定了观摩者能否从每位被观摩教师身上系统深入地学习，汲取更丰富的经验。课堂教学观摩的深度与广度对职前教师学科教学知识的形成与构建至关重要。从前文可知，国教院课堂教学观摩广度有余而深度不足，第一学期学生可以观摩5种课型5位教师的5次课堂教学。对于缺乏教学经验的职前教师而言，1次课2学时的观摩，只能形成其对不同教师汉语教学风格的初步感知而已，无法获得更多教学信息和教学经验；美国高校的课堂观摩则深度有余而广度欠缺。每个学生一学期只观摩一位教师，若被观摩教师的教学水平不突出，学生教学能力的提升也会受限。如能将国教院“开放式”观摩和美国高校“固定追踪式”观摩（脚注②放在这里，看三校稿）有机结合，拓展课堂教学观摩的广度与深度，有助于学生积累教学经验，形成个人的学科教学知识。因而，国教院可增加课堂教学观摩时数，使学生深度观摩3–5位教师的几种课型；美国院校则可增加观摩教师数量，如每个月观摩一位教师，一个学期观摩4位教师的课堂教学。若无法在同一学校完成，则可选择多所学校完成。

（二）教学实习前置课程

教学实习之前，学生需要有相关教学知识和教学能力的储备，以确保其对教学流程、教学环境和教学对象等有一定了解。能够从容地进入教学现场，实习前置课程就显得尤为重要。“教学技能训练课”是国教院的实习前置课程，安排在第一学年第二学期。主要采取“师徒传艺”的指导方式，通过模拟教学训练，不断地对学生的教学设计、教学方式和教姿教态等进行打磨，使学生快速掌握教学技巧，提升教学能力。课程结束后学生们开始实习。然而，模拟教学非真实课堂，模拟的学生无法预设真实场景中的学生应答、学生行为以及教学突发事件，也无法进行真实的互动。美国院校的实习前置课是课堂教学观摩。观摩课能够使学生身临其境，在教学现场中体验真实的汉语教学。不过，在课堂观摩中，学生独立教学的机会少，教学经验的获得很大程度上依赖指导教师的指导能力。若能将模拟教学与课堂观摩有机结合，将更利于学生教学能力的迅速提升。

（三）实习监管与评价

1. 实习监管

很多学者指出，实习监管是汉硕培养面临的一大挑战。国教院汉硕实习主要采取国内、国外相结合的方式。由于实习渠道广泛多元，导致部分学生的实习监管相对松懈。第一，海外顶岗实习。语合中心（原国家汉办）负责招募和行前培训，赴任地区孔院和所在学区负责岗前和岗中培训。若当地汉语教学发展较好，顶岗志愿者的教学有指导教师（mentor）或校长定期听课督导；若当地汉语教学处于初始阶段，教师资源匮乏，则汉语课完全由顶岗教师自主完成。由于缺乏指导和引领，因而教学提升幅度不大。这种现象已成为海外顶岗实习的普遍状况，值得关注和研究。第二，在国内合作项目实习。国教院国内的合作项目以美国知名在华暑期成人项目为主，采用明德教学模式。每届都有一半以上的学生在项目中实习。这些项目的教学模式大致相同，有一套严格的教学培训制度。所有任课教师每周在教学主管和大班教师指导下统一备课，实习学生的教学能力提升很快；第三，在国教院国际学生班级中实习。实习生只承担实习所在班级的单项语言技能课教学，且在主课教师和系主任共同督导下完成教学。主课教师负责指导审核实习学生的教案，随堂听课后点评；系主任每周观摩实习生的教学，并进行一对一指导。第四，在国内其他机构实习。一小部分学生在国内不同地区实习，国教院很难进行现场教学指导。美国合作院校的实习途径相对固定，学生只在当地中小学实习，实行“三位一体”的监管模式，学生在具有三年以上教学经验的指导教师、大学教师和学区指导教师共同督导下完成教学实习。

与美国院校项目相比，国教院学生的实习渠道广泛但目标不够明确，缺乏顶层设计和全局统筹。实习保障体系不完善，监管制度不到位，学生能否通过实习提升教学能力完全取决于所参与的项目，难以保障所有学生的实习效果最大化。美国院校合作项目的实习渠道单一，但长期稳定的教学实习基地是学生教学能力提升的孵化器。教学实习与培养目标紧密结合，教学督导体制“多管齐下”，能够有效监督并提升学生的教学水平。

2. 实习评价

国教院学生的实习评价属于终结性评价，主要由实习单位依据学生的实习表现做出评价。美国院校学生的实习评价属于过程性评价，由实习导师、大学教师和学生本人参与，分阶段进行。实习期间一般进行两次教学评估，第一次是在学期中进行，第二次在学期末进行，两次评价需三方共同参加，中小学实习导师和大学教师在听课之后对学生的教学进行点评指导，发现问题，提出建议，学生据此进行反思和改进。

学生的教学实践是教师教育中最重要的部分[①]，国教院与美

① 谌启标. 美国教师教育的制度变迁与改革实践 [J]. 比较教育研究，2003（7）：66-71.

国院校均高度重视学生的教学实践能力。从教学能力训练课程上看，中美双方院校各具特点、各有所长，可互相借鉴；而在实习监管和评价上，美国院校的保障体系和评价机制更加科学合理，值得国内培养院校参考和学习。

第三章 面向美国的“双语双文化”汉语教师跨文化适应

适应是个体对社会环境和社会生活方式的心理调整，最终达到自身与环境间的相互平衡过程。跨文化适应（Acculturation）是对于一种新的文化环境的文化、心理和社会适应过程[①]。沃德（Ward）将跨文化适应（cross-culture adaption）划分为心理适应（psycholgolical adaption）和社会文化适应（sociocultural adaption）。心理适应是指在新环境中心理和情绪上的健康水平；社会文化适应指个体逐渐接受主族国家的社会文化标准和规范，与当地的社会文化环境维持互动关系的能力[②]。

关于跨文化适应的研究最初兴起于对移民心理问题的讨论，之后是关于旅居者的研究，而留学生是旅居者中最具代表性的一类。Khalid和Richard（1998）指出留学生的跨文化适应是一种文化转化过程，随着留学生解决跨文化适应问题能力的提高而发

---

① Ataca，B.，and Berry，J.W.Psychological，Socio-cultural，and Marital Adaption of Turkish Immigrant Couples in Canada[J]. International Journal of Psychology，2002（37）：13-26.

② WARD C，SEARLE W.The Impact of Value Discrepancies and Cultural Identity on Psychological and Sociocultural Adjustment of Sojourners[J].International Journal of Intercultural Realations，1991，15（2）：209-224.

展[①]。20世纪60年代开始，关于留学生跨文化适应的研究大量涌现，主要侧重留学生的心理适应和社会适应研究。目前，国内外针对中国留学生跨文化适应的研究成果主要涉及留学生的焦虑情绪、人际交往、心理压力指数、影响留学生跨文化适应的因素、应对策略以及支撑机制的优劣[②]等。留学生与其他旅居者最大的差异就在于学业发展是其旅居的主要诉求，跨文化学习适应是考量留学生海外文化适应的重要指征，直接影响其学习效果和学业成就。本章将从学业适应、心理适应和社会文化适应三个维度考察中美联合培养的“双语双文化”汉语师资的跨文化适应情况，旨在了解经过国内一年有针对性的培养，这些准教师赴美留学期间的学业适应如何，在美国的心理适应和社会文化适应怎样？他们具有哪些跨文化适应优势，又存在哪些跨文化适应难点？

第一节　研究内容与实施

一、研究方法

本章以国教院与美国6所院校联合培养的77名学生为调查对象。其中，男生10人，占13%，女生67人，占87%。在美1年的学生占28.57%，2—3年占38.96%，4—5年占19.48%，6年以上占12.99%。主要采用定量的研究方法，通过问卷调查收集数

① Khalid，A.&Richard，W.，Ethnic Communities within the University：An Examination of Factors Influencing the personal Adjustment of International Students[J]. Research in Higher Education，1998，39（6）：669–724.

② 顾青.情感转变的心路历程：中国留学生在英国高校的状况研究[C]//中国学生的学文化研究：技巧、意识和跨文化研究.外语教学与研究出版社，2012.

据，辅以半结构性访谈。

二、研究内容

主要包括学业适应、心理适应和社会文化适应三部分。调查问卷由四部分内容构成：第一部分调查“双语双文化”汉语师资的基本信息，包括性别、年龄、美国就读院校、在美年限及就职学校；第二部分调查“双语双文化”汉语师资的学业适应，编制了学业适应量表，8个维度29个项目；第三部分调查“双语双文化”汉语师资的心理适应，编制了心理适应量表，4个维度28个项目；第四部分调查“双语双文化”汉语师资的社会文化适应，编制了社会文化适应量表，5个维度30个项目。为评估问卷量表的内部信度，我们用克伦巴赫的阿尔法系数作为指标。经SPSS17.0计算，学业适应量表alpha=0.973；心理适应量表alpha=0.897；社会文化适应量表alpha=0.939，表明此问卷信度较高，数据调查可靠。此外，我们还选取10人进行了深度访谈，访谈提纲涉及以下几方面：

（1）在美国高校学习与国内高校有什么不同？

（2）刚到美国学习时你遇到哪些困难，如何解决？现在怎么样？

（3）你在美国生活得怎么样？

（4）你打算继续在美国生活吗？

三、研究实施

正式发放问卷和访谈前我们进行了预调查及预访谈，根据调查结果调整并最终确定问卷和访谈内容。问卷通过邮件形式发放，共发出问卷77份，全部回收，回收率100%。根据数据统计结果，我们对10人进行了深度访谈。其中，男生5人，女生5人。

第二节 学业适应

留学生在跨文化环境中，经常会遇到困难，包括语言障碍、学业困难、孤独、歧视和不断变化的环境引起的实际问题等①，但学业适应往往是影响其跨文化适应的核心要素。学业适应是指留学生根据国外的环境及学习需要，不断努力调整自我，达到自身与学习环境平衡的心理行为与过程。求学是留学生旅居的唯一目标，从某种程度上说，留学生的跨文化适应更倾向于教育适应，从已经接受的教育文化环境和系统向另一个不同的教育文化环境的适应。因而他们必须尽力去调整和适应与自己文化不同的“教师-学生”的交流模式、课堂文化、学业要求和期望以及对教学评价的不同理念和标准②。

随着我出国留学人数的增加，对中国留学生跨文化适应的研究也越来越多。然而，大部分研究是从社会学、心理学视角，探讨留学生的总体适应情况，以文化模式来确定和处理留学生所遇到的困难和挑战，并未突出留学生群体的特殊性及不同受教育层次间的差异。对留学生学业适应的研究起步较晚，数量不多；探讨中外联合培养项目中留学生跨文化学业适应的研究仅有寥寥数篇（王电建，2010、2017；金闪闪、张珊珊，2017；朱佳妮，

① Smith，R.A.，Khawaja，N.G.A review of the acculturation experiences of international students[J].International Journal of International Relations，2011（35）：699-713.

② Ward C.Kennedy A.Coping with cross-cultural transition[J].Journal of Cross-cultural psychology，2001，32（5）.

2008）。

从现有成果来看，外语水平、教育适应、课堂参与度和学习策略、与教师的人际关系及课外活动的参与度是影响留学生学习适应的主要因素[①]；语言冲击和语言障碍是中国留学生在跨文化适应过程中首先面临的主要压力[②]，最困难的事情是课堂发言、课堂演讲、撰写学术论文和学习资源的利用[③]。那么，中美联合培养的汉硕，经过国内院校一年有针对性培养，对美国文化和教育有一定了解，他们的学业适应能力是否会增强？美国六所院校套读项目周期为一年或一年半，为考察学生在美国居留时间对其学业适应的动态影响，我们将学业适应问卷设为1—6个月、7—12个月、13—18个月三个时段[④]进行对比分析。

一、调查量表

本文参考了1999年贝克（Baker）和斯里克（Siryk）共同设计的大学生适应量表（The Student Adaptation to College Questionnaire，SACQ），根据国内外相关研究的学业适应问卷，结合对赴美学习学生的访谈，自编了学业适应量表。分为8个维度，即课程内容、学习方法、学习形式、学习评价、人际交往、学校资源、课内外参与和语言适应，共29个项目，采用李克特五度量表：1=没有困难；2=有点困难；3=有困难；4=比较困难；5=非常困难。

---

① 赖红玲.国外跨文化学习适应研究对我国大学留学生教育的启示[J].兰州交通大学学报，2017（5）：102-107.

② 王电建.留美中国学生的跨文化学习适应研究对国内大学课程教学的启示[J].兰州交通大学学报，2017（5）：97-101.

③ 金闪闪、张珊珊.留法中国学生跨文化学业适应问题研究及启示[J].云梦学刊，2017（6）：79-84.

④ 学业适应是留学生跨文化适应的核心和主导，我们将其分为三个时段考察。在预访谈中我们发现，国教院学生心理适应和跨文化适应周期比较短，而且相对稳定，因此未区分时段考察。

二、调查结果分析

（一）学业适应总体状况

为衡量参加中美联合培养项目汉硕的学业适应总体水平，我们采用难度系数来定义每个学生的学业适应难度，难度系数越大表明跨文化学业适应越困难。难度系数的计算方法是：总分 ÷ 满分。总分是问卷各项目分数之和，问卷满分为145分。学业适应难度标准为：难度系数≤0.2为学业适应“没有困难”；0.2＜难度系数≤0.4为学业适应“有点困难”；0.4＜难度系数≤0.6为学业适应“有困难”；0.6＜难度系数≤0.8为学业适应“比较困难”；0.8＜难度系数≤1.0为学业适应“非常困难”。

数据分析显示，参加中美联合培养的学生赴美留学前6个月，所有学生都存在学业适应困难。其中，学业适应“非常困难”占2.6%，“比较困难”占11.69%，“有困难”占46.75%，“有点困难”占38.96%。赴美留学7—12个月，学生的学业适应度提高。学业适应“没有困难”占1.3%，“有点困难”占76.62%，“有困难”占20.78%，“比较困难”占1.3%，学业适应“非常困难”无。赴美留学13—18个月，学生的学业适应度继续提高，学业适应“没有困难”占10.34%，“有点困难”占86.21%，“有困难”仅占3.45%，学业适应“比较困难”和“非常困难”无。

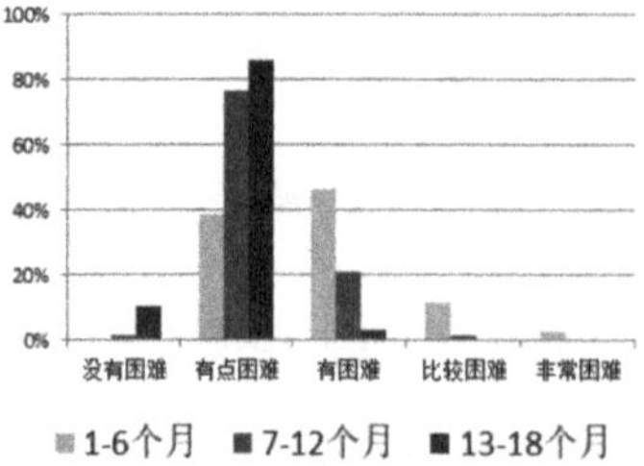

图 3–2–1：赴美留学生学业适应对比图

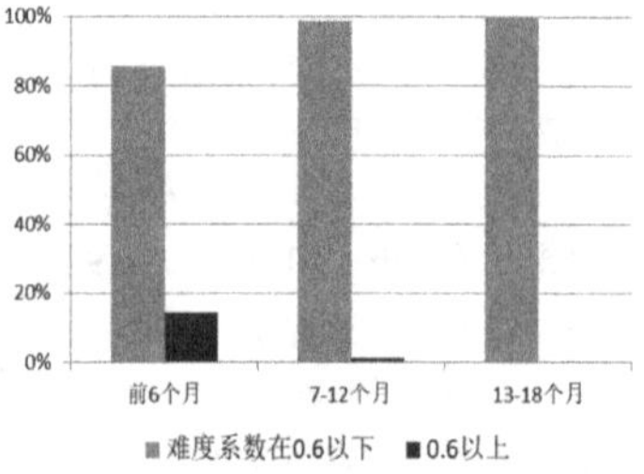

图 3–2–2：赴美留学生学业适应系数对比图

从上图可见，国教院学生在美国的学业适应困难随其在美国居留时间的延长而不断减少。前6个月，学业适应难度系数在0.6以下的占85.7%，0.6以上的占14.3%；在7—12个月时，学业适应难度系数在0.6以下的占98.7%，0.6以上的仅占1.3%；13—18个月时，学业适应难度在0.6以下的占100%。可见，留学美国的第一学期，大部分学生存在学业适应困难，学业适应难度较大的占14.3%。经过一个学期的适应，学生们的学业适应困难大幅下降，第二学期学业适应难度系数在0.6以上的学生仅占1.3%，较第一学期下降了13%；第三学期学生们完全适应美国的学习生活，学业适应难度系数均在0.6以下。

（二）学业适应困难

为考察中美联合培养学生在美国合作院校不同时段学业适应困难的动态变化，我们将五度量表中3分（=有困难）定为基准分，被试各项目的分值越低则说明越适应美国院校的学习生活，反之则不适应。

1.赴美留学1—6个月

从统计结果看，学业适应的29个项目中有25个均值（mean）介于2分（有点困难）和3分（有困难）之间，有4项均值低于2分。这表明国教院学生在美国合作院校的学业适应性较好，尽管普遍存在学业适应困难，但适应难度均在基准分以下，属于中度困难。均值在2分—3分之间的25个项目中，越接近基准分3分，学生的适应难度越大，越接近2分，则学生适应难度较小。

均值在2.5以上的项目共10个，主要涉及“课程内容”“学习方法”“学习形式”和“语言适应”四个维度。其中，学生们普遍认为学业适应难度较大的项目有“课内外阅读大量专业书籍”“听懂美国（或其他国家）同学的课堂陈述”“在课堂上发言”和“用英文写作业和论文”；其次是“适应阅读量较大的自主学习形式”“听懂教师的口音（包括习语、缩略语和俚语）”；再次是“英语能力”“听懂美国人之间的日常对话”“与美国（或其他国家）学生一起小组讨论”“ 课堂上听懂并理解教师的教学内容”。

表 3-2-1　1—6 个月国教院学生学业适应难度最大的十个项目

调查项目	平均数（M）	标准差（SD）
1. 课内外阅读大量专业书籍	2.87	0.97
2. 听懂美国（或其他国家）同学的课堂陈述	2.84	1.02
3. 在课堂上发言	2.77	1.00
4. 用英文写作业和论文	2.70	1.07
5. 适应阅读量较大的自主学习形式	2.67	1.01
6. 听懂教师的口音（包括习语、缩略语和俚语）	2.64	1.07
7. 在美国生活和学习，我的英语能力	2.57	0.93
8. 听懂美国人之间的日常对话	2.55	0.96
9. 与美国（或其他国家）学生一起小组讨论	2.50	0.91
10. 课堂上听懂并理解教师的教学内容	2.50	1.02

均值介于2.0 — 2.4之间的项目有15个，涉及学业适应困难的所有维度。均值在2.0以下的项目有4个，涉及“学习资源”和“学习评价”，即“利用学校已有资源帮助自己（如辅导和帮助中心）”“使用图书馆和学校的生活设施”“课程成绩获得‘优秀’”和“适应美国学校的评分标准”，说明与其他项目相比，这4项学生更容易适应。

2.赴美留学7—12个月

经过半年的美国院校学习，学业适应29个项目中，被试仅有3项均值（mean）介于2分（有点困难）和3分（有困难）之间，其余26项均值在2分以下。该阶段学生学业适应难度排序前10个项目中，1—6项与前六个月完全一致，但均值有所降低。除1—3项均值为2分以上，其余项目都降至2分以下。说明“课内外阅读大量专业书籍”“听懂美国（或其他国家）同学的课堂陈述”“在课堂上发言”“用英文写作业和论文”“适应阅读量较大的自主学习形式”“听懂教师的口音（包括习语、缩略语和俚语）和“应对学业压力”六个项目是国教院学生在美国高校的学业适应难点，至少需要用一年的时间来克服困难。当学生们熟悉并逐渐适应美国院校的培养方式后，开始有参与课外活动，交当地朋友，融入当地的人际交往需求，这也成为该阶段学生学业适应的新问题。

表3-2-2　7—12个月国教院学生学业适应难度最大的十个项目

调查项目	平均数（M）	标准差（SD）
1.课内外阅读大量专业书籍	2.14	0.80
2.听懂美国（或其他国家）同学的课堂陈述	2.06	0.92
3.在课堂上发言	2	0.84
4.用英文写作业和论文	1.97	0.85
5.适应阅读量较大的自主学习形式	1.96	0.81
6.听懂教师的口音（包括习语、缩略语和俚语）	1.88	0.85
7.应对学业的压力	1.88	0.85
8.与美国（或其他国家）同学交朋友	1.87	0.96

续表

调查项目	平均数（M）	标准差（SD）
9. 主动参加学校（或学院）的课外活动	1.77	0.88
10. 在课堂上做汇报或展示	1.75	0.74

3. 赴美留学13—18个月

经过一年的留学生活，被试已适应美国高校的学习生活。此时，学业适应的29个项目均值全部降至2分以下。该阶段学生学业适应难度排序前10个项目中，有9个与7—12个月的重合，但均值继续下降。可见，国教院学生的学业适应困难主要是适应中美院校课程的教学内容，教师的教学方法以及学生的学习方法等差异，这些差异随学生在美国居留时间的增加而逐渐缩小最终消除。

表 3-2-3　13—18 个月国教院学生学业适应难度最大的十个项目

调查项目	平均数（M）	标准差（SD）
1. 课内外阅读大量专业书籍	1.74	0.77
2. 与美国（或其他国家）同学交朋友	1.65	0.92
3. 用英文写作业和论文	1.61	0.76
4. 适应阅读量较大的自主学习形式	1.57	0.67
5. 应对学业的压力	1.55	0.82
6. 在课堂上发言	1.54	0.75
7. 主动参加学校（或学院）的课外活动	1.51	0.68
8. 听懂美国（或其他国家）同学的课堂陈述	1.5	0.68
9. 听懂教师的口音（包括习语、缩略语和俚语）	1.45	0.56
10. 与美国（或其他国家）学生一起小组讨论	1.44	0.56

表 3-2-4　国教院学生在美国学业适应历时变化对比

调查项目	1 — 6个月	7 — 12个月	13 — 18个月
1.课内外阅读大量专业书籍	2.87	2.14	1.74
2.听懂美国（或其他国家）同学的课堂陈述	2.84	2.06	1.5
3.在课堂上发言	2.77	2	1.54
4.用英文写作业和论文	2.70	1.97	1.61
5.适应阅读量较大的自主学习形式	2.67	1.96	1.57
6.听懂教师的口音（包括习语、缩略语和俚语）	2.64	1.88	1.45
7.在美国生活和学习，我的英语能力	2.57	1.68	1.30
8.听懂美国人之间的日常对话	2.55	1.70	1.34
9.与美国（或其他国家）学生一起小组讨论	2.50	1.71	1.44
10.课堂上听懂并理解教师的教学内容	2.50	1.66	1.31
11.主动参加学校或学院的课外活动	2.27	1.77	1.51
12.应对学业的压力	2.32	1.88	1.55
13.与美国（或其他国家学生）交朋友	2.46	1.87	1.65
14.在课堂上汇报或做展示	2.49	1.75	1.33

王电建（2017）对留美中国学生的研究发现，“学术论文写作（M=3.1987）”“用英语做课堂演讲（M=2.9803）”和“课堂小组合作（M=2.8148）”是中国留学生学业适应最困难的。

这与我们的研究结论有一致性，“用英文写作业和论文（M=2.701299）”“在课堂上发言（M=2.779221）”“与美国（或其他国家）学生一起小组讨论（M=2.506494）也是国教院学生赴美留学前6个月的学业适应难点。但我们的研究中，国教院学生的各项均值低于王电建（2017）的结论。这与学生赴美前，国教院开设多门全英文课程，注重培养学生的国际视野和英语能力有关。国教院全英文课程由美国专家或海归教师任课，采用美国高校教师的教学方式，学生有较多使用英文进行口头和书面表达的练习机会。国教院教师在课堂教学中注重发挥学生的主体作用，与美国合作院校的教育教学接轨。学生们熟悉课堂合作学习的教学形式，赴美留学时能较快地适应。然而，与王电建（2017）的研究差别较大的是，“课内外要阅读大量专业书籍（M=2.87013）”被国教院学生认为是学业适应最困难的，这与美国一直倡导培养学生的独立性、创新性和批判性思维的教育方式有关。尽管国教院教师有意识地培养学生的自主学习能力，但学生课前自主学习的比例还有待提高，而且英文阅读能力也影响阅读质量。可见，中美教育方式的差异是造成国教院学生美国学业适应困难的主要原因。

第三节　心理适应

心理适应指个体的生理、心理幸福感和精神健康。良好的心理适应表现为幸福感和对异域文化生活的满意感以及对两种文化群体的正面看法。目前，国内外关于留学生心理适应状况的考察主要使用Zung（1965）的自评抑郁量表。该量表主要关注被调查者的心理应激、焦虑、抑郁、孤独感等负性心理，共20个项目。

通过前期与国教院赴美留学的学生沟通，我们发现参加中美联合培养的学生并不存在这些负性心理，Zung的自评抑郁量表无法真实测量出国教院学生在美留学的心理适应状况，因此我们未采用自评抑郁量表。

一、调查量表

李加莉（2015）指出出国动机和期望值是影响个体跨文化适应压力的重要因素，那些自愿主动出国的旅居者比非自愿的适应问题要少①。国教院所有参加中美联合培养的学生均为自愿选择，而且经过长时间充分准备。他们的出国动机强烈，在当地长期从事汉语教学的意愿强，因此负性心理问题并不多。我们参考了移民适应量表（EAI）②，对个别问题进行了修改以适应本研究，编制了心理适应量表，主要考察学生对美国生活的满意度。该量表分4个维度，共28个项目，包括“对美国环境和条件的评价”“对美国生活的评价”“对美国人的评价”和“个人适应”，采用李克特五度量表，1=不同意；2=有点同意；3=同意；4=非常同意；5=相当同意。

二、调查结果分析

调查问卷除1个项目为逆向设计外，均为正向设计。为便于分析，我们将3分作为基准分，被试在调查项目中得分越高，说明对美国生活满意度越高，在美国留学的心理适应越好。

（一）心理适应总体状况

28个项目中，均值在3分以上的项目有20个，占总数的

① 李加莉.文化适应研究的进路[M].北京：社会科学文献出版社：2015.

② 转引自狄马思.外国留学生在中国的适应性[D].南京师范大学硕士学位论文，2004.

71.43%。其中，3—4分项目有15个；4分以上项目有5个。3分以下项目有8个，2—3分有6个，2分以下有2个。由此可见，国教院学生在美国的心理适应状况良好，对美国的生活比较满意。

表 3-3-1 国教院学生心理适应

调查项目	平均数（M）	标准差（SD）
1.我喜欢中国菜。	4.19	1.11
2.这儿的生活是安全的。	3.27	1.11
3.我开始有种在家的感觉。	2.68	1.19
4.待在美国是一件令人兴奋的事。	3.11	1.12
5.我对我的居住条件比较满意。	3.61	1.02
6.我对当地的风俗习惯感兴趣。	3.46	0.96
7.我喜欢在这个国家旅游。	4.27	0.86
8.到美国来我获益匪浅。	4.42	0.83
9.我的英语说得不错。	3.40	0.84
10.在美国的生活有着积极的意义。	4.05	0.94
11.我对这儿的娱乐生活比较满意。	2.62	1.24
12.我可能要花更长的时间才能适应这儿的生活。	1.98	1.06
13.做出到这儿来的决定是正确的。	4.15	1.00
14.在来这儿之前我就对这个国家感兴趣。	3.64	1.24
15.我在这儿很受欢迎。	3.01	0.92
16.我有着不错的社交生活。	3.07	0.83
17.来这儿以后我已经有了长期的美国朋友。	3.06	1.30

续表

调查项目	平均数（M）	标准差（SD）
18.我喜欢生活在这个国家。	3.33	0.98
19.我觉得在这儿学习和我在自己国家学习一样令我满意。	3.40	1.22
20.作为中国人，在这个国家有很多优势。	1.94	1.09
21.这儿的医疗保健不错。	2.51	1.33
22.总的来说，我喜欢美国人的性格。	3.12	0.99
23.总的来说，我认为美国人是可以信任的。	2.96	0.93
24.我觉得这儿的人既友好又体贴。	3.09	1.01
25.我不介意伴侣是美国人。	2.88	1.25
26.我喜欢当地人的做事风格。	3.05	0.97
27.在来之前我就为在这儿的生活做好了充分准备。	2.51	1.11
28.美国人比较喜欢我。	3.03	0.94

（二）对美国环境和条件的评价

国教院学生对美国的生活环境和基础条件普遍感到满意，5个项目中有3项均值在3分以上，学生们认为他们的居住条件比较好（3.61），生活安全（3.27），让他们最为满意的是去餐馆或自己做，他们能够在这里吃到中国菜（4.9）。分数均值在3以下的项目有2项，即“这儿的医疗保健不错（2.52）”“娱乐生活也比较满意（2.62）”，说明学生们对美国医疗保障体系还不太适应，他们的课余休闲以及排遣压力的方式略显单一。

（三）对美国生活的评价

学生们普遍认可在美国的生活，9个项目中均值在3分以上的项目有8个，其中4项在4—5分之间。他们对赴美留学持肯定态度，“对当地的风俗习惯感兴趣（3.47）”，认为“做出到这儿来的决定是正确的（4.16）”“到美国来获益匪浅（4.43）”“待在美国是一件令人兴奋的事情（3.12）”，他们“喜欢在这个国家旅游（4.27）”认为“美国人比较喜欢我（3.04）”，觉得在美国的生活对其未来发展具有重要影响，“到美国的生活有着积极的意义（4.05）”。均值在3分以下的有1项，即“我喜欢生活在这个国家”。该项目众数为4，但均值为2.52，表明学生们对于在美国生活的看法差异较大，多数学生适应且有意愿在美国生活。

（四）个人适应

国教院学生比较适应在美国的生活，9个项目中均值在3分以上的有6个。他们觉得“在这儿学习和在自己国家学习一样令我满意（3.4）”。由于语言能力的提升，他们的“英语说得不错（3.4）”“有着不错的社交生活（3.08）”“有了长期的美国朋友（3.06）”，逐渐融入美国当地社会和文化，“在这儿很受欢迎（3.01）”。有3项均值低于3分，其中“我可能要花更长的时间才能适应这儿的生活”是一个反向设计题目，该项众数为“1=不同意”。可见，多数学生跨文化适应能力较强，能够积极调整自身状态，在最短的时间内适应美国生活。

尽管在赴美之前做了很多相关准备，但多数学生仍认为他们没有做好充分准备（2.52）。与母语国熟悉的环境相比，他们还未获得在美国生活的归属感，需要进一步适应和融入。“我开始有种在家的感觉（2.96）”均值较低，“作为中国人，在这个国家有很多优势”项目众数为1，均值1.95，说明学生们很在意个人价值和社会地位，这也是影响其获得在美国生活幸福感的重要因素。

（五）对美国人的评价

国教院学生对美国人比较认可，评价较高，与其相处也比较和谐。5个项目中均值3分以上的有3个。他们认为“这儿的人既友好又体贴（M=3.09）”“喜欢美国人的性格（M=3.12）”“喜欢当地人的做事风格（M=3.051948）”。3分以下的项目有2个，且接近3分，即“我认为美国人是可以信任的（M=2.96）”和“我不介意伴侣是美国人（M=2.88）”。可见，学生们对美国人比较信任，容易接纳，不介意美国人成为自己的伴侣。

有研究表明，相对于其他群体，亚裔留美学生的文化迥异于美国的文化体系，遭遇适应困难和心理应激的风险更高[①]。我们的研究发现，国教院学生心理适应能力较强，在美国的心理适应较快，对在美国的生活满意度也比较高，这与国教院有针对性开设的显性和隐性课程密切相关。国教院的培养使之拥有积极的心态、克服困难的信心以及实现理想目标的动力和决心，具备在异域主动进行自我调试，更快地融入美国文化环境的能力。

第四节　社会文化适应

社会文化适应主要指个体在新文化情境中管理日常生活并与当地社会良性互动的能力。留学生在东道国的社会文化适应主要表现在社会行为中，包括社会交流的语言要素，如词汇、语音、

① Jing Zhang &Patricia Goodson.Acculturation and Psychosocial Adjustment of Chinese International Students：Examining Mediation and Moderation Effects[J]. International Journal of Intercultural Relations，2011（35）：614–627.

语法使用的准确性和得体性，还包括对东道国文化的态度、情感和价值观等非社会交流的非语言要素。以往的研究成果表明，当留学生所属国与东道国之间的社会文化特征相同点越多，文化距离越小，社会文化适应就越好。

一、调查量表

我们依据沃德（Ward）与肯尼迪（Kennedy）（1999）的社会文化适应量表和其他相关研究成果，结合本研究编制了社会文化适应量表。该量表分“日常生活”“语言”“人际交往”“价值观”和“工作”5个维度，共30个项目，采用五度量表：1=非常困难；2=比较困难；3=有困难；4=有点困难；5=没有困难。

二、调查结果分析

（一）社会文化适应总体状况

国教院学生对美国社会文化整体适应状况良好，所有被试均已适应美国的社会和文化体系，30个项目中4—5分的占90%，3—4分的仅有3个。分别涉及“日常生活”维度“看病（M=3.90）”，“语言”维度“理解当地人的笑话和幽默（M=3.61）”以及“人际交往”维度“与令人讨厌的人相处（M=3.63）”。由于中美医疗体系差异较大，学生在美国就医时还存在一定难度。“理解当地人的笑话和幽默”不仅与学生的英文程度有关，还与对当地文化、社会习俗以及流行文化等的了解程度紧密联系。“与令人讨厌的人相处”涉及到价值观、处事方式、原则以及个人性格等多方因素，需要学生较长时间接触美国文化，逐渐习惯和适应。

表 3-4-1　社会文化适应数据分析表

调查项目	平均数（M）	标准差（SD）
1. 使用交通工具和购物	4.74	0.63
2. 认识周围的道路	4.63	0.72
3. 适应当地的住宿	4.81	0.53
4. 适应当地的气候	4.72	0.66
5. 找到自己喜欢的食物	4.51	1.00
6. 看病	3.89	1.14
7. 遵守当地的规章制度	4.84	0.46
8. 适应当地的生活节奏	4.83	0.49
9. 适应当地的礼仪	4.71	0.55
10. 熟练地运用当地语言	4.16	0.83
11. 让别人能理解自己（的意思）	4.46	0.73
12. 理解当地人的笑话和幽默	3.61	1.07
13. 与他人谈论自己	4.54	0.86
14. 与令人讨厌的人相处	3.63	1.08
15. 参加社交活动 / 聚会	4.20	0.97
16. 与当地异性交往	4.25	1.06
17. 与服务部门人员打交道	4.67	0.78
18. 交当地朋友	4.25	1.01
19. 远离父母独立生活	4.75	0.63
20. 理解中美文化差异	4.67	0.63
21. 理解当地人的价值观	4.61	0.76
22. 理解当地人的处事方式	4.66	0.69
23. 理解当地的政治体制	4.23	0.84

续表

调查项目	平均数（M）	标准差（SD）
24. 适应当地的工作环境	4.47	0.73
25. 适应当前的工作氛围	4.60	0.63
26. 适应工作要求和工作任务	4.65	0.59
27. 适应工作中的角色和责任	4.68	0.59
28. 适应当前的工作量	4.60	0.67
29. 顺利开展工作	4.59	0.61
30. 胜任当前的工作	4.60	0.61

朱国辉（2011）指出，对东道国文化了解程度越高、语言水平越高、居留时间越长、有过跨文化训练及跨文化经历、与东道国成员接触越多，留学生的社会文化适应结果越好[①]。国教院高度重视学生的英语能力、汉语教学能力、中华文化传播能力、跨文化交际能力和项目策划管理等能力的培养，学生在赴美前对美国教育、文化有一定的了解。赴美后，随着居留时间的增加，他们能够迅速适应社会文化生活，并逐渐融入当地社会，进入主流教育体系从教。

① 朱国辉.高校来华留学生跨文化适应问题研究[D].华东师范大学，2011.

第五节 提高“双语双文化”汉语教师跨文化适应性的建议

王电建（2017）指出，中国学生在美国留学初期所遇到的跨文化适应问题主要是语言冲击和学习冲击。事实上，学业适应是留学生跨文化适应的核心和关键，往往会影响心理适应和社会文化适应。从前文调查可知，国教院学生在美国的心理适应和社会文化适应状况良好，学业适应成为其跨文化适应的主要困难。对“双语双文化”汉语教师而言，留学经历是其跨文化教学事业的起点，跨文化适应程度对其融入美国社会具有重要影响作用。提高“双语双文化”汉语教师的学业适应能力，有助其掌握在美国中小学从事汉语教学应具备的知识和能力，更快地适应美国文化环境和留学生活。

一、学业适应难点

（一）自主学习方式是学业适应最大难点

美国教育注重培养学生的批判性思维，支持批判性教学，鼓励学生独立思考，课堂注重师生互动程度和互动质量，提倡在自主学习的基础上进行讨论和交流，将个人的专业经验、已有知识与新知识有机结合，使学生成为知识的主动构建者。因此，小组合作学习和个人汇报展示成为美国课堂的主要教学手段和学习方式。学生们课前阅读大量文献，在理解的基础上思考，才能充分阐述个人观点。Zhang（2007）曾将美国学生形象地描述为“有准备的、积极的、投入的学习者”①。尽管国教院在课堂教学中也采取小组合作学习的方式，而课前阅读量却没有那么大，赴美学生在适应自主学习方式的同时，还要适应使用非母语阅读和理解专业文献，难度比较大。

（二）英语水平是学业适应的重要制约因素

留美学生前6个月所遇到的10项学业困难几乎都与英语水平有关。尽管所有学生托福成绩都在80分以上，有些学生甚至达到100分。然而，在美国合作院校的学习中，他们依然面临听不懂“美国教师的口音”“班级同学课堂陈述”“美国人之间的日常对话”和“与班级同学一起讨论”的困难以及“自身语言能力在美国生活和学习”的困难。这主要归因他们的英语成绩虽然较高，但仅能代表英语理解能力和句法知识的掌握程度，而非言语的实际运用能力。这些学生在国内接受的是标准英语口音的训练，对语音变体的识别和适应能力较弱。美国院校教师和学生来自不同国家，多元文化背景使其英语带有不同的地方色彩，美国本土教师和当地学生的口音、俚语和习语也阻碍学生们更好地沟通和理解。

（三）文化价值观念的差异影响学业适应

美国是典型的个体主义国家，尊崇独立的价值观。课堂上教师和学生的地位平等，鼓励学生挑战教师，自由表达个人观点，提倡进行小组活动和大量师生对话的活动；中国是典型的集体主义国家，教师被看作知识和权威的化身，具有支配权。学生需通过注意听讲、理解教师所讲内容来表示对教师的顺服和尊重，不挑战教师的权威被视为一种美德。在美国，教师不具有中国文化

① ZHANG Z，XU J.Understanding Chinese International Granduates Students Adaptation to Learnig in North America：A cultural Perspective[J].Higher Education Perspectives，2007，3（1）：45–49.

中内涵符号，而且东道国学校的教师对课堂学习和学生行为也有不同的想法和期待[①]，这种矛盾导致国教院学生初到美国，很难突破文化定势和界限，主动融入课堂，积极参与讨论。这不仅是语言程度所限，也是文化价值观念的巨大差异所导致。随着学生们在美国居留时间的延长，这种差异带来的学业适应困难会逐渐降低。

（四）英文学术写作是学业适应的一大障碍

不同文化的思维方式不同，书面结构和口语交流方式也各异。同样的科学和哲学模型因文化模式的不同而出现不同的语言表达方式[②]，这也影响了学生的学术写作风格。英文学术写作包括使用英文完成专业作业和撰写小论文。调查数据显示，用英文进行学术写作是国教院学生学业适应的第四大困难。缺乏足够的英文学术写作训练，是造成学生们在美国院校学业适应压力的主要原因。Z老师就读于美国S大学，她本科是英文专业，托福成绩将近100分，口语交流能力很强。即便这样，作业和论文中的英文表述是否准确、恰当也时时困扰着她。为提高专业写作能力，她求助于该校的学术支持社团。每次完成学术写作，她都要请母语者审阅修改。

二、提高跨文化适应性的建议

（一）加强英文能力培养

第一，日常交际能力。在美国工作和生活，对汉语教师的英

① Andersen，J.F.，&Powell，R.Intercultural communication and the classroom[C]. In L.A.Samovar&R.E.Porter（Eds.），Intercultural communicaiton：A reader.Belmont，CA：Wadsworth，1991：208–214.

② Reid，M.J.Quantitative Difference in English Prose Written by Arabic，Chinese and English Students[D]. Dissertation Abstracts International 50，1986.

语交际技能要求较高，不但要能够使用当地人的惯用表达交流，还要具有听辨不同口音的能力。尽管国教院开设了托福课程，但学生们阅读理解能力和句法结构准确度的提升，并不代表真实语境中言语运用能力的提高。很多学生表示，初到美国遇到的最大困难是他们的英语表达与当地人的习惯表达差异较大。因此，应加强学生英语运用能力的培养。在开设的课程中，不仅要包含标准英语的交际训练，更要让学生熟悉与留学生活密切相关的、各种社会情境下的真实交际英语，熟悉当地人习惯的俚语、方言、口音和缩略语等，而这种训练恰恰是目前人才培养中的薄弱环节。我们提倡：1.在教学中采用真实的场景对话。通过有效的教学手段和现代化的教学形式，如英文原版电影片段、youtube视频、VR等，提高学生对美国当代日常生活场景语言的熟悉度和运用能力，弥合书面英语和交际英语之间的差异。2.创设情境，让学生在真实的交际中完成任务。还可以让国内的学生与已经赴美的同伴或美国大学生真实互动，达到训练英语实际运用能力的目的；第二，学术英语写作能力。中美思维方式的差异造成了两种语言的言语结构和表达方式的差异，需经过专门训练才能达到学术要求，符合学术规范。目前，国教院开设3门全英文课程（含《专业英语》），但对学生们使用英文撰写学术论文的训练还不够，可开设专门的《英文学术论文写作指导》课程，帮助学生熟悉英文学术论文的范式和写作思路；第三，阅读英文专业文献的能力。增大专业文献阅读量可以提高学生的专业阅读能力。目前，国教院开设了《专业英语》和《二语习得》等全英文课程，任课教师可提高学生的英文文献阅读量，针对赴美学生有针对性地布置相应课程的英文文献阅读任务，并要求其提交书面报告。

（二）增加学生对美国文化的了解

前文数据可知，除了教育制度、教育理念的差异所导致的跨文化适应困难，学生在美国的生活环境、人际交往、个人适应等方面也存在着一些适应难点。国教院应强化学生对美国文化的了解，不但开设显性课程，还要通过大量隐性课程帮助学生感知美国，熟悉美国文化。如提供更多平台和合作项目，增加学生与美国人、美国文化交流的机会。学生个人还应通过美国的影视作品、文学书籍、访谈节目等不同渠道近距离地接触美国的自然和人文环境，了解美国文化生活。此外，多与赴美留学的同伴深入交流，对就读院校的校园文化、当地文化、制度要求等有大致的了解，可以缓解跨文化的不适应。

（三）做好充分的行前准备

第一，知识上的准备。国教院与美国六所合作院校的培养各有侧重，优势互补。因此，国内阶段应夯实学生对专业知识的培养，做好国内外课程的衔接；第二，能力上的准备。美国院校注重培养学生的独立性、创新性和批判性思维。国教院应更加注重培养学生的独立思考能力和敢于表达个人观点的能力，培养教学能力和沟通交际能力；第三，信息上的准备。对留学美国的相关信息掌握得越详细，赴美后因跨文化差异导致的适应困难就会越少。赴美套读学位的学生应尽早做好留学院校相关信息的收集整理，从教育制度、学校环境、学术要求、生活环境、人际交往等方面，多焦点、多渠道地了解相关信息，以提升自身的跨文化适应能力，顺利完成学业，更快地融入美国社会。

第四章　新任“双语双文化”汉语教师[①]
在美国中小学面临的教学挑战

新任教师又被称为新教师，一般指完成所有职前培养课程和训练，经过教学实习，获得教师资格证书，受聘于某学区，正处于从事该职业或服务第一年的教师[②]，他们负有的责任在种类和程度上与那些较有经验的教师相同。新任阶段是教师专业成长的关键期，也是充满困难和挑战的时期。新任教师需要在较短时间内迅速完成从学习到职业的“环境转换”和从受教育者到教育者的“身份转化”，进而在行为态度和专业表现等方面逐步达到社会对教师的角色期望。在进入课堂之前，新任教师往往具有比较丰富的职前经验，通常是非教学经验，然而一旦真正进入实际教学，他们所遇到的角色挑战和冲突往往出乎意料。在职业生涯初期遇到的发展困境，也会严重制约新任教师的职业发展。接受了中美两国教师教育的“双语双文化”汉语师资，在进入美国中小学教学环境之初遇到哪些挑战？这些挑战对中外联合培养“本土化”中小学汉语师资又有哪些启示？本章主要介绍新任“双语双文化”汉语教师在美国中小学面临的教学挑战。

---

① 为行文方便，后文将简称为新任汉语教师，专指“双语双文化”教师。

② 胡森（T.Husen）主编.国际教育百科全书[M].第6卷.贵阳：贵州教育出版社，1990.

第一节　新任汉语教师面临的六大教学挑战

一、美国新任教师标准

教师专业标准是规范和评价教师及其专业发展的准则和尺度。美国是最早制定教师专业标准的国家之一，从入职初期到入职后不同阶段均有相应的教师专业标准。1992年，“州际新教师评估与支持联合会”（Interstate New Teacher Assessment and Support Consortium，INTASC）首次推出新教师评价十大标准，成为美国最通用的初任教师专业标准。2013年InTASC① 又推出《InTASC示范核心教学标准与教师学习进阶1.0》（*InTASC Model Core Teaching Standards and Learning Progressions for Teachers1.0*），该标准对新任教师在“学习者与学习”“知识内容”“教学实践”和“专业责任”四方面提出十条标准，具体内容包括：

表 4-1-1　美国 InTASC 示范核心教学标准（2013 年修订）

内容维度	标准	标准描述
学习者与学习	标准1：学习者发展	了解学习者成长和发展的规律，认识到学习者学习和发展的模式在认知、语言、社会、情感和身心等领域中存在的差异，能设计和实施适合学习者发展的、具有挑战性的学习体验

① INTASC（Interstate New Teacher Assessment and Support Consortium）是州际新教师评估与支持联合会，主要负责初任教师专业标准的制定，1992年首次推出新教师评价十大标准。2011年更名为“州际教师评估与支持联合会”（InTASC），2013年推出新文件《InTASC示范核心教学标准与教师学习进阶1.0》。

续表

内容维度	标准	标准描述
学习者与学习	标准2：学习者差异	能利用对个体差异、不同文化和社区的理解，构建包容性的学习氛围，使每个学习者都能达到高标准
	标准3：学习环境	教师与其他人合作，创造支持个人和协作学习的环境，鼓励积极的社会互动、学习参与和自我激励
知识内容	标准4：教学知识	教师了解所教学科的核心概念和结构，运用探究工具为学习者创造易于理解的学习体验，以确保对内容的掌握
	标准5：知识应用	教师能够联结不同的概念、新旧知识、使用多方观点使学习者运用批判性思维、创造力及协作解决的方式解决涉及身边和全球的现实问题
教学实践	标准6：教学评估	教师理解并使用多种评估方法评估学习者的成长，监测学习者的进步，并指导教师和学习者做出决策
	标准7：教学计划	教师根据教学内容、课程、跨学科技能和教育学的知识以及学习者和社区背景知识，制定教学计划以支持每个学习者实现严格的学习目标
	标准8：教学策略	教师了解和使用各种教学策略，以鼓励学习者深入理解知识内容及其联系，并培养学习者以有意义的方式应用知识的技能
专业责任	标准9：专业学习与道德实践	教师从事持续的专业学习，并利用证据评估教学实践，特别要注意自身选择和行为对他人包括学习者、家庭、其他专业人员和社区等产生的影响，从而调整实践以满足每位学习者的需要
	标准10：领导力与合作	教师应主动寻求适当的能发挥领导作用的机会，承担学习者学习的责任；与学习者、家庭、同事、其他学校专业人员和社区成员合作，促进学习者成长及自身专业发展

该标准详细地描述了初任教师应如何在新教学观的指导下进行有效教学。所谓新的教学观就是使每位学生都能自主学习，强调知识和技能以应对现实世界问题（付亦宁，2020），针对学生的差异化进行教学，培养他们的领导力与合作能力。

二、新任汉语教师面临的六大教学挑战

依据美国InTASC示范核心教学标准，结合已有相关研究，我们对入职美国中小学的30位中美联合培养的“双语双文化”汉语教师进行了调查。他们分布于美国18个州和首都华盛顿的公立、私立和特许学校。其中小学14人，初中5人，高中11人；男生1人，女生29人。主要通过访谈法获取数据。先以发邮件和语音消息的方式调查新任教师的教学挑战及产生原因，后选取6所院校毕业生各1人，使用微信电话进行深度访谈，访谈时间在60—120分钟之间，录音转写文本14万字。调查显示，新任汉语教师在美国中小学主要面临六大教学挑战，即课堂管理、差异化教学、选择教学方法、选择课程材料、激发学习兴趣和与家长交往，涉及“学习者和学习”“教学实践”“专业责任”三个方面。

表 4-1-2　受访教师基本情况

教师	毕业院校	任职学校
T1	M大学	公立学校（初中和高中）
T2	B大学	公立学校（同上）
T3	P大学	公立学校（小学）
T4	L大学	公立学校（小学中文沉浸式项目）
T5	N大学	特许学校（同上）
T6	X大学	私立学校（同上）

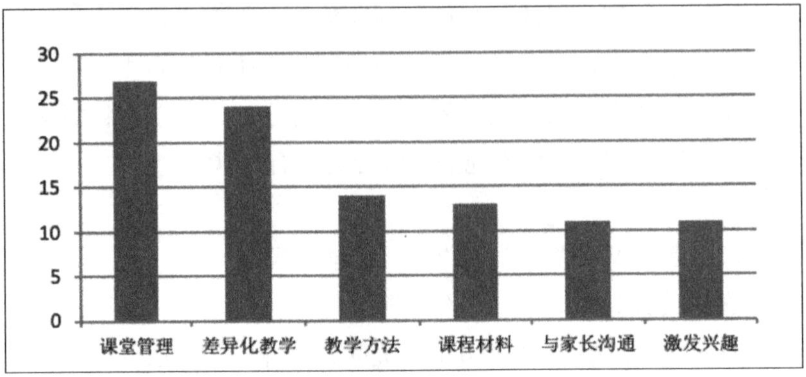

图 4-1-1：新任汉语教师课堂教学六大挑战

（一）课堂管理

课堂管理是美国中小学有效教学的重要组成部分，也是一个永恒的难题。美国学者维恩曼（Veenman）指出，教师遇到最困难的10种问题，首当其冲是维持课堂上的纪律问题。课堂教学具有即时性、公开性、多维性和不可预测性等特点，需要教师具有较强的应变处理能力、行之有效的管理方法和长期的教学实践。面对陌生的教学环境、教学对象和教学文化，新任汉语教师要摆脱职前的教学“客位”心理，独自决策和处理课堂的“非预设事件”，90%的教师认为课堂管理是跨文化教学的最大挑战。

1. 教师对学习者年龄特征认知不足

不同阶段儿童[①]年龄特征明显。InTASC教学标准指出新任教师应了解学习者成长和发展规律，能够认识到学习者及其发展模式在认知、语言、社会、情感和身心等领域中存在的差异。新任汉语教师对K-12年级学生的年龄特点、思维方式、发展规律和兴趣爱好等缺乏系统深入的了解甚至认知错位，使课堂管理问题

① 儿童的界定我们采用广义概念，指18岁以前。

更加突出。T3职前在高中实习，入职第一年教幼儿园孩子，她坦言，“完全手足无措。以前认为只要耐心给他们讲一本书就好了，结果发现他们根本不理我，满教室跑，不听我说话。”T1在纽约市的一所公立学校教一、二年级学生。她从未接触过小学生，不知道低龄儿童什么时候需要休息，什么时候要喝水，不知道小孩子注意力集中时间非常短暂，以为像高中生那样，从头讲到尾。入职初期，上课时间不足一半，她已控制不住课堂，小孩子不停讲话、到处走。

2.学习者的成长环境影响课堂秩序

美国是一个多元文化共生共存的移民国家，教学对象文化背景多样性成为学校教育一大特点，也是教师教学中必须考虑的重要因素。在美国，中低收入家庭或贫困家庭多居住在城市中心，子女就读于附近的公立或特许学校。与主流学区相比，市区学区、多元化学区和高度贫困学区①的学生受家庭环境、居住区域环境和聚居人群意识特征等影响较大，普遍存在学习动机弱、自控能力差、学习习惯不佳，问题行为频现等问题。新任汉语教师对课堂管理难度预设过低，尚未做好充分准备，现实与期待间的巨大落差，使其教学管理陷入“困境”。T2在华盛顿一所市区学校任教，第一年上课“80%时间在课堂管理，如同灭火一样，这边压下去，那边又起来了”。

学校要求教师课前要在门口迎接学生。每次学生都是直接冲进教室，将我撞到墙边，然后在教室里互相追逐玩耍，调皮的学生甚至会偷我的铅笔和尺子等。上课第二个星期，我已经控制不住课堂了，不知道如何跟黑人孩子打交道，每天去校长那里哭。有一次中文教学，我打算用jaz chant，几个学生未经允许跑到前

① 在美国，中低收入家庭或贫困家庭多居住于城市中心，子女就读附近的公立或特许学校。因此，有些市区学校的生源素质不高。

面的电脑上去找伴奏音乐。当我发现课堂秩序混乱时，就禁止他们继续寻找。结果，班级的一个“捣蛋王”当着我的面把桌子掀翻了。

3.教师的课堂权威未能及时树立

美国中小学师生地位平等，彼此更像一种合作关系，即学生是教育产品的消费者，教师是生产者和服务者，学生没有“尊师”的意识。教师课堂的社会化权威需通过自身的专业知识、教学能力、人格魅力和一系列有效的前瞻性管理措施来树立。赢得学生的信任和尊重是营造良性学习环境，顺利开展教学的前提与保障。前瞻性课堂管理包括制定清晰的规则，监督学生的行为并坚定执行，预见可能出现的问题并采取措施及时应对。这种预防性管理意识不仅可以培养学生自我约束和管理能力，减少75%以上的破坏性行为，而且还能让新任汉语教师将主要精力放置于教学上而非课堂管理。T4在一所公立学校任教，学期初未制定严格的课堂管理规则。当她发现课堂秩序问题越来越多，想建立制度约束时，学生的一些坏习惯已形成，她不得不在课堂管理上花费更多时间。

很多新任汉语教师持有这样一种观点，当学生完全处于教师的控制下，课堂教学才能有效进行。面对课堂秩序混乱的情况，他们更多将时间和精力放在如何消除和平息问题上，而非对问题的产生进行归因分析。事实上，课堂管理“旨在培养学生的自控能力，而不是加强教师对学生的控制”（费奥斯坦，2002）。有效的课堂管理者首先是优秀的课堂教学设计者，善于创造情境，增强教学趣味性，充分发挥学生的多元智能，引导其积极主动地参与课堂，并对课堂非预设性事件有较强掌控能力。事实上，制定课堂规则是维持良好课堂秩序的前提，增加学生的课堂参与度是关键，创建和谐的师生关系是保障，而新任教师未能处理好这些关系。T6表示“学生喜欢你才会尊重你、认可你，你说什么他才会听。如果不喜欢你，就会不停试探你的底线，甚至故意出难题看你笑话。”

我一直头痛于课堂秩序管理。有一次，很少穿裙子的我上课时穿了裙子，结果那天的课堂秩序竟然安静了很多。发现不同后，我每天上课都换不同裙子，还化了淡妆。结果，女生都开始偷偷模仿我，男生也主动讨好我，汉语课从此开始安静下来。甚至有一个捣蛋最厉害的“皮大王”竟充当起课堂秩序维持者。看到这种友好的课堂气氛，我也及时调整教学内容和教学方法，与学生的关系也越来越近。一个从不做作业的男生，竟然每天回家抄写整整一页的生词交给我。有一次上课，坐在后面的几位学生，一边拍手一边小声唱歌。我没有生气或制止，当即决定此节课用jaz chant方式学习。大家边打节奏边说学习内容，课堂气氛非常好，教学内容全部完成。

（二）针对学生个体的差异化教学

美国教育提倡公平，实施全纳教育。全纳教育就是全部接纳，即学校应融合特殊教育对象①和普通教育对象，使所有学生都能平等地接受教育。美国政府通过立法和教育改革等措施积极推行全纳教育，如IDEA②法案和《不让一个儿童落后（修订）》法案等要求主流学校正视和尊重所有学生的差异，为不同种族、文化、地区、阶层、包括残障学生，提供均等接受教育的机会，培养其作为社会成员面对未来生活的能力。在学会尊重和认可自己的同时，接纳和尊重他人。教师应以所有学生都能接受的方式

① 特殊教育对象是指有身体缺陷、有文化语言障碍、沟通障碍、情感和行为障碍或发育滞后有特殊教育需求的儿童等。

② IDEA法案是对1975年美国颁布的《所有残疾儿童教育法》（*Individuals with Disabilities Education Act*）及后续若干次修订的美国特殊教育法案的统称。

因材施教，做到不放弃每个人，在完成教学进度的同时提供差异化教育，使每个学生都能得到最大限度的发展。

InTASC教学标准强调新任教师要能根据学生的差异构建包容性的学习氛围，设计和实施适合学习者发展的学习体验，使每个学习者都能达到高标准。差异化教学是新任汉语教师面临的第二大挑战，教学对象多样化使班级学生的差异性更为显著，学生的学习动机、学习习惯、学习风格、学习能力和中文水平有所区别；亚裔、非裔、拉美裔和欧裔等学生的文化背景多元，对待问题的看法和角度也各异；504、IEP、ADHD①等特殊教育学生需要教师或教育支持团队（EST）在课堂上给予更多关注。新任汉语教师处于教学“求生存”阶段，课堂注意分配不均，难以充分考虑每个学生的个体特点，实施多层次多需求的差异化教学。T5认为“差异化教学是对课程熟练和课堂管理的升级要求，在职业开始阶段很困难。”

我同事W老师对特殊教育很有经验。她的班级中有一个女孩非常容易受刺激，经常会声嘶力竭地大哭、大叫。W老师常常转移她的注意力，淡化对她课堂反应的关注。当学生反应过激时，W老师会走到她身边温柔地问：“你想加入我们的活动吗？你想不想唱歌？”一旦学生加入班级群体，停止哭泣，W老师就开始表扬她“a great job”。

（三）选择教学方法

美国中小学强调“以人为本”的教育理念，尊重学生的个人特点，注重全面发展。培养学生的独立性、创造性和社会参与

① 504是美国1973年通过的残疾人康复法案中的第504条款，该条款为有残疾的儿童和成人提供保护，保护他们在学校、工作地点和社区不受排挤，不受不平等待遇；IEP（The Individualized Educational Plan）即个别化教育计划，指为每一个在中小学学习的残疾儿童制定的特别教育计划及与此相关的其他服务工作；ADHD（Attention deficit and hyperactivity disorder），一般指注意缺陷与多动障碍。

性，使之学会与人沟通合作，具备解决问题的能力。美国学生喜欢具有自主性、体现合作性、富有挑战性、充满趣味性、能获得成就感的课堂。InTASC教学标准要求教师了解并能运用各种教学策略，帮助学生掌握和应用知识、提高技能。教师要“以学生为中心”，善于运用各种教学方法和手段，提高学生的课堂参与度，实现有意义的学习。教学方法往往植根于教师的信念中，新任汉语教师受“教师中心论”影响较深，尚未建立起针对美国中小学生的个人教学系统，无法提取相应教学策略。T7表示“我不太了解美国学生喜欢的教学方法，刚开始上课时就是我讲学生听，他们一会儿就开小差、聊天了。”

（四）选择课程材料

美国各州中文发展水平不均衡，各校中文教学缺乏系统性、参照性和规范性。有些学校提供中文教材或允许教师自行选择，但固定教材往往存在真实性不足、趣味性不够、滞后于教学需求等问题。新任汉语教师须对其进行复杂的“二次改造”，设计有效的教学活动，选择丰富的教学资源，补充相应教学材料，制作新颖的教具等。有些学校不提供甚至不允许使用固定教材，新任教师主要依据《共同核心州立英语标准》（*CCSS*[①] *for ELA*）确定教学内容。该标准是美国联邦政府在各州学科课程标准的基础上制定的，对K–12年级学生应学习并掌握哪些内容做出了明确规定。不但有贯穿始终的锚定标准，还细化了阅读、听说、语言、写作四个具体领域的各年级标准，规范性强、教学操作性强，成为新任汉语教师教学的重要参考，但如何选择课程材料仍是难题。T8毕业后入职华盛顿州的一所小学。这所小学第一次开设汉语课，全校只有她一位汉语老师。她要承担全校6个年级8个水平

① CCSS（common core state standards）共同核心州立标准。英语标准对K–12年级学生在阅读、听说、语言和写作四个领域应学习并掌握的内容做出明确规定。

的汉语课，所有课程大纲和教案都要自己设计。她表示“刚开始不知道选择哪些课程材料，每天花费大量时间备课，有时候效果也不好。”

（四）与家长交往

美国国家教育协会主席丹尼斯·凡·罗克尔认为儿童怎样理解并且乐于接受教育，是由家长如何对待教育的态度决定的。与成人外语教育不同，美国中小学外语教师还肩负学生成长教育的责任，如监督其行为规范、帮助其养成良好习惯等。他们是联结学生、家长和学校的枢纽，在协调、促进家校合作中发挥重要作用，能够与家长保持良性关系是教学成功的重要保障。InTASC教学标准规定新任教师应与学习者、家庭、同事、其他学校专业人员和社区成员合作，促进学习者成长及自身专业发展。由于对美国教育特点和植根于该文化的思维方式缺乏了解，新任汉语教师与家长沟通的有效性不足，不知如何以书面或口头方式，将学生的在校表现恰当、得体地告知家长并得到支持与配合。在面对家长的质疑和误解时，不能有理有据、不卑不亢地解决。T6第一次见学生家长时，开门见山指出孩子存在的问题，结果家长拒绝配合。她认为“我们应该学会一些跟家长交往的语言策略和沟通技巧。”

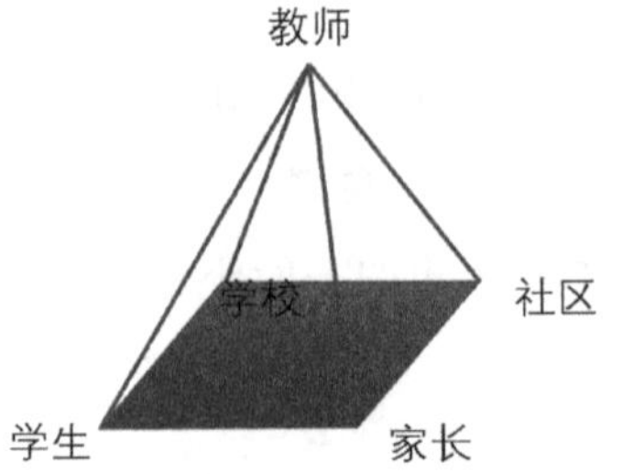

图 4-1-2：新任汉语教师人际沟通模型

第二节　新任汉语教师六大教学挑战归因

教师专业知识是教师职业应具备的专门性知识，体现了教师的专业素养和专业能力，是教师教学品质的重要保障。教师的专业性不仅体现在知道“教什么”，更重要的是能以易于学生理解和接受的方式，实现“怎么教”和“有效教”，这种“教会学生”的知识就是学科教学知识（PCK）。“拥有较好PCK的教师能将学科知识转化为学生可以学，能够理解的东西”[①]。新任汉语教师在美国中小学面临六大教学挑战，主要原因是学科教学知识缺乏，在不同教学情境下，面对不同教学对象，重构已有知识和经验，选择适切的教学策略，促进学习者有效学习的教学能力有待提高。

一、学科教学知识的定义

1986年，美国学者李·舒尔曼（Shulman L.S.）首次提出学科教学知识（Pedagogical Content Knowledge，简称PCK）的概念。学科教学知识指在特定教学情境下，根据特定教学内容，“针对学生的不同兴趣与能力，将学科知识组织、调整与呈现，以进行有

① STEVE OLIVER S P. Revisiting the Conceptualisation of Pedagogical Content Knowledge（PCK）：PCK as a. Conceptual Tool to Understand Teachers as Professionals[J]. Research Science Education，2008（38）：261-284.

效教学的知识”①，它是“教师个人教学经验、教师学科内容知识和教育学的特殊整合”②，处于教师知识③的核心位置。学科教学知识并非不同类型知识的拼合，而是学科内容知识④和教育学知识交互作用（Intersection），经过教师个体加工后生成的一种复合新知识。它是教师特有的专业知识，是“能够在教师的实践情境中支持具体选择与判断”⑤，使学科内容知识以一种“可教授”的形式作用于学生的知识。学科教学知识强调教学实践的有效性，对教师教育具有重要意义。

二、学科教学知识的特征

1.情境性与个体性

学科教学知识是学科内容知识在不同课堂中的有效阐释和应用，直接反映教师所处教学现场的特点。学科教学知识具有明显的情境性。教学情境不同，学情、教情不同，产生的教学和学习也不同。教师要通过与情境的互动，了解学生“理解什么”和“无法理解什么”，以一种符合学生思维、能够被理解和接受的方式传授知识。在这个过程中，教师的个体加工起到决定性作用，体

① SHULMAN L S. Knowledge and Teaching：Foundations of the New Reform [J].Harvard Educational Review，1987，57（1）：1–22.

② SHULMAN L S. Those Who Understand：Knowledge Growth in Teaching [J].Educational Researcher，1986，15（2）：4–14.

③ 舒尔曼的教师知识包括：学科内容知识（content knowledge）、学科教学知识（pedagogical content knowledge）、一般教育学知识（general pedagogical knowledge）、课程知识（curriculum knowledge）、学习者及其特征的知识（knowledge of learners and their characteristics）、教育情境知识（educational contexts）以及关于教学目标、目的和价值的知识（knowledge of educational aims ，purposes，values and their philosophical and historical grounds）。

④ 本文的学科内容知识指教师在学科教学时应具备的学科知识体系，包括课程知识、教学法知识、学习者知识、教学情境知识和教育目的知识等。

⑤ 钟启泉.教师研修的模式与体制[J].全球教育展望，2001（7）：4–11.

现了教师的个体实践智慧。

2. 实践性与经验性

学科教学知识是教师的不同类型知识在真实教学中交互生成的知识复合体，是教师基于对学科内容知识的理解和思考，在与教学实践和教学经验的“对话”中不断反思、总结、提炼、整合，重构已有知识体系转化生成的新知识。这种新知识是“教师真正理解的，能指导教师实践、教学决策、教学行为的知识，是实践形态的知识，具有实践性”①，它“是在实践中建构的（in practice），又是关于实践的（on practice），还是指向实践的（for practice）”②。

3. 整合性与建构性

学科教学知识不是各类知识的简单拼合与叠加，也非理论与实践的线性组合。教师掌握的学科内容知识不能自然迁移至教学实践，需要教师在了解学习者的文化背景、年龄特点和学习特点等基础上，将学科内容知识分解、整合、建构成符合学生认知水平的情景化知识，使学科内容知识具有教学性。学科教学知识是教师在真实的教学情境中自主构建的，它是一个循环往复、螺旋上升的过程，教师在这个过程中不断发展和成长。

三、新任教师学科教学知识缺失表征

国际中文教育③是一门综合性、交叉性学科，学科内容知识

① 杨彩霞.教师学科教学知识：本质、特征与结构[J].教育科学，2006（1）：60–63.

② 杨彩霞.教师学科教学知识：本质、特征与结构[J].教育科学，2006（1）：60–63.

③ 国际中文教育的学科内容知识包括语言学知识、中文本体知识、中文教学法知识、跨文化交际学知识、教育学知识、心理学知识等。本文不单独论述一般教育学知识对学科教学知识形成的重要作用，将其作为学科内容知识的重要组成部分。

广泛。中美联合培养的新任“双语双文化”汉语教师学科教学知识缺失的表征体现在三方面。

1. 应对复杂教学情境的实践智慧不足

教育是一种高度情境化且不可复制的实践活动，每个课堂都独一无二，无法“克隆”。美国中小学中文教学环境复杂，教学对象层次化、教学需求多样化、教学内容多元化。新任汉语教师缺乏对不同情境下教学的预判经验。在真实的教学场景中，很难迅速整合已有知识，采取有针对性的教学措施。T4表示“上学时我们设计的活动都是在理想状况下能顺利进行的。但实际教学中，同样的活动，即使同一个年级，两个班也会呈现完全相反的效果，要不停调整，这对新老师来说很难。”

2. 理论知识在教学实践面前“失灵”

学科理论知识具有抽象化和高度概括化特点。因无法还原至具体情境，失去对实践的直接指导作用。当新任汉语教师将职前教育所获得的专业知识、教育理念和教育知识运用于美国中小学教学情境时，发现学科理论知识很难支持其做出符合专业要求的判断和决策，实施合乎个性化场景的教学行动。T2表示“在校学习的知识和经验没有办法直接转移到工作中，中间好像有一个屏障，你得慢慢把屏障打开，学的东西才能穿过去。我们头脑中有一个个框架性的理论知识体系，但在实操过程中，以前学的东西用起来没有那么顺手，要重新从实际教学中得出一些新东西。”

3. “零散”知识短期内系统重组困难

职前教师的学科内容知识多以陈述性知识的形式“零散”地储存于记忆中。进入美国中小学教学场景，“散点”知识需要被激活、整合、重新表征才能将教师的“学术形态知识”转化为“教学形态知识”。学科内容知识与学生间有效交互，是学习效果最优化的条件之一。学科教学知识的获得需要经验积累、实践反思和时间沉淀，在这个过程中，教师的实践智慧不断丰富。T5“刚开始遇到课堂管理问题时，我不知道怎么办。课后仔细查阅读研时的课堂笔记，找出关键词与课堂教学情况勾连，再有针对性地运用到课堂中。”

第三节　新任汉语教师六大教学挑战应对策略

中美联合培养的“双语双文化”汉语教师兼具中文母语教师和本土教师的优势，同时弥补了二者的不足。这些教师教学效果好，文化融入快，具有“双语双文化”特质，深受美国学校、学生和家长欢迎。新任中文教师在美国中小学面临的六大教学挑战，暴露出人才培养的弱项和短板。应充分发挥中美院校的培养优势，建立以“三位一体”“一个学习”为理念的中外联合培养机制，即“中外课程一体、实践反思一体、职前职后一体”和“终身学习”。将学科教学知识作为人才培养内核，促进新任中文教师专业知识的转型升级，提升教学品质，更好地服务于美国中文教育发展。

一、中外课程一体

学科内容知识是学科教学知识产生的“第一重要基础和首要来源”[①]，良好的学科专业知识是教师教学实践的重要支撑。目前，中美院校的联合培养课程实行一体化统筹设置，突出了中方院校的中文专业知识优势和美方院校本土教育课程的融入优势，通过

① 梁永平.论化学教师的PCK 结构及其建构[J].课程·教材·教法，2012，32（6）：113-119.

构建系统的学科内容知识支持学生的专业实践行为。然而，一体化课程中有关美国中小学中文教学的内容宽度不够、深度不足、甚有缺失，导致新任中文教师相关知识储备不足。要充分发挥中美课程设置一体化优势，增设相应的国别中文教学内容，拓展新任中文教师的教学前景知识，补齐培养短板。

（一）教学情境知识

美国教学情境知识主要涉及：（1）教育制度和教育政策。包括学制、教育目标、教育法律法规、外语教育政策等；（2）教学环境。包括美国教学环境概况、教师所在州和学区的教学环境、学校的工作环境、规章制度、工作流程和人员分工等；（3）教学对象。包括美国中小学生的年龄特征、身心发展特点、学习动机与态度、认知水平、学习风格、所适应的教学方式、家庭情况、文化背景、居住区域情况以及特殊教育学生类型等；（4）教学文化。包括美国的教师文化、学生文化、教学资源文化和教学环境文化等。与显性直观的教学资源文化和教学环境文化不同，教师文化和学生文化主要指支配教师和学生个体行为方式的深层因素，如个人信仰、思维方式、价值观念等。职前教师需加强中美跨文化交际的学习，培养良好的文化理解力。

（二）教学法知识

主要包括差异化教学知识和跨学科教学知识。职前教师应学习儿童心理学和认知发展相关理论知识，了解不同年龄儿童的行为特点、思维方式和学习规律等，掌握特殊教育儿童的类型特点及需求。学会在教学中观察儿童、敏锐地感知儿童的变化，从专业视角去理解、接纳和鼓励儿童。广泛涉猎不同领域的知识，如自然、地理、天文、历史、文化等，以促进不同儿童的能力发展。学习平衡注意分配，关注每个学生的需求，使其获得独特的学习体验。

近年来，美国中小学中文沉浸式项目发展迅速，已覆盖全美32个州，覆盖率超过60%[①]。沉浸式项目要求汉语教师能够使用汉语教授科学、数学、社会等其他学科，本研究有三分之一受访对象（10人）在该项目中任教。由于职前教育阶段未接受过系统专业的、基于学科的语言教学训练，如何使用中文准确有效地讲解学科内容，促进学生学科水平的发展和中英双语能力的提高成为新任汉语教师的最大挑战。建议职前教育阶段独立设置《中文沉浸式教学》课程，提升中文教师多学科整合教学的能力。

（三）美国文化知识

中美文化的基础价值观不同，美国文化以个人主义为基础，是低语境、低权利距离文化；中国文化则以集体主义为基础，是高语境、高权利距离文化。中美文化的差异投射在教育上就出现教育理念、教育体制、教学方法以及对学生期待等的巨大不同，如中国人崇尚“尊师”，强调纠错教育；美国教育则以学生为中心，强调鼓励教育。美国的表层文化易被认知和接受，中层文化特别是深层文化则需要专门学习或长期接触才能逐渐理解或认同。职前教育设置《中美文化对比》课程，提高对文化差异的敏感度，是新任汉语教师在美国教育情境下平稳“着陆”的重要途径。

二、实践反思一体

反思是教师学科教学知识形成的重要手段。美国学者科克伦等人认为，学科教学知识在“实践 — 反思 — 再实践 — 再反思”的循环往复中生成。海外教学情境复杂，国际汉语教师要根据教学环境、教学对象特点等不断调整教学内容和教学方式，通过反

① 吴应辉，刘丹丹.美国中小学汉语沉浸式教学面临的问题与解决方案[J].民族教育研究，2020，31（6）：113-118.

思吸取经验教训，提升教学效果。中美院校应为职前教师提供更多感知和接触美国中小学的契机，促使其在实践中不断反思改进，形成教师实践智慧。

（一）采用案例教学

受时空所限，职前教师难以设身处地感受美国中小学课堂教学实际情况。案例教学通过真实事件或场景再现，将准教师带入具体教学情境，置身于个性化教学现场，根据“彼时彼地”产生的教学问题展开讨论，引发对该情境下“我如何教学”的思考。案例教学增加了现实感和情景感，大大缩短职前教师与美国真实教学情境间的距离感，将“所提倡的理论”知识与教学实践有机结合，培养了学生解决问题的能力，提升了反思意识。教学视频是最佳的案例教学资源，具有较强的情境体验感。

（二）进入教学现场

教学现场是职前教师获得直接教学经验的第一场所。参加中美联合培养的学生，入职前均在美国中小学实习1–4个月不等。由于教学浸润期短，实习生“客位”身份的心理依赖性较强，独自决策和处理教学中“非预设事件”的能力不足。建议延长职前教师进入教学现场的时长，增加“经验实在（experienced reality）”[①]的机会，将集中见习和实习改为多次、分散见习和实习，促使其在做中学，在学中反思，将显性理论知识内化为隐性教学知识，再转化生成能够指导教学实践的新知识。

（三）强化专家引领

新任汉语教师理论“实践化”和实践“理论化”是一个较长的过程，需要专家引领和指导。专家能够准确诊断教学“病因”，分析和挖掘问题根源，揭示现象背后的理论，选择最佳解决方

① 王添淼.国际中文教师教学能力再探——成为“学的专家”[J].东北师大学报（哲学社会科学版），2021（6）：150–155.

案，有效促进新任教师知识的内化和再生。“在缺乏外部引领的情况下，他们往往无法突破既有的认识框架，反思的结果只能是原地打转，无法提升”①。T3表示“我每天都在写教学反思，其实我不知道要反思什么。只能把问题写出来，以后要怎么做，但我不会去想问题产生的原因。”

三、职前职后一体

职前教育为新任教师提供了丰富的理论知识，而将理论知识转变为情境化教学能力则更多依赖于职后的教学实践。职后培养是促进新任教师学科教学知识形成，加快成长为经验教师的关键环节。实现职前职后一体化培养，有助于新任教师提升专业发展水平。

（一）安排中文教学导师

由经验丰富的导师（mentor）引领被认为是新教师成长的有效途径。教学导师参与新任教师的教学过程，指导备课、观摩教学、讨论问题、帮助改进等等。这种带徒式的精细化指导，在促进新教师教学能力快速提升的同时，也培养了学习能力和反思能力。受访对象中19位有教学导师，但导师的专业背景为中文且能达到预期指导效果的只有2位。尽管教学具有互通性，不过“PCK并不能在不同学科教师之间实现潜在性或现实性的教学能力转化，在某种意义上，某学科教师的PCK更多的只是表征着相应学科内的教师教学知识”②。为新任汉语教师安排指导经验丰富的汉语教学导师，是职后学校支持教师教学成长的重要方式，应

① FENDLER L.Teacher Reflection in a Hall of Mirrors：Historical Influences and Political Reverberations [J]. Educational Researcher，2003，32（3）：16–25.

② 潘小明.学科教学知识（PCK）的理论及其发展[J].教育探索，2015（1）：20–28.

引起高度重视。

（二）建立教师档案袋

档案袋是教师个体教学成长的记录，包括教师的教案、学生的作业、课堂教学视频、教师反思日志、学生的评价等。这些材料来源于教师的真实教学，是教学经验的外化形式，能够体现教师的教学过程。档案袋是新任汉语教师学科教学知识形成的重要依据，使评价者“能够检测出教师将知识和理论转化成实践的过程”[①]。汉语教师档案袋应从职前实习开始建立，实习过程就是在特定情境下向特定学生呈现特定学科内容知识的过程。档案袋中外显的教学经验，有助于教学导师全面了解新任教师的教学理念和教学起点，进行有针对性的指导。

（三）形成学习共同体

新任汉语教师的成长离不开职后的学习共同体，学科教学知识在群体互动、交流、协作中生成和发展。学习共同体主要包括专家、资深教师和同事。专家是新任教师教学实践的理论指导；资深教师是教学示范，通过观摩和研讨，加深新教师的教学体悟；同事是新任教师的成长资源，同伴互助，资源共享，共同成长。

（四）强化“三位一体”的教学支持模式

“学会教学应该是持续进行的过程，必须延伸到大学后和进入教学的最初几年。”[②]大学应成为新任汉语教师专业发展的孵化器，在其“学会教学”的过程中起到帮扶和推动作用，如成立专业发展学校，定期组织新老教师分享教学经验，举办各类教学研

① 高旭阳.英语教师培训档案袋的设计[J].上海教育科研，2006（2）：67-69.

② FEIMAN-NEMSER S. From Preparation to Practice：Designing a Continuum to Strengthen and Sustain Teaching[J].Teachers College Record，2001，103（6）：1013-1055.

讨会，聘请专家现场指导；创建在线学习社区，为新教师搭建专业发展的交流学习平台。强化“职前院校-职后学校-学区”三位一体联动的教学支持模式，组成校际联盟，大学和学区专家进入教学现场，指导新教师设计课程、选择教学材料、使用有效的教学方法。

四、终身学习

海外教学情境复杂，教学对象和教学场景的多变性和不确定性，需要国际汉语教师具备“以不变应万变”的教学能力。“不变”的是扎实的国际中文教育学科专业知识，“万变”是不同国别具体教学情境下的个性化应用。职前教育无法涵盖不可预知的教学现场和教学事件，新任汉语教师要树立“终身学习”的理念，具有终身学习的能力，夯实专业知识，不断接受、更新、拓展和深化自身的知识体系，主动学习新技能，根据教学需求不断创新教学方法，改进教学手段，才能化解面临的各种“新问题”，提升教学品质。被调查者一致认为，不断学习、与时俱进是顺利融入海外中小学教育体系，成长为经验教师的唯一路径。

第五章　面向美国的“双语双文化”汉语教师身份认同

教师身份认同是教师关于自我的信念之一，通常被译为“teacher professional identity”或“teacher identity”。教师的身份认同是教师对“我是谁”“我何以属于教师这个群体”“我将要成为谁”等问题的理解和确认①，它是教师对自我身份不断确认和建构的过程，反映了教师对于个人教育实践和职业生涯意义的判断，影响着教师日常的教学行为、教学效果和专业发展等。教师身份认同是教师自我成长的驱动力，使教师从内心认同教师工作的价值并从中找到乐趣。

20世纪末以来，第二语言教师的身份认同成为双语教育和教师教育这两个领域的交叉热点②。国际汉语教师的身份认同决定着其对国际汉语教育职业的认识和理解、从事该职业的信念与决心，影响其未来的专业发展。目前，关于国际汉语教师的研究大多集中于教师的素质培养与角色定位，即从外在“角色”出发，强调“他人如何看待教师”的问题。教师身份认同作为内在因素，强调“教师如何看待自己”，对教师的个人行为和职业发展产生

---

① 李茂森. 教师身份认同研究[M]. 北京：北京师范大学出版社，2013.

② 姜有顺，刘妍芩，张善超. 汉语国际教育专业学生的身份认同冲突的访谈研究[J]云南师范大学学报（对外汉语教学与研究版），2019（1）：72-82.

重要影响。教师的身份认同度越高，对国际汉语教师职业就更加热爱，更易以饱满的情绪投身海外汉语教学中，克服困难、坚守责任、无私奉献，积极推动国际中文教育在全球的发展。因此，国际汉语教师身份认同的研究非常必要。

本章对两位参与中美联合培养并在美国工作的“双语双文化”汉语教师进行了调查，旨在了解国际汉语教师身份认同如何构建？经过中美两国的教师教育，她们的身份认同是否有变化？影响其身份认同的因素有哪些？身份认同对其专业发展的作用如何等。为遵循研究的伦理道德，文中将用字母Y和X来代替两位老师的真实姓名，以确保研究过程是在绝对“隐私”的条件下进行的。

第一节　研究内容及研究方法

一、研究维度

关于“双语双文化”汉语教师身份认同的研究维度，我们借鉴了寻阳（2012）[①]的“四维度八因子”，为了更适合研究对象，进行了部分调整[②]。“四维度”指职业身份认同、专业身份认同、个人身份认同和环境身份认同；每个维度下又分别包含两个因子，共“八因子”。

① 寻阳.我国高中英语教师身份认同研究 —— 以山东省不同年龄背景的教师为例[D].上海外国语大学，2012.

② 我们认为汉语教学水平包含汉语语言能力和汉语教学能力，内涵和外延均大于汉语语言水平。

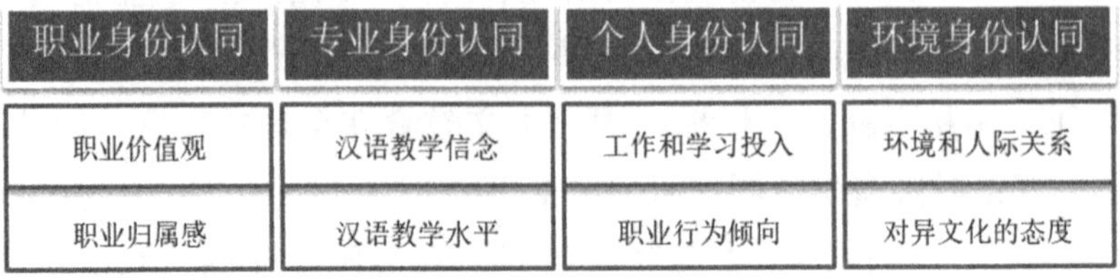

图 5-1-1：“双语双文化”汉语教师身份认同维度

职业身份认同是“双语双文化”汉语教师对国际汉语教师职业道德的理解及对职业归属的感受。职业价值观是具有“教书育人”的责任感和对该职业的意义、价值的积极认识。具有高尚职业价值观的教师拥有更多的个人热情，这种热情能够促使其在学习和工作中无私奉献、投入更多；职业归属感是视自己为国际汉语教师群体中的一员，并有与该职业荣辱共存的愿景；专业身份认同是“双语双文化”汉语教师对汉语教学的信念以及对汉语知识、教学能力和跨文化知识掌握的自我评价。汉语教学信念是教师对汉语教学本质的理解以及对汉语、汉语学习和汉语教学的认识和态度。它决定着汉语教师在教学过程中的思想、行为和课堂决策，也影响着教师的汉语教学水平；个人身份认同是个人对自我价值的感受和职业行为倾向的评价，包括对工作和学习的投入以及职业行为倾向；环境身份认同指“双语双文化”汉语教师所处环境和人际关系对其职业发展的影响及其对异文化认同的态度。

二、研究内容

1.研究内容

主要包括:（1）两位“双语双文化”汉语教师身份认同的情况如何?（2）身份认同的建构过程是否有变化?（3）影响两位“双

语双文化”汉语教师身份认同的因素有哪些?（4）对国际汉语教师培养有哪些启示？本章采用开放式半结构叙事访谈，旨在了解两位教师在不同教育阶段的经历以及在美国工作的经历和感受等。遵照一个灵活的采访提纲而不是固定的问题来提问，可以避免采访过程中被访者的思维局限，使访谈内容更加丰富。

2.研究对象

两位研究对象均为女性，是中美联合培养硕士毕业生。Y老师本科是汉语言文学专业，在国教院学分修满后赴美国S大学套读学位，毕业后入职美国普林斯顿大学，从事中文教学一年，后因签证原因回国；X老师本科是汉语国际教育专业，毕业后曾从事三年英语教学工作。在国教院学分修满后赴美国P大学套读学位，毕业后入职美国华盛顿州一所小学，已工作三年。

三、研究方法

本章主要采用质性研究中叙事探究的方法，通过两位教师的叙事，了解其个体生活故事并对故事进行解构和重构，揭示教师身份认同的形成过程及影响因素。研究的主要环节包括确定研究问题、选择研究对象、进入研究现场、进行观察访谈、整理分析资料和撰写研究报告。我们分别对Y老师和X老师进行微信语音访谈，经被访谈者允许进行录音。Y老师访谈360分钟，X老师访谈120分钟，访谈内容转写6.6万余字。根据访谈内容文本，对数据进行了编码和标注并进行多次校对和整理，尽可能地保证资料的原生性、真实性与准确性。

第二节 Y老师身份认同的构建

一、Y老师身份认同的叙事

（一）儿时的身份认同

Y老师出生于H市，父母均是当地医生，注重家庭教育，每周都要抽出一天时间带她去图书馆，这让她从小养成了读书与写作的好习惯，形成了良好的语文素养。Y老师从小爱好读书，喜欢画画和跳舞。因为长得像外国人，大家都叫她“小洋人”。随着年龄的增长，Y老师出国的愿望逐渐强烈，她立志以后要做汉语老师，去不同国家看一看。

故事一 “小洋人”的汉语教师梦

我对新鲜事物很好奇，越是有差异的文化越是想了解。我最喜欢看《正大综艺》，不同国家的文化和风土人情深深吸引着我。有一次，我在电视里看到一个叔叔在国外教汉语，我当即就想以后我也要当汉语老师出国教汉语。对于那时的我来说，汉语老师是一份非常有趣的职业，这份职业方便自己去各个国家，能一边挣钱一边旅游，而且教外国人汉语非常有趣，会让自己开心快乐，满足自己内心的想法。

我父母平时工作非常忙，尤其是我妈经常加班，过节也不休息，印象中大年三十她都在医院加班，而且从不抱怨，对工作非常认真，是一个工作狂，这让我不知不觉中对自己要求非常严格，对所承担的任务认真负责。我当时就想长大我当老师了，我要对学生负责，严格要求他们。

我小时候数学一直很差，数学老师对我很不好。我当时体验了那种不被老师重视，甚至是被老师刻意边缘化的感觉。我心里就想，以后我成为一名老师，我不做刻板教条的那种严格的老师，我要做一个让每个学生都感到温暖的老师，尽自己最大的努力对我的学生们好。哪怕这个学生不够优秀，哪怕这个学生被所有老师讨厌，我也必须要尊重爱护每一位学生，不会刻意地边缘他。他们应该被尊重，我要让他们明白这个世界还是有人喜欢你的，是有人愿意听你说话的。

Y老师从小就对汉语教师这一职业产生了兴趣，因为可以满足个人去世界各地旅游的愿望。儿时朴素的想法成为其前行的推力，在很大程度上影响了她对专业及未来所从事职业的选择。父母任劳任怨、认真负责的工作态度潜移默化中为其树立了职业道德标准。儿时一段不太愉快的经历使其立志成为一名关心爱护学生，平等尊重学生，温暖对待学生的好老师。能愿动词“应该、必须”表现出了一种义务感，反映了她对教师这一职业的责任感。

（二）本科时期的身份认同

高中毕业后，Y老师欲报考汉语国际教育专业，却阴差阳错地选择了汉语言文学专业。由于缺乏专业教师的引导，她只能按照自己的方式向理想的职业靠近：认真学习专业知识，扩大知识的广度和深度，积极准备大学英语四六级考试，牢固汉语和英语基础。Y老师觉得为了实现梦想，所有的努力付出都值得。

故事二 闷着头自己干

虽然我从大学起就规划好今后要从事对外汉语教学工作，但是从未有过专业老师的引导，可以说一切努力都是我一个人蛮干的结果，有时会感到无助。我在大学很努力，汉语这方面我跟着导师认真学习。我当时的导师是专门做石器古文字研究的，我跟着他见识了很多。我还会在课下去洛阳的博物馆了解中华文化，为的就是在以后的汉语教学中能用到。我觉得汉语的功底很重要，对外汉语教学不能只注重教学方法，最根本的是对于语言的理解，比如教学生汉字的时候需要往上追溯，从解释字义开始。英语这方面的学习主要就是以考促学，报名大学英语四六级，来督促着自己学习。我觉得自己做的每一步努力都是有价值的，都是在向我的梦想一步步靠近，而且不会觉得累。本科的学习对我之后的教学有很深的影响，让我对自己的汉语本体知识一直比较自信。现在回想起来，本科的基础学习对日后的教学还是有一定的帮助，我很感激本科期间自己的努力学习。

为提高自身教学能力，Y老师在暑假经常参加学校的“汉语桥”夏令营实习项目。连续三届“汉语桥”项目，不仅让Y老师与美国、比利时、澳大利亚、南非、尼泊尔等多个国家的学生近距离接触，积累了一定的教学经验，跨文化交际能力和文化理解力有了提升，而且让她的目标更加坚定：努力学习，夯实知识，提高教学能力，为日后从事国际汉语教育工作做好知识和能力的储备。

刚参加夏令营时，我还是有点不适应，看到外国人奇怪的行为总想多看两眼。我提问学生时，有的学生总是沉默不语，还有人总是迟到，我当时觉得这些是对我的不尊重，为这事我还伤心过好一阵儿。后来，我读了一些跨文化交际的书籍，这给了我很大的启发，让我觉得每个国家都有他们自身的文化，需要用包容的眼光去看待，比如上课迟到、不积极发言等，这些是与他们国家的文化背景相关的，在我的课上应该允许这些事情存在。

一开始上课前我很紧张，每次一定要对着镜子练习好几遍，自己给很多人讲，让他们给我提意见。想着就是多准备点儿，好提升自己的实力。在“汉语桥”时我教他们中文，教他们剪纸，带他们到少林寺学习武术文化，并带他们旅游，感受中国文化，在这个过程中我能感受到他们对中华传统文化的兴趣，而他们了解中国的桥梁就是我。从那时起我就以教师的姿态审视这份职业了。在面对不同国家学生的时候，我就意识到自己是代表中国形象的，我能让他们学习中华文化，加深对中国的了解。我能感到他们是需要我的，自己作为一个中国人是有使命感的，要给他们传播汉字和中华文化，从而方便他们在中国的学习生活。那会儿的“汉语桥”夏令营，我每年都参加，从不落下。甚至我在美国教小孩的教学方法，很多都是这个时期锻炼出来的。我特别享受和他们在一起的时光，我们之间的友谊很纯粹，彼此之间很真诚，不用考虑复杂的人际关系。

本科阶段的汉语教学实践，使Y老师较早地接触了国际中文教育这一行业。她切身感受到国际汉语教师的工作性质和特点，逐渐进入教师角色，开始“以教师的身份”审视这份职业。从“很紧张”“对着镜子练好几遍”“多准备点儿”可以看出Y老师为提升自己的教学效果所付出的努力。这些积极的职业行为倾向为其积累了实习经验，也给她的教学带来很大自信。“意识到我代表中国”“我能让他们学习中华文化，加深对中国的了解”“他们是需要我的”“有使命感”表明此时Y老师关注的已不再是这份工作能满足个人的愿望，而是从学生的需求出发，逐渐萌生了国际汉语教师的使命感，但这种使命感还仅限于“方便他们在中国学习生活”。这个阶段，她开始具有汉语教学信念，用“桥梁”来形容自己的作用与价值，认为教授汉语的目的是带领留学生了解中国文化。由于跟留学生相处愉快，“特别享受和他们在一起的时光”，也进一步增强了Y老师对国际汉语教师这一职业的热爱。

（三）国内研究生时期的身份认同

经过不懈的努力，Y老师终于考取了中央民族大学国教院汉语国际教育专业硕士。然而，考取理想学校的喜悦还未持续很久，她便陷入深深的焦虑中。由于专业背景的差异，Y老师感到与优秀的同伴差距较大，自己设定的目标又难以实现，于是自我封闭起来。心仪的学校不再让她感觉安全，她不适应，没有归属感，甚至怀疑自己的选择是否正确，感觉前途一片迷茫，成为班级中孤独的“游离者”。

故事三 孤独迷茫的“游离者”

学院新生每年7月份就开学了，暑期安排了托福课程，方便学生去美国学习和工作，全班大部分学生都加入了考托的队伍，我也不例外。但我本身是汉语言专业的，英语一般，而且很多人入学之前就已经有托福成绩了，我当时非常焦虑，就给自己定了一个非常高的目标——考博士，成为最优秀的对外汉语老师。对于当时的我来说太难了，有点不太实际，这也进一步加深了我的不安。作为跨考生我非常没自信，对这个学校也没有什么归属感，对老师和学生也不是特别能交心，和同学有些疏离，总想把自己包裹起来。记得后来有人说，一开始入学的时候我给人的感受就是一个难以接近的人，其实就是因为刚入学时的迷茫和不适应，觉得自己不够优秀，不想向他们敞开心扉，一心只想提升自己的能力，闷头蛮干。

在Y老师遇到阻碍，自我怀疑自我封闭的时候，导师和同学给予了她精神上的鼓励与肯定，使其感受到来自集体的支持和温暖，重新树立自信，改变之前的处世状态，向大家敞开心扉，收获了更多的友谊。她不再孤独，学习也渐入佳境。Y老师感受到来自导师的力量，体会到关爱学生的意义，坚定了对待学生的态度，强化了个人的教师观。

我的导师一步步带领我走出阴霾。她定期组织我和其他同门去春游、玩“狼人杀”等等，大家在每次见面的时候都会敞开心扉畅谈所有，把遇到的困难与不满宣泄一下，互相鼓励。这让我觉得自己在从事这一职业的时候是有人支持的，他们能够看到我的努力，给予我精神上的鼓励。这让我改变了刚入学时紧绷的状态，尝试向大家敞开心扉，展现真实的自己。导师还建立一个强有力的群，我们每一届的学长学姐，还有学弟学妹都在里面，大家会时不时地分享一些东西，这让我觉得很温暖。

有一次，我报名参加了IUP项目实习，虽然竞争对手来自北语且均有哈北班（哈佛北京书院）的教学经历，但我并没有害怕也没有放弃。我课下刻苦练习弥补，认为自己被录取没有问题。结果签合同的前一天我得知自己未通过，对自己产生了怀疑。那天回来后我在导师的办公室哭了整整三个小时，她一直在安慰我鼓励我，说我是优秀的、有实力的，是她的鼓励让我一步步释怀了，她给了我家人般的温暖与支持，让我继续坚持自己的目标。让我感受到了成为一名关爱学生的老师是多么的美好，多么的有意义，这更加坚定了我对待学生的态度，也让我第一次感受到了来自老师的温暖。

自从我尝试和同学敞开心扉后，大家相处都特别开心。我觉得找到了一群优秀的人，和他们在一起特别棒，尤其是在与小组讨论的时候，大家的效率会特别高，大家设计教学案例的时候特别认真，对教具的准备真是能想到的方法都想到了，我们研二有教学技能课，每次试讲之前都会在小组内试讲好多遍，相互提意见，包括对教具的准备也是互相“搜刮”，东拼西凑，互相“支援”，最终结果总是特别像样，那个时候就特别有成就感，感到了集体的凝聚力，特别开心，也感受到了这个专业的独特魅力，更加坚定了将来从事对外汉语教师的道路。

跳出了失落的藩篱，Y老师与同伴们相处得非常愉快，携手共同进步，内心感到无比愉悦。她一连使用了七个“特别”，表明她在全心投入学习时所获得的愉悦感和成就感。同伴间的相互帮助和共同努力让她看到了这些准教师的活力和魅力，更加坚定其从事国际中文教育事业的决心。“充满阳光、美好、安全感、归属感”这些积极词汇表明国教院团队让Y老师感受到温暖和支持，她对国际汉语教师这一群体产生了归属感，潜移默化中将自己纳入其中，并积极向这一群体靠近。国教院不但开设了多门汉语教学理论课程和美国汉语教学国别化课程，还专门开设了“汉语教学技能训练课”，由多位教师一对一指导。专业化的课程体系使Y老师得到了专业化的系统培养，之前混沌的汉语教学理念逐渐清晰，她的教学思维发生转变，汉语教学能力重塑并发展。

故事四　我是块汉语教师的料

读研期间每个老师安排的任务我都会认真完成，在小组合作中积极讨论，为的就是好好学习理论知识方便今后的教学实践。研一时学院安排了语音、词汇、语法、汉字等这些基础性的课程，这让我对从事对外汉语教学工作所需要的本体知识有了深入的理解，之前我学的汉语言专业更多偏向于对文化的整体认知，还有对文本的解读，这是教中国人的方法，但对外汉语要用外国人能明白的方式去教。不能只说“中国话就是这么规定的”，得站在留学生的角度思考和解释。让我印象深刻的就是语音课上J老师说不能用声母韵母等这些专业术语给外国人纠音，而应该通过夸张的表现和示范等让他们直观地感受，每次上课我都感叹原来外国人得这么教。这样的学习让我在教留学生的时候不会特别尴尬了，转变了我用专业术语向外国人解释的思维。读研期间学院有一门教学技能课，其中一位老师给我们上明德模式的课，她会介绍美国的一些情况。明德模式比较适用于较高水平的学生，比如我在PIB项目实习的时候就用到了。另外还有少儿汉语教学技能、汉字教学法等等，我觉得都挺有用的。后来我在美国，不论教小朋友还是大学生都比较自如，在和学生相处的过程当中都比较顺利。

经过民大国教院的培养，Y老师恍然大悟，“原来外国人得这么教”。她意识到教母语者和外语学习者的巨大差异，理解了教外国人要用他们能明白的方式去教，按需去教，而不能用生涩的专业术语徒增学习难度，更不能以中国人的表达习惯为借口搪塞。她的教学思维开始转变，从传统的“教师中心”转向“学生中心”，能够站在留学生的角度思考和讲解，教学方法也更加灵活，为其日后出色的实习和工作表现奠定了坚实的知识和能力基础。“自如、顺利、认可”这些词语表明Y老师经过专业学习后，个人的专业知识和教学能力提升，教学更加顺畅。国教院还为学生们搭建了多元的实习平台，提供多个美国在京暑期汉语实习合作项目让学生参与实践。Y老师抓住宝贵的实习机会提升自身教学能力，她通过了普北班严格的考核，以高度自律的状态投入实习中，教学能力迅速提升。

在普北班，我非常投入，备课特别认真，经常4点就起，不仅认真制作课件，我还给自己规定上课不能拿讲稿，对于学生提出的问题我要能灵活应对。当时真的非常投入，即使很辛苦，早上不想起床，但一想到这份工作那么有趣，我就什么都可以克服了。不过，第一次课就让我遭遇了前所未有的挫折。之前我教的是高年级学生，没有涉及到语法教学，普北班被分到了低年级，突然有了语法教学内容我就慌了，教学效果并不好，不知道怎么解释，总想说中国人就是这么用的，是语言规定，明明知道这样解释是不对的，所以那个时候我很尴尬，教学也不是特别从容。虽然课上老师讲过应该怎么用合适的方法解释，但是真正到自己实践的时候就不知道该怎么做了。这让我意识到了我语法知识不是很扎实，不会用留学生能接受的方式讲明白语言点。后来主管领导也跟我说“你们这群刚从学校毕业的学生，一开始还比较好用，但是到学习结束出试卷的时候，就显出来本体知识不够了，说白了还是经验太少，读书也不多。”这让我觉得自己还需要进一步提升，不能盲目自信。了解到自己的差距后我开始课下读书，然后观摩优秀教师的课堂，在这之中我慢慢摸索了各个语法点更好的讲解方式，慢慢积累了更好的讲解方式。我还会和我的学生交流，认真听取他们的意见和反馈，一节课没上成功没关系，下去反思，争取下次遇到这种情况的时候可以恰当地应对，正是在教学生的过程中逐步提高了我自己的教学水平。虽然我从本科就开始实习教留学生，但毕竟不是专业的，本科学到的知识并不完全和对外汉语教学工作相匹配。后来经过专业老师的培养，我对自己更加认可了，我有信心也有能力从事这个行业，我觉得我是对外汉语教师的这块料。

Y老师对汉语教学有极大热情，全身心投入。当她意识到自身知识体系的局限和教学短板时能够主动反思，并通过多种方式学习以弥补不足。“观摩”“摸索”“交流“听取”等动词说明Y老师有主动提升专业能力的自觉性和意识。“我是教汉语的料”这句话可看出她对自己的教学能力愈加自信，这也更加坚定其未来从事国际中文教育的决心。Y老师能够赴美留学，国教院W院长对她产生了重要的影响。W院长创设了“1+2+X”中美联合培养模式，不断鼓励和支持学生出国留学，这成为她去美国深造的强大动力。她意识到通过自己的努力，儿时梦想即将实现。

故事五　儿时梦想触手可及

W院长是一个眼界比较开阔的人，这种开阔的视野给了我很多可能性。刚开学时，院长给我们新生介绍了美国对外汉语老师的现状和发展前景，以及学姐学长在当地的发展，我当时觉得一切太美好了，而且这种美好是有可能通过自己的努力实现的，成功的案例就在身边，我觉得这个职业充满了阳光。院长还说到美国那边有很多我们的学姐学长，当时就觉得我是有组织的，我是有群体照顾的，是有专业老师引领的，不再是之前那个单打独斗的人了。

W院长的引领为Y老师指明了职业方向，她觉得“一切太美好了”，这个职业“充满阳光”，即使到美国，她也是与一群志同道合的人在一起，是有组织、有群体关照的。在专家的带领和专业群体的支持下从事国际中文教育，Y老师充满信心且安全踏实，产生了强烈的职业归属感。民族大学五十六个民族多元的文化氛围和环境，对Y老师文化理解力和文化包容性的形成具有重要的熏陶作用，是其赴美后跨文化适应的重要保障。

民大的校园氛围和我个人的气质比较投缘，那种多元文化氛围和环境就像磁场一样吸引着我，我的价值观与它非常合拍。我特别喜欢我们学校的校训，“美美与共”，一个人要能接受自己的缺点，也要发现自己身上的亮点，看到周围都是厉害的人的时候，自己也应该感到开心；当你看到周围的人和自己的文化和民族不同的时候，应该包容和理解，因为一个群体的美才是真正的美，你单独一个人的美其实美不了多长时间的，创造力是有限的，所以我蛮感恩民大带给我的价值观的，它一直记在我脑子里面，这给我学习这个专业和从事国际汉语教师这个职业都产生了很深的影响，我不管去到哪个环境，不管遇到有着什么样文化背景的学生我都会学着包容。

Y老师对民族大学充满了感激和认可，“美美与共，知行合一”的校训给她带来极大启发，潜移默化中塑造了她的价值观和教学观念，使其更加理解和包容异文化，对汉语教学工作产生了积极的影响。进入民大前，Y老师并未思考过汉语教学的意义和价值。在国教院，她接触到学养丰厚、视野开阔、具有包容性和多元融合性的专业教师，聆听了学界专家学者的学术报告，参与各种汉语教学实践，她开始深入思考汉语教学的信念，汉语教学的真正意义，以及在传播中国文化的同时还要让外国学生了解什么？她深刻意识到应让外国人了解现代中国和现代语言文明，打破对中国的刻板印象，更加客观地了解当代中国。

我觉得教汉语不能只教传统和老套的内容，应该与时俱进，比如男主外女主内并不都是现代中国生活的写照，也不一定每个中国人都会剪纸，传统文化是应该被传承弘扬的，但应该向学生说明传统的中国文化并不代表现代的中国，我们有义务去向留学生传播正确的现代中国。再比如现在中国的小孩子也吃肯德基、麦当劳，年轻人出去的时候也不会大谈特谈过去的中国，我们可能谈的更多的是现代的语言和文明，现在中国科技这么发达，应该与时俱进探讨这些现代的东西，这样也可以方便他们在中国的日常生活。我经常在课下和学生自由交流讨论，普北班有个学生和我说，之前很多人都说中国人很保守，但他来到中国学习之后感叹到“原来中国人一点都不保守”，中国人并不是做任何事情都小心翼翼的，对一些比较开放的问题也会大方地讨论，他说经过了中国语言和文化的学习打破了对中国的刻板印象，对学习汉语更感兴趣了。所以从那时起，更加坚定了我的想法，教他们汉语不仅仅是为了提升他们的汉语水平，方便今后的使用与交流，更重要的是教外国人怎么看一个新的中国，让外国人更加客观地了解现在的中国。”

（四）美国留学时期的身份认同

刚到美国，Y老师遇到了很多生活困难，民大校友、家人和同事给予她无私的帮助，使她在异国他乡感受到集体的支持和力量，体会到在国外当一名汉语教师的自身价值，她对从事国际中文教育，作为国际汉语教师的职业归属感强烈，与当地人和谐的人际关系强化了她对所从事职业的价值和意义的认识，坚定了职业信念。

故事六　痛并快乐的异国生活

之前我在网上订房子的时候美国房东不让我提前看房，虽然觉得奇怪但也没多想，到了实地才发现居住环境很差，根本没办法住，这才意识到自己被骗了。我刚到美国的时候，人生地不熟，只好联系了在美国的校友，她们接到电话后连夜把我接了过去，我在那边住了好久，这件事让我非常感动。校友在我遇到困难时第一时间给予了帮助与支持，让我在海外找到了组织。我觉得自己选择的职业道路没有错，在美国也可以有人帮忙，在这里有一群志同道合的人一同奋斗可真好。家人也是我坚强的后盾，有一次银行卡被锁了身上没钱，小叔立刻联系了他在美国的朋友给我送了钱，让我觉得在外坚持梦想是有家人支持的，我就更加有底气了。

我在美国实习期间和同事相处得非常棒，他们对我都特别好，考虑到我刚来美国可能会有一些不适应，所以会额外地照顾我，也会给我介绍一些工作机会。大家就像朋友一样，相互帮助。我第一份工作的老板是个很nice的美国人，对我很尊重，经常表达对我工作的肯定。我在工作的时候遇到了一个中国同事，福州人，很早就去了美国，以前是个医生，但是现在成为了一名对外汉语老师，原因很简单，他觉得在异国他乡传播自己国家的语言是件非常有意义的事。我非常庆幸能和他们在一起工作，让我更加肯定了这个行业的价值，感觉自己是被需要的，也坚定了我从事这一行的信念。我在另一所小学实习时，那所小学离我家很远，基本上挣的钱也都花在路费上了。虽然没留下什么钱，并且每天需要起得很早，来回通勤很辛苦，但是我内心很快乐，觉得一切都值。因为当地办学的中文老师并不专业，我到了那里之后算是最专业的老师了。其实我不是很喜欢教小朋友，更想教大学，教小朋友让我头大，但是我觉得作为学校里专业的汉语老师是需要担起这份责任的，所以我对学生们都很负责，之后这些学生的成绩非常好，家长的评价也都非常高，很多次都点名让我来给他们上课，说实话每当这个时候我都觉得自己是被需要的，那种传播汉语和中华文化的使命感愈加强烈了。

我在美国住家体验了纯英文的生活环境，在经历了这一过程之后，我发现自己的思维、见解发生了变化，对生活上的一些很小很细节的东西，都有了更深入的了解。学了另外一种语言之后，一个人的思维和世界观就会随着那门语言而打开。这让我明白说英文的状态和说中文的状态是完全不一样的，所以我更加理解了美国的生活方式。除此之外，我很适应美国自由自在的生活方式，而且当地对国际汉语教师很看重，待遇好，能实现自身价值，可以说我在美国那段时光很开心，甚至觉得我就该属于那里。

Y老师很享受留学时光，“棒”“照顾”“尊重”“肯定”等词语，表明她与同事相处愉快，受到当地人的尊重，体现了自身价值，也加深了她对国际汉语教师这份职业的认同与热爱，她认为“自己选择的职业道路没有错”，能够帮助当地人，她觉得所有付出都值得，乐在其中。作为汉语教师应该担负起传播汉语和中华文化的责任，Y老师这种使命感越来越强烈，她对自身的职业规划更加坚定不移。在美国套读第二学位期间，她进一步深入学习明德教学模式，对教学理念和教学方式的理解更加透彻。随后的暑期，她回国继续进入PIB项目实习。在老师的悉心指导下，她将所学理论与实践更好地结合，教学水平有了质的飞跃。

故事七 “你是我最喜欢的老师”

我在PIB项目实习的时候，希望自己可以非常优秀脱颖而出，在对外汉语这个行业里面做到极致，我会不断向前辈学习，达到最好的教学效果。我在普北班遇到了一位老师，他非常厉害，他的课幽默风趣，让我多次感叹“原来汉语还能这么教”。他给我印象最深的一句话就是：“对外汉语老师要说人话，越简短越好”，这听起来容易其实非常难。我之前认为对外汉语老师多说一点没关系，只要把意思表达清楚了就行，但是这位老师的课没有一句多余的话，这种明德模式的课堂特别明快，学生和老师都很舒服，这样也方便学习者理解和掌握。跟着他，新学到的明德模式得到了锻炼，教学水平有了逐步的提升，不再只是扯着嗓子喊了。之后的备课过程中特别注意精简自己的教师用语，突出课堂重点，让学生学得明白。

普北班一位学生因成绩较差被老师和同学疏远，但我对他一视同仁，多次主动关心。有一天，我在楼下，那位学生站到二楼冲着楼下喊了一句：“Y老师，你是我最喜欢的老师！”我当时觉得虽然尴尬但也挺欣慰的，而且我每次拿到的教学评价也都很高，每当那时我就觉得这份工作就该我做。我在教学生的时候必须要尽最大努力给予他们关爱，让他们不要受到伤害。

（在美国实习时）我带的那个班上有一个患有多动症的学生，老师和同学们都不喜欢他，但是我理解他的行为，会主动找他谈心。有一天这位小朋友的妈妈问他班上最喜欢的朋友是谁，他毫不犹豫地说是我。没过几天我们学校的校长找到我，说那个学生的妈妈想要感谢我，因为此前从来没有老师喜欢他，他没有朋友，我的照顾使他在学校不再感到孤单，变得喜欢上学了，因为这件事校长还给我办了签证，让我留在美国教书，这让我很意外，也很激动。其实，即使没有学校的奖励，我也会用真心对待学生，做好本职工作。

Y老师对自己要求非常严格，如果教学效果不满意，她一定会通过努力不断提升，直到满意为止，“脱颖而出”“极致”“最好的教学效果”是她不断突破自己的最好写照。Y老师对待工作的热情，对待学生的无私付出和给予被学生深深记得，他们发自内心的、不经意间的回报也时常温暖着她。面对学生、家长和校长的肯定，Y老师从事汉语教学的工作态度更加坚定，她的职业价值观已趋于稳定并内化为自身职业行为的准则。

（五）工作时期的身份认同

硕士毕业时，Y老师因教学出色而得到美国当地一所小学提供的工作签证。由于两次普北班实习，她的教学能力发生了质的变化，得到普林斯顿大学抛来的橄榄枝，Y老师谢绝了小学的邀请，奔赴美国知名学府——普林斯顿大学任教，与优秀的教师和前辈共事。尽管工作压力很大，但是名校工作的历练，让她形成了独特的教学风格。

故事八　名校锤炼的教学风格

我很享受在普林斯顿大学工作的那段时光，总的来说非常舒适。普大的学生素质高，学习能力强，很尊重人，很听话，很爱学习。每次上课之前他们就已经把能做的预习工作做好了，我能感觉到他们一是尊重我这个老师，二是尊重中文这门语言。我一直赞同“教学相长”这个道理，优秀的学生促使我努力提升自己的教学水平。他们的学习主动性非常高，有学生说不知道我上课时讲的重点是什么，课下复习没有重点。得知这点后我经常绞尽脑汁想办法改进，满足学生的需求时，自己的教学水平也不断提升。但是，在普大工作的压力非常大，你的身边都是最优秀的教师。我们每周都要开教学讨论会，所有教师都要主讲，领导随时发问，对每一个语法点都要熟烂于心，不然就会非常尴尬。

我在普大的时候认识了几位老师，他们教得特别好，我跟着他们重新刷新了对于怎么教语言这样一个问题的认知，这让我受益匪浅。我时不时地用行动去模仿，慢慢地摸索，去感受他们的精华部分，比如教师语言要精炼、课堂要具有趣味性，所以我在教学的时候，就会精进自己的语言，避免冗繁的句子，锻炼自己即兴应答的能力，结合自身特点形成自己的授课风格。这种风格让我觉得非常舒服，在从事对外汉语教学的过程中更加顺手了，从那时候起，我能明显感到自己的教学水平有了一个质的飞跃。也是这几位普大的老师让我觉得国际汉语教师是不可替代的，是有真本事的，看到了真正高水平的对外汉语课堂是什么样的，从而让我对自己的课堂教学效果有了更高的追求，并且我对提升自己的汉语教学水平有了更加清晰的目标。

帕克·帕尔默（2015）指出：“当我们更多地了解了自我独特性，我们就能学到展示而非演示自我个性的技巧，优秀教学则从中产生。”经过美国的学习和实习，Y老师的教学能力更加专业化，她对自己的评价也由受挫时的怀疑转为自信。通过普大教学的历练，她不断模仿和摸索，体会到优秀教师教学理念中的精华，如教师语言要精炼、课堂要具有趣味性，并将其融合进教学，形成自身的教学风格。名校的工作经历，卓越教师的榜样力量使其对自身的教学效果有了更高追求，对提升汉语教学水平有了更加清晰的目标，引领和鞭策她不断提升自身的专业水平。在美国普林斯顿大学工作一年后，因签证到期，Y老师不得不回国。由于国内外工作环境的落差、国内就业市场的激烈竞争和汉语教师职业的可代替性等原因，她一度怀疑自己的价值，对国际汉语教师的职业归属感产生了动摇。虽几经选择，Y老师又重新回归国际汉语教师队伍，她认为国际汉语教师是她最热爱的职业。

故事九　千回百转初心依旧

从美国回来后我就迷茫了，我觉得经济压力太大。我很多同学在美国都已经买了房子，但回国以后，我觉得自己每个月的工资离买房还挺遥远的，这也是为什么我曾经对这个行业产生过反感。而且国内人力资源太丰富了，有太多的人可以取代你。很多人认为会说中国话的人就会教外国人汉语，也有非专业的人从事了这份工作，我找不到自身的价值了。或许从事教师这个行业太久了，所以不想再做国际中文教育行业了。

当我转行去了公司后，工资是比教师多，但是压力也大啊，工作中有一点没完成好，领导就是劈头盖脸地说教。每当这个时候我就想赶紧逃离，觉得我和他们不是一类人，这一对比反而觉得工资对我来说并不是最重要的。经历了其他职业之后，我觉得教师带给我的那种成就感和师生单纯的关系会胜过工资的缺陷。

刚回国时，Y老师对国内国际中文教育领域的就业及待遇的个人期待与实际情况有一定的差距，从“反感”“经济压力大”“取代自己”“可替代性”这些消极表述可以看出，这种心理落差导致其职业迷茫，对自我价值产生怀疑，也动摇了继续从事国际汉语教学的决心。转行进入公司后，高薪并未让她产生期待中的满足感，每次面对老板苛刻的要求，Y老师只想“赶紧逃离”，觉得“跟他们不是一类人”，她才意识到对自己而言，教师带给她的成就感和单纯的师生关系更为重要。当看到苏州大学招聘汉语教师，Y老师毅然离开公司去应聘了，这份意外的工作重新燃起她对国际汉语教学工作的热爱，发现国际汉语教师职业的独特魅力。

当我重新回到学校，开始上课的时候竟然出乎意料地开心，那种熟悉的感觉又回来了，和学生的相处还是那么单纯，工作之后还是有那种成就感，我找到了一种久违的归属感。学校没要求教汉字，如果我按照学校的要求肯定会非常轻松，但是我认为再难也要教，我会带着他们一遍一遍地练习，为的就是教好我的学生们，一开始挺不容易的，我要求他们必须每个人都要跟着我说，而且这批学生是零基础，水平不理想，还是个大班课不好管理，虽然一天下来很累，但我特别投入，因为这群法国学生很可爱，我特别喜欢我的学生，尤其是见过不同的人之后，还是觉得师生关系最纯粹，学生的一些反应会让我很开心，我是真心喜欢这份工作。他们虽然后来都回国了，但是他们会给我发Email说“你是我见过最好的老师，我们都很喜欢你”，我觉得这就够了，甚至连这句话都不需要，我做到问心无愧就可以了。那段时间工作压力相对比较小，我整个人状态也更好了，觉得这才是我该来的地方，才是我该做的事情，也就更加坚定了自己今后的职业发展方向。

我决定去申请美国的博士。但是受到疫情的影响，时间要推迟了。我仍然全力准备，希望可以继续在汉语教学这一领域深造。目前疫情当前，我想把这个专业和互联网结合，即使不方便出门，也能在线上成为一名汉语老师。我现在非常坚定想要继续从事国际汉语教学工作，克服一切困难，我一定要成功申请美国的博士，之后留在当地的大学教汉语。尽管目标很难实现，但是我正在非常坚定地向它靠拢，工资对我来说已经不重要了，能一生从事这份工作就是一种幸福。

回国后Y老师经历了短暂的职业迷茫期，高薪职业并未带给她幸福感。当清晰地意识到自己内心对国际汉语教师职业的执着时，她重新回归教师队伍，对未来的职业规划也更加清晰且坚定。在苏州大学任教时，Y老师找到了久违的归属感。她发自内心地热爱这个职业，喜欢学生，全身心投入工作之中。为了学生她任劳任怨、无私奉献、不计回报，学生高度认可带给她成就感，使其更加坚信“这才是我该来的地方”“该做的事情”，并毫不动摇地将国际汉语教师作为自己奋斗终生的职业。为了实现这个目标，Y老师“全力准备”“克服一切困难”。此时，Y老师已跨越外界客观条件的制约，表现出对国际汉语教师职业的忠诚度和坚定的态度，完全认同国际汉语教师身份。

二、Y老师身份认同的构建

华莱士·马丁（1990）指出，我们每个人都有一部个人的历史，有我们自己的生活故事，这些故事使我们能够解释我们是什么，以及我们被引向何方[1]。个人的认同不是在行为之中发现的（尽管行为很重要），也不是在他人的反应之中发现的，而是在保持特定的叙事进程之中被开拓出来的[2]。Y老师国际汉语教师身份认同的构建是一个动态过程，主要分为四个时期，即“萌芽期—成长期—巩固期—突破期”。萌芽期是指高中以前，成长期从本科阶段到出国前，巩固期指在美国求学和工作期间，突破期指归国后。各时期的教师身份认同呈现平稳上升、持续加强的趋势。

（一）职业身份认同——虽有波动，持续加强

1.职业价值观

Y老师热爱国际汉语教师这一职业，认为自己是从事该职业的一块“料”。她的职业价值观中包括：

第一，高度的责任感。由于从小受父母“工作为重，尽职尽责”态度的影响，Y老师立志做一名有责任感的老师，尽最大能力爱学生。读研期间导师高度的责任心，强化了她对该职业的责任感。后期在国内、外汉语教学中，她都能够做到全心投入、守职敬业、认真负责，深受学生的喜爱，学生的积极反馈促使这种价值观更趋稳定。

第二，真心关爱每一个学生。儿时遭受冷遇的经历，使Y老师从小立志成为一名尊重学生、温暖学生、平等关爱、无私奉献的好老师；读研期间，导师的言传身教、鼓励和支持让她更加意

① 华莱士·马丁.当代叙事学[M].伍晓明译.北京：北京大学出版社，1990.

② 周淑卿.课程发展与教师专业[M].北京：九州出版社，2006.

识到尊重、爱护学生的意义；在国内外实习期间，学生、家长和学校的肯定进一步强化这种职业价值观的形成。

第三，肩负“传播汉语和中华文化”的使命感。Y老师从事汉语教师职业的初心源于“看世界”，本科阶段接触了留学生之后，她对该职业的认知发生转变，开始萌生传播汉语和中华文化，帮助外国人了解中国的神圣使命感；研究生的专业学习，进一步深化这种促进不同文化互相理解和包容的使命感；走出国门后，她更加认同并积极践行汉语教师“要胸怀天下，建立跨文化友谊”的职业价值观，汉语教师责任感植根于思想意识之中。

2. 职业归属感

非科班的教育背景让本科阶段的Y老师缺乏职业归属感，研究生导师的关爱和支持带领她走出迷茫的阴霾，国教院课程及教师团队的专业引领让其更加自信，同伴间的鼓励与合作让其体会到团队力量的强大，产生了属于该群体的安全感和自豪感。赴美留学期间，来自校友、亲人和同事的帮助巩固并提升了职业归属感。尽管回国后的落差使其对该职业产生厌倦，甚至认为自己“不属于这个群体”，但内心的真实诉求带她回归并再一次确认自身对于国际汉语教师职业的归属意识。每当遇到关于国际汉语教师的评价和报道她都会额外关注，“我会用自己的教学成果说话，让他们明白我们这群人的不可替代性”。可见，Y老师已经融入国际汉语教师这一群体中，与该职业荣辱与共。

（二）专业身份认同——经历丰富，逐步成熟

1. 汉语教学信念

儿时的Y老师认为，国际汉语教师职业就是教外国人学汉语，可以周游世界。那时，她不了解该职业的内涵，更谈不上汉语教学信念。本科阶段参加了“汉语桥”项目实习，真正接触了留学生，她开始产生搭建“沟通桥梁”的使命感。由于缺乏专业

引领，她对国际汉语教学的本质并无真正了解。研究生阶段系统的专业学习和实践打开了她的学术视野，她更加深入地体会到国际汉语教学不仅要展示现代中国，打破外界对中国的刻板印象，还要促进不同文化间的融通、理解和包容。此时，她的教学理念有了较大改变，突破了传统的“以教师为中心”，转变为“以学生为中心”，教学也从“无章法”转变为“很专业”，成为受学生欢迎的老师。异域留学和工作经历让她对汉语教学的内涵有了更深入的思考，她认为汉语教学也是让外国人了解中国人的思维，加强对双方文化理解的一种有效手段。

2.汉语教学水平

从小受家庭熏陶，Y老师具有良好的文学素养，语文成绩优异，这在一定程度上影响了她对未来专业与职业的选择。本科阶段，为了实现成为国际汉语教师的理想，她努力夯实汉语本体知识，抓住一切实习机会锻炼自己的教学能力。研究生阶段的学习让Y老师发现她之前的教学并不得法，只是“闷着头自己干”，汉语知识不扎实，教学理念也有偏差。在专业教师的引领和培养下，她的汉语教学水平开始专业化，教学能力也得到学生们的认可。美国的教育经历、PIB项目的实习乃至普林斯顿大学的工作经历，使其对教学和教学模式有了更深入的思考和理解，最终形成个人独特的教学风格。这种教学风格不但获得学生的喜爱，而且Y老师自己也觉得“很舒服”，体现了个人价值。

（三）个人身份认同——永葆动力，不断进步

1.工作和学习的投入

Y老师对国际汉语教师职业充满热情。大学期间，为更接近梦想的国际汉语教育专业，她投入大量时间和精力学习专业知识、进行教学实践。在参加“汉语桥”项目教学时，每次课前她都要反复练习，力争做到课上教学效果最好。当她以优异成绩考入民大国教院时，又开启全速学习模式，如同海绵吸水，不停地汲取知识提升能力。在学习和实习中，她全心投入，用最严格的标准要求自己，用最好的方式呈现教学。当发现教学不足时，她虚心向有经验的教师请教并迅速改进。在美国学习和工作期间，她常绞尽脑汁考虑如何改进教学，以满足所有学生的需求。回国任教期间为了提升学生的学习效果，她无私奉献，勇于自我挑战。Y老师认为国际汉语教师职业带给她的成就感和满足感已经超越物质界限，能够终生从事自己所钟爱的事业是最大的幸福。

2.职业行为倾向

Y老师有明确的人生规划，努力勤奋且深于思考。她对自己要求非常高，尽管有时需要承受巨大的压力，但这种压力也是动力，促使她不断前进。本科期间，在无人引领的情况下，她自我规划，加强汉语教师素养。面对优秀的研究生同学，她在学习中全力以赴、稳扎稳打；实习期间，通过课下阅读专业书籍，观摩优秀教师课堂，与学生交流等途径，反思积累经验，主动提升个人专业知识和教学水平。当与更优秀的人共事时，她虚心学习，不停地鞭策自己进步，精益求精。在教学实践中，Y老师一直保持较强的职业行为倾向，积极采取有利于提升工作效能的职业行为。

（四）环境身份认同——积极调整，尽快适应

1.环境和人际关系

Y老师从小对异域文化有着强烈的好奇心，动机驱使她对不同的文化环境有较强的适应性。本科阶段她积极参与“汉语桥”项目，由于缺乏跨文化交际意识和知识储备，初次接触留学生Y老师并不太适应，但她主动阅读相关书籍，提高自身跨文化交际意识。刚进入国教院时，由于各种压力，Y老师将自己封闭起来，成为班级中孤独的游离者。在导师的关怀和引导下，她敞开心扉，战胜困难，与同学们成为一体。教学实习中，她的专业能力和人格魅力深得学生的喜爱。赴美后，Y老师迅速融入异域环境，与同学、同事、学生、家长和领导的关系比较融洽，互相尊重，互相帮助。这不仅得益于她的性格，更得益于她的多元视野和文化理解力。和谐的学习和工作环境，加速Y老师对异文化环境的适应，对其环境身份认同的形成具有重要影响作用。

2. 对异文化的态度

本科期间，Y老师对不同文化的理解仅限于“汉语桥”项目。考入民族大学后，多元的校园文化氛围和环境如同磁场一样吸引着她，“美美与共”的校训指引她对异文化更加理解，更加包容。当只身来到美国学习和生活，她没有跨文化的不适应，而是乐在其中并产生了归属感。Y老师多年的学习和实习经历，促使其形成对异文化开放包容的态度，这种态度使她收获了宝贵的师生关系，学生的认可和信任加深其尊重、包容异文化的态度。她认为自己是一个“世界人”，能够适应和接受各国文化，对任何异文化都会最大限度地接受和包容。这是国际汉语教师职业带给她的变化，她对该职业永葆热情，愿意为之奋斗终生。

第三节　X老师身份认同的构建

一、X老师身份认同的叙事

（一）本科时期的身份认同

X老师希望能成为一名国际汉语教师，本科选择了汉语国际教育专业。然而，上大学第一天就被泼了盆冷水，系主任告知她们，读这个专业毕业即失业。在理想与现实的巨大落差面前，X

老师失去了方向。

故事一　我将来是要改行的

开学第一天系主任就告诉我们“你们读这个专业，毕业就等于失业，哪有那么多外国人可以让你们教呢。”这个专业给我的直观感受就是对口工作机会少，福利待遇差。极少数人能继续从事这个专业相关的工作，获得体面的生活。如果很幸运去了孔子学院，能多去几个地方，这只是个附加值，但回国后依然要从头开始，虽然报考时我对这个专业有那种热情，但客观条件一直给我泼冷水，甚至有段时间我连热情都已经收敛了很多了。

我在本科学习非常水，老师不上心、不引导，我们也就懒了，觉得就应该像老师说的那样，毕业了就转行。或考取语文或英语教师资格证，在国内当老师；不想做教师就去做文秘；再者是考研。我认为对外汉语教学是没有什么含金量的职业，不需要太多的技能。教汉语就是为了让汉语学习者更加方便地生活，用汉语更得心应手一些。我们普通话这么标准，一定可以教得非常棒。至于其他更深层次的问题就没有思考过了。

本科毕业后，我当了三年的英语老师，但总会有人在质疑我的发音不标准。由于内心还是极想去成为对外汉语老师的，还是非常热爱的，非常喜欢跟外国人谈论我们中国的文化，心想要当老师还是得再考一考这个专业，毕竟知识会更丰富，如果有机会我去国外学两年回来再教英文，或者学两年去国外教汉语。

在与X老师交谈中，我们能深刻感受到她对成为一名国际汉语教师的渴望，“有热情”“极想”“非常热爱”“非常喜欢”这些词语表明她对这份职业的认可和向往。然而，本科院校培养者自身对该专业的认知偏差误导了这些充满热情的学生。虽为汉语国际教育专业学生，X老师对国际汉语教师职业前景比较迷茫，态度消极，完全没有归属感。她一度认为那只是少数幸运儿的职业，难以企及。由于培养者缺乏正确引导，X老师对汉语教学目的和国际汉语教师职业身份缺乏正确认知和了解，她认为这一职业“没有什么含金量”“不需要太多技能”“普通话标准就可以教得很棒”。与其他同学一样，她屈服于现实，放弃自我成长的机会，选择了随波逐流。既没有夯实专业基础，也没有深入思考自身与合格汉语教师之间的差距，毕业后即改行。

（二）国内研究生时期的身份认同

在国际汉语教师职业梦想的驱动下，本科毕业三年后，X老师终于考取了民大国教院，继续攻读汉语国际教育专业硕士学位。刚进民大国教院，她并不适应。本科阶段知识储备不足，自身知识体系的缺失，导致她无法理解、掌握教师课上讲授的内容，优秀同伴的压力让她感到恐慌，年龄差距使其与同伴间产生了距离感……但X老师并未放弃，而是主动调整心态。当她换一个角度去审视，优秀的同学也激励着她继续前行。

故事二　优秀的人都在努力，我还在等什么

读研一开始，我很不适应。因为有时候老师讲的一些东西，我并不能完全吸收消化，我其实接触的东西并没有那么多。老师可能觉得我们应该懂这些东西，但其实好多都不懂。一开始觉得这很cool，后来觉得有点恐慌，再加上同伴那么优秀，所以压力更大，我知道大家都很优秀，但没想到落差会那么大。

我同学都比我小，在我眼里他们都是一群小孩。一开始我没有站在他们的角度去思考问题，总觉得他们考虑问题顾虑太多。后来，与大家接触多了，觉得每个人都很可爱。我尝试去发现他们身上的闪光点，就发现每个人都非常优秀，而且越优秀的就越努力，这也影响着我，这么优秀的人都在努力，我不努力的话还在等什么？所以我下定决心也要尽全力做好自己分内的事，后来大家关系一直都很不错，到现在也一直有联系。

本科时我觉得将来从事对外汉语教学是不切实际的，身边的人也很不理解很不支持，他们认为是个中国人都会教汉语。但是来民大后，学校开设了系统的汉语本体知识课程和教学技能课，让我明白这份工作需要很多的专业技能和知识储备，内心觉得这份职业的意义更大了一些，把这份职业看得更加严肃了。专业人士必须要认可自己的职业，自己工作中你需要什么技能，你要怎么努力就好了，总会有用武之地的，有机会我一定会继续坚持从事对外汉语教学工作的。

在国教院学习后，X老师改变了之前对国际汉语教师职业的一些误解，认识到这一群体在汉语国际传播过程中的价值及专业性的重要作用，意识到这个职业的意义和责任，从内心开始认同这一职业。在学院教师的指导下，X老师开始认真学习专业知识，积极参加教学实践，对汉语教学表现出极大的热情。民大任课教师的教学方式和培养理念，激发了X老师的求知欲，引导她不停思考，不断完善，专业能力得到很大提升。

故事三　我要与众不同

读本科的时候我也不知道汉语教学技能有哪些，具体是什么，也不知道自己不足在哪里。就是因为没有见过世面，就觉得自己还蛮满意的，来民大后知道自己差在哪儿了，但在本科期间我对这一问题全然不知。读研之后，我的本体知识提升非常大，学完之后很扎实。因为老师们会从语音、词汇、语法等这几个方面将基础知识从头到尾系统性地过一遍，我觉得这个很好，就是让转专业或者像我们这些以前学得不好的人，还有机会去补救。老师留作业时会让我们编写教学内容，写教案，还要讲课。这个过程我是积极投入的，每一次我都会绞尽脑汁想怎么才能与众不同？怎样才能把自己的课堂呈现得丰富有趣？有时候我自己会把课写得像说相声。这个过程当中，我也非常开心。

研究生的很多课程采取合作学习的方式，小组合作会互相帮助、互相提建议，资源共享，解决彼此的问题。在讨论的过程中，我们相处得非常愉快。大家的理念比较一致，最想做的事情就是尝试站在学生的角度上去思考问题，比如说思考他们为什么会听不懂这种解释，我应该怎样去用他们能够理解的方式去讲授，做哪种手势会引起学习者对知识的误解等等，这些问题都会在讨论过程中得到解决，使我们更加熟悉这个专业和职业。

有教学技能训练课的基础，第二年我就去给本科留学生上课了。在给学生上课的时候，经常会遇到两个词进行辨析，比如“既然”和“即使”，这两个词分别在什么情况下使用，共性和差异是什么，我需要讲清楚。虽然中国人说话并不会细枝末节到那个地步，但外国人需要了解，这就促使我认真备课。我在课下查找了很多词汇辨析的用法，列出使用条件什么的，还要想办法练。练的话还得创设情境，怎么才能让他们觉得有意思，有创意，这个过程很辛苦。最后学生们反馈非常好，我认为付出是值得的，师生之间也是可以相互促进的。

我非常适应而且很享受民大校园的多元文化氛围，比如经常在8号楼前面举行各个民族的节日，我们动不动就过去蹭吃的，还挺好玩。而且有的时候可以从中获益，比如在教课的过程中，可以适当地丰富他们对中国文化的了解，这样的课堂会更有趣。我的导师有时候带着我们去她家聚会，还会叫上几个外国留学生，大家一起分享各个国家的美食，在这个过程中也拓宽了视野，真的边玩边学。那段时光非常难忘，我非常感谢民大的这几位老师对我的照顾与教育，这些老师的引导和严格要求，让我有了思考和提升的意识，不知不觉就越来越好了。

在视野开阔、教学经验丰富的专业教师引导和严格要求下，X老师的汉语专业知识大幅提升，她认识到自己之前的浅薄和局限，更加积极地投入到学习中。她的教学意识开始发生转变，强调以学生为中心，站在学生的角度去思考教学问题，重视内容的丰富性和趣味性，追求特色和创意。教学理念的转变推动其在教学中热情投入、无私奉献，不断磨炼自己。备课时她广泛查阅资料，注重每个细节，讲求创意，侧重情境的合理性和真实性，汉语教学水平迅速提高，教学也越来越得心应手。学生们的积极反馈，也带给X老师极大的幸福感和满足感，她认为所有的付出都是值得的。民族大学多元的文化氛围为她的教学提供源源不断的教学内容和素材，也加深了她对中华文化的了解。

故事四　我和它绑在一起了

到民大读研之前，我只是觉得留学生学汉语应该就学个大概，差不多能基本生活就好了。读研后，有机会接触学校的留学生，才明白原来她们抱着不同的目的。有的是真的很想学文化，有的是要方便自己工作、提高专业性。自始至终我都觉得来民大之后，感受到这份职业的意义，了解到学习者的需求非常多元。因此，身为教师我越来越认为自己教汉语的目的也就要更加多元了，不仅仅是为了教会他们简单的日常表达，还包括对不同文化的理解与学习。其实我现在想想也挺后悔的，因为自己在本科的时候并没有意识到这一点，所以教的东西也少，投入度也不够，也不够负责。如果我当时能多教一点，他们（留学生）在自己的工作岗位上用起汉语会更得心应手一点吧。

很多时候会遇到有人说，对外汉语专业的没啥实力，英语汉语都不精，甚至认为只要会说汉语的都可以胜任这份职业，我不会直接去劝别人，因为无法去改变别人，这是没有用的。但内心会觉得他说的不对，因为我是真的喜爱这个职业，我内心是属于这个职业了，不会因为他人的只言片语而改变我对它的感受，我已经和它绑在一起了。我会默认自己是一个老师，所以出门在外，会对自己的言行举止要求更加严格一点。因为国际汉语教师首先要是一名教师，所以一定要注意自己的言行，强调自己的教师职业道德与职责。具体说来是国际汉语教师，是涉及到跨国的，所以要树立平等的观念，各个国家各种文化之间没有优劣之分，我现在已经默认我必须具备这些基本素质了。

读研之前，X老师对汉语教学的本质和目的，以及汉语知识和汉语教学间的关系了解片面，甚至有误解。国教院的培养使她了解到汉语教学的多元性，意识到之前的认知和行为偏差。“投入度不够，不够负责”“后悔”等词语清晰地描绘出X老师对本科阶段学习态度的自我批评，反衬出她在思想意识上的成长和进步。此时，她开始高度认可国际汉语教师职业，有意识地以国际汉语教师的素质和标准要求自身行为，不断提升能力，努力使自己成为一个合格的汉教人，用平等的观念对待不同国家文化。她的汉语教学信念越来越清晰，“真的喜爱”“内心属于这个职业”“绑在一起”“默认是教师”“要求更加严格一点”等表述可以看出X老师非常认同国际汉语教师职业，愿意与之荣辱与共，产生了强烈的职业归属感。

（三）美国留学时期的身份认同

完成国内的学业后，X老师赴美国P大学套读第二硕士学位。尽管国教院针对赴美学生进行了系统化和专业化培养，开设了美国教育、教学类课程，同时加大对国际适应能力的培养。当X老师来到美国套读学位时，文化差异的挑战依然使她面临不少困难，但她一直积极应对，寻求机会走出个人舒适圈，尽快融入新的文化氛围中。

故事五　新环境让我有点儿懵

刚到美国P大学读书的时候我一头雾水，因为上课完全听不懂。第一个学期上课的时候，分不清楚老师说的哪句话是无关紧要的，哪句话是在讲课；有很专业的名词，比如我们在国内说的很多教学法，汉语名字都知道都了解，但听到英文就猜不出是哪一个；然后就是英文写作学术规范的问题，阅读英文文献，对我来说都非常困难；还有就是新到一个环境，去办理什么手续，不知道去哪个楼之类的……但是第二个学期就好多了，已经知道老师讲的重点是什么，也掌握看英文文献的技巧了，比如哪些地方可以略读，哪些数据部分要仔细的阅读，不过生活方式、饮食习惯依然有待继续适应。

第一个月我经常跟学姐在一起生活，因为我担心与当地人相处会遇到麻烦。但静下心来想想这不是我的初衷，我来美国就是想了解其他国家的文化，于是我就去参加学校的各种活动，发现大家在活动上相处还挺好的，但私下深交，就觉得还是有点不自在，并没有很多话题可以一起聊，所以就想说放过对方也放过自己，过了一段时间我就接受了这一切，也就慢慢适应了。后来想想对待异文化就该是这样，尊重彼此的文化，但不强求两个文化深度融合。

初到美国，英语水平不足导致X老师对课堂内容理解困难，阅读英语文献和英文写作都困扰着她。陌生的新环境使她感到不安，她缺乏独自面对当地人的信心。当意识到留学的目的时，她克服了内心的恐惧和担忧，开始积极与当地人交往。在交往过程中她对文化尊重和文化包容有了更深的体会和感悟。进入教学中，她发现中美教育理念的差异在教学大纲、教学方法和教学评估等方面体现非常明显。尽管经过国教院的全方位培养，接受了一年美国中小学教师教育，然而在实习时，她发现依然无法完全符合美国中小学汉语教学的要求，“指导老师好像看到的全是我的缺点”，这种教学压力也促使她不断反思，寻找差距，积极改进。

故事六　在美国当老师好累

在美国读研时，我们有一门教学实习课，我当时被分到高中。指导老师每次听我的课，都给我指出很多缺点，好像他看到的全是我的缺点。我有好几次都在想，我起码也是有教学经验的，老师怎么能提出这么多的问题呢。比如他说我没有照顾到一些有特殊需求的学生群体，我的教学目标设计得不完整等等，这样一来我就会对自己有很多的质疑，觉得教汉语压力好大，在美国当老师好累。不过，我按照指导老师的要求不断修改，慢慢地我发现，指导老师指出我的问题变少了，我的教学水平也有了一定的提高。后来我才明白，指导老师他希望我变得优秀，因此他会结合美国当地对教师评判的一套体系来对我做出评价。在我工作一年以后，我看到了学生的进步，教学有了一定的成果，甚至比一些前辈老师做得都好，我的成就感就上来了。我觉得在今后不管什么时候，只要我还从事这份职业，只要有机会，我就会不断提升我自己的实力和水平，因为学生的反馈会让我很快乐。

经历了教学现场的实习，X老师已经能够很客观地评价自己的教学水平，能更好地照顾有特殊需求的学习群体，教学设计也日趋完整。学生的进步、自身教学能力的提升都让她拥有成就感，她对国际汉语教师职业更加认同。为了成为更优秀的美国小学汉语教师，X老师自觉、持续地学习，并且愿意为达到最佳的教学效果付出持久不懈的努力。

（四）工作后的身份认同

从美国P大学毕业后，X老师入职当地一所公立小学，成为一名汉语教师。曾经认为是难以企及的奢望，真切地变为现实。她与当地同事和学生相处和谐、真诚相待，他们带给她异国生活的幸福感，让她感受到温暖和安全，更加坚定其从事国际汉语教学的信心和决心。在与X老师的交谈中，她多次提到对国教院中美联合培养模式的感激，是国教院改变了她的人生轨迹。

故事七　越努力越幸运

我工作的学区非常小，就在一个小镇子里。大家对我都非常好，因为我是那边唯一的中国人，我当时又没有孩子又没有结婚，大家就觉得我就跟小孩似的。考虑到我是新老师，他们也会在专业上、生活上给我帮助。有一次，学生把我气哭了，有一位年长的老师就走过来安慰我，面对学生家长的质疑，这位老师依旧摆事实讲道理，向着我说话，这个时候我体会到了对外汉语老师在美国的幸福感，从内心感谢这份职业，也坚定了我继续从事这份职业的心。

刚入职时，我要教全校从幼儿园到8年级的汉语课，每天同时备6门或7门课，而且每个年级的课程大纲都需要我自己来建立，对新手老师来说非常难。幸好学校请了育英学校的一位非常有名的汉语老师来帮助我。第一个月上课，我就是满场跑，连喝一口咖啡的时间都没有，累得要死，学生也很疑惑，不知道我在做什么。第二个月开始我就把课堂划分不同时段，每个时段安排不同的教学内容，明显感觉轻松了很多。由于新老师经验不足，我就利用课余时间参加各种教育培训。第一年我共参加了60个小时的培训，基本上每个周末都去，也认识了很多新老师，大家互相帮助，分享自己的小妙招，我觉得这些培训对我教学能力的提升有很大的促进作用。教学那两年我觉得自己读的书挺少，然后就拼命查资料。我上班每周来回4小时开车回家，路上我就听各种传统文化的讲座，包括郭德纲讲传统文化，想着有一天可以用在教学中。

作为学校唯一的中国人，同事们的关心和帮助给刚入职的X老师带来了温暖和安全。这让她体会到国际汉语教师在美国的职业地位，从内心感谢这份职业带给她的尊重和幸福感，更加坚定继续从事该职业的决心。作为新手教师，尽管教学任务重，教学挑战大，但X老师在工作中全力以赴，非常敬业，虚心向经验丰富的教师请教，勤于思考，利用课余时间，进行专业提升。同时，她努力拓展百科知识，根据学生的兴趣和需求设计教学，赢得学生的喜爱。

故事八　满满的幸福感

有一年万圣节，我想给孩子们讲一讲中国的怪物，进行文化对比，就想到《山海经》。但之前我没有系统读过，然后就拼命去查资料，把里面长得还比较可爱的那些怪物选出来跟小朋友一起学，让他们知道这是中国最早的怪物。我们去其他班级进行怪兽展览，还做了怪兽墙。在万圣节Pray的时候还举着给其他班级的学生看——这是中国的怪兽。我还给他们讲吃的，我们一个月做一次菜，包饺子，西红柿炒鸡蛋，葱油饼……我们还做不同朝代的衣服。二年级学习水循环，我就用水循环的故事给他们写了一个小话剧，叫做一滴水的旅行，我们还做道具，去各班表演。当时我就听到幼儿园的小朋友说“Why they can do that? I want to learn Chinese，too.”家长也会反馈，孩子睡觉前，自己在那儿用中文唱歌，家长听不懂，用担心吗？我告诉他们不用担心。这些事情真的让人特别开心。

教小学生真的非常有成就感，小朋友一开始来的时候什么都不会，但是当学习了一段时间后他们会用汉语介绍自己的家庭，会说“我的家里有5口人，爸爸、妈妈、姐姐、弟弟”然后还会唱儿歌，说“I love Chinese.”特别甜。有个小朋友有一天生病了，但是他坚持要上学，他妈妈就问为什么，他说我要上X老师的课，她的课非常有趣，我可以学习有趣的中国美食，这个时候我挺感动的。在国外从事这份职业更能感受到这种意义和价值。

美国小朋友特别抗拒吃他们自己没见过的东西，没见过的连尝都不尝，不像中国小孩啥都想尝一口。而汉语班的小朋友对食物的接纳能力要比没有学过汉语的小朋友高很多，这个很有趣。我会带着他们在我的课堂上包饺子、西红柿炒鸡蛋、做月饼什么的，我也会经常给他们放做美食的视频。奇形怪状的东西见得太多了，他们就能知道其中的神奇，所以乐于去尝试不同的食物，但是没学汉语的小孩就不会这样，他们比较闭塞一点。这件事情让我觉得国际汉语教师这个职业还蛮有意义的，挺有责任感的。比如有一段时间中国疫情比较严重，刚开始外国人有点“仇亚”，那个时候我的工作很重要，一定要跟这些小孩好好讲，以免产生错误的认识。当时我就感觉自己不只是一位老师，更重要的还是文化的传播者，如果小朋友客观地了解我们的文化，就不会对中国文化有误解。

X老师从入职初期上课时追着学生满场跑，到后来针对学生的喜好选择饶有趣味的教学内容，设计形式多样的课堂活动，我们能感受到她为了获得满意的教学效果所付出的辛苦和努力。学生们对她的肯定、喜爱和依赖，也让她愈加体会到这份职业特有的价值和意义在于缩短不同文化人群间的心理距离，建立起信任和友爱。“有意义”“责任感”“以免产生错误的认识”等字眼，表明X老师对国际汉语教师有着强烈的职业认同，她感受到这份职业所承载的责任感，愿意肩负起传播中国文化的重任，成为中外文化交流的纽带。目前，X老师已经成家，暂时告别工作回家待产。她计划未来依旧做汉语教师，带动所在社区的汉语教学发展。经过时间的锤炼，X老师对国际汉语教师职业的认识更加理性，她已将这份职业视为生命的一部分。

二、X教师身份认同的构建

从X老师的叙事我们发现，她身份认同的构建主要分为三个时期，即“模糊期—明朗期—巩固期”。模糊期主要是本科阶段，明朗期是出国以前，巩固期是在美国求学和工作期间。X老师身份认同的构建呈现螺旋式上升，稳固式前进的发展态势。

（一）职业身份认同——从迷茫到坚定

1.职业价值观

X老师梦想成为一名国际汉语教师，由于本科院校教育者的误导，使其对该职业产生了误解，态度消极。考入民大国教院后，在专家教师的引领和指导下，她开始正确认识该职业，感受到了从事该职业的责任和意义，坚定了成为国际汉语教师的决心。X老师努力提升汉语教师的专业性，对待工作高度负责。在实习中，她认真备课，绞尽脑汁思考教学设计的最佳呈现方式，帮助学生更好地学习。在美国就业后，X老师首先体会到国际汉语教师工作的幸福感，接触了当地小孩子后，职业热情继续升温。她勤奋、敬业、关爱学生，赢得学生的喜爱。随着教学经历的丰富，她更加深刻地意识到国际汉语教师的职业价值不仅仅是教师，更重要的是文化传播者，是世界各国人民了解中国和中华文化的窗口。她从内心认同该职业，并愿意为之奋斗一生。

2.职业归属感

虽为汉语国际教育专业，X老师本科却一直游离于专业之外，对职业前景也非常不乐观，无职业归属感，乃至毕业后转行。考入国教院后，她感受到国际汉语教师的专业性，从专业知识到教学意识都开始脱胎换骨，内心产生强烈的职业归属感，坚信自己会继续从事汉语教师职业，即便面对质疑和误解，依然初心不改，以从事该职业为自豪，愿意与之共荣辱。美国的留学生活和工作经历，让她的职业价值观更加清晰，意识到自己肩上的责任，职业归属感更加强烈。稳固的职业归属感，是其职业身份认同形成的重要基础与保障。

（二）专业身份认同——从模糊到清晰

1. 汉语教学信念

本科时X老师对于汉语教学的理解片面且有偏差，她认为汉语教学没有什么含金量，学习者的目的只是为了掌握一种工具，便于生活和交流。经过国教院系统的专业培养，她对汉语、汉语教学和汉语学习有了专业的理解，认识到汉语学习者学习目的的多元性。她开始积极投入教学中，有了“以学生中心”的意识，教学设计和教学方法均以“利于学生学习”为准则。此时，她开始深入思考汉语教学的本质和目的。“汉语教学是搭建不同文化沟通的桥梁，能够促进不同文化间的理解和包容”这种教学信念深深植根于她的意识之中，持续影响并激励其在美国的教学。

2. 汉语教学水平

本科期间，X老师专业发展内驱力不足，导致专业知识欠缺，汉语教学水平较弱。在国教院的学习，使她意识到自身差距，加倍投入到学习和教学中。她的汉语基础知识扎实了，教学能力也得到明显提高。赴美留学和在美工作期间，她积极反思，向熟手教师请教，加强课余时间的专业提升，弥补自身知识体系的不足，从学生的需求出发设计教学，不断进行创新，将自己塑造成适应美国教育体制的优秀的汉语教师，深受学生的喜爱，学生们的情感回报让她更加理解国际汉语教学的价值和意义。

（三）个人身份认同——从旁观到积极投入

1. 工作和学习的投入

X老师本科阶段从一个专业学生变为置身事外的“旁观者”，所幸的是她并没有放弃从事汉语教学的希望，三年后考取民大国教院的研究生。在新环境中，她迸发出极大的热情，全身心投入学习和教学实践中，重塑职业观念，提升教学效果，得到学生们的肯定。在美国实习时，除完成自己的教学观摩任务外，她主动帮助其他学段汉语课教师，并获得观摩其课堂教学的机会。入职美国小学后，她一个人承担了全校6个水平8个层次汉语班的教学，每天尽管需要花费大量时间备课，但她乐在其中，不断创新。教学设计符合学生的兴趣和需求，X老师成为学校最受欢迎的汉语老师。

2. 职业行为倾向

X老师是一个坚守自己职业理想的人。毕业后即使转行从事英语教学三年，依旧心系汉语教师梦。在硕士阶段，她加倍努力，以弥补专业差距。培养思考和创新能力，积极争取实习实践机会，提高教学能力。在美国实习时，面对指导教师的高标准严要求，她虚心接纳并认真改进，较快地适应了美国教学要求。在美国工作后，她不断与同行交流，利用课余时间参加相关课程培训，进行自我提升。这些积极的职业行为是其成为一名优秀汉语教师的重要推力。

（四）环境身份认同——积极调整，快速融合

1. 环境和人际关系

刚进入国教院时，来自学业和同伴的压力，使X老师经历了一个短暂的“低潮期”。经过积极地调整心态，她很快与同学们融在一起，这种和谐的氛围也让X老师更加享受在国教院的学习时光。初到美国，陌生的环境和语言能力不足，使她遇到了一些挑战。但她主动寻求改变，逐渐适应了异域文化，并且收获了友谊。入职美国小学后，她与同事们关系融洽。她的勤奋努力、无私奉献、辛苦付出也得到学生和家长的高度认可，这些积极的反馈促使其更迅速地适应美国教学环境，更好地融入美国文化圈。

2. 对异文化的态度

民大多元的文化氛围深深影响着X老师，受到国教院教师兼收并蓄风范的耳濡目染，她对不同文化持有开放包容的心态。特别是赴美留学后，接触了来自不同国家的同学，她更深地体会了不同文化互相尊重的深刻意义。在教学中，她秉持让学生了解不同文化，并能开放接纳的理念，成为不同文化交流互鉴的桥梁，促进不同文化间更好地理解与交融。

第四节　汉语教师身份认同影响因素分析

国内外学者从不同角度提出了影响教师身份认同的因素。Miller（2009）认为教师个人经历、交互技能和社会资源等都会影响教师的身份认同；寻阳（2012）分析了个人因素、客观因素和社会因素对教师身份认同的影响；社会文化理论认为人的发展离不开人与环境的相互作用。可见，影响教师身份认同的因素主要分为内部因素和外部因素。本节主要从这两方面来分析两位“双语双文化”汉语教师身份认同的影响因素。内部因素包括性格、职业动机和专业能力；外部因素包括社会文化环境和组织支持。

一、内部因素

（一）性格

性格即性情品格，主要体现在对人对己、对事物的态度及所采取的言行上。拥有良好性格特征的人往往开朗外向、积极乐观、充满自信，能很快地适应国内外新环境、很好地与他人相处并建立良好的人际关系。她们专注于汉语教学工作并能全身心投入；不惧怕困难，能够积极主动应对，最终取得圆满的结果。因为具备优秀的工作品质，她们容易取得优异的成绩，获得成就感，同时也促进其对教师身份的认同。Y老师和X老师在性格上都极具亲和力，勤于思考并追求完美的教学效果。她们真诚有爱、包容豁达、务实上进，与学生保持良性的和谐互动关系并深受学生们的喜爱。

（二）职业动机

职业动机是激发并维持个体与工作相关行为的内部力量，融入选择一份工作，保持一份工作以及在工作中取得良好表现①。职业动机越强烈则教师身份认同越强。职业动机可分为内在动机和外在动机。内在动机指为获得内在满足感而产生的动机，主要包括个人兴趣、内在职业价值、个人经历等；外在动机指为获得特定的结果而产生的动机，如获得社会影响力、受他人期望影响、特定的职业生活方式等。

1.特定的职业生活方式

Y老师儿时认为汉语教师可以去世界各国旅游，特定的职业生活方式吸引并推动着她后来的专业选择。当本科阶段真正接触留学生时，她的职业价值观发生了改变，特别是进入民大国教院，她发自内心地爱上这份工作，意识到该职业的神圣使命，并树立为之奋斗终身的职业理想，短暂的外在动机被持久的内部动机所代替。

2.职业特征和职业地位

国际汉语教师能够走出国门，接触不同国家的人，感受不同地域的文化，这是其他职业所不具备的职业特征，而且“教师这个行业在各个国家都受人尊敬”。国际汉语教师的职业特征和职业地位的独特魅力深深吸引着Y老师和X老师。因而，她们立志成为国际汉语教师，并为实现这一目标而积极努力。

---

① PINDER，CRAIG C. Work Motivation in Organizational Bahavior[M]. Upper Saddle River，NJ：Prentice Hall. 1998.

3. 个人经历和个人兴趣

个人经历对一个人的人生观、世界观和价值观的形成具有重要意义，它影响着个人的行为。Y老师的家庭教育为她良好的文学素养奠定了坚实的基础，父母的言传身教从儿时起就给她刻下了职业道德的烙印，影响其职业道路的选择，X老师的职业动机则是由个人兴趣所致，促进Y老师和X老师对国际汉语教师产生身份认同的关键是研究生教育经历。Richards（2008）认为教师学习是在课堂交流互动过程中教师身份的再构建。民大国教院的培养重塑了她们的职业价值观，扩大了专业视野，专业知识和教学技能均得到大幅提升。专业化程度的提高为其带来更多自信，成就感加深了她们对国际汉语教师的身份认同。美国研究生阶段的学习和实践让两位老师感受到在国外任职的快乐，她们更加热爱这份职业，无惧困难，不计回报，全身投入，无私奉献。

（三）专业能力

专业能力是教师身份认同的重要影响因素。“双语双文化”汉语教师的专业能力主要包括汉语专业知识及运用能力、汉语教学能力和英语运用能力。国内的培养，使Y老师和X老师的专业能力得以系统化和专业化。她们不但汉语基础知识扎实，树立了汉语教学信念，了解汉语、学习者和汉语教学三者之间的关系，而且改变了传统固有的教学理念，在教学中积累教学经验，形成个人教学风格，产生教学智慧；国外的培养结合当地情况，更具有针对性，专业能力进一步得到强化。两位老师专业能力提升的主要动力是学生的学习成果和教学反馈，正向反馈有助于身份认同的构建。她们的教学成就感与满足感主要源于学生，学生们的喜爱和认可让其感受到身为汉语教师的价值和意义，家长和学校的肯定更强化了身份认同，身份认同又推进其主动促进专业发展，提升自身专业能力。

二、外部因素

（一）职业前景

随着全球经济一体化发展，全球化影响不断扩大，主要表现在经济全球化、文化全球化和教育全球化三个方面[①]。语言是了解一个国家的最佳途径，也是促进民心相通、交流互鉴、实现发展共赢，构建人类命运共同体的一把钥匙，“国际中文教育在当今时代大有可为”[②]。中国经济的发展和国际地位的提升，促使海外汉语学习者激增，很多国家汉语教师供不应求。向好的行业发展前景也是增强国际汉语教师身份认同的重要因素，Y老师和X老师积极投身到这一行业中，并努力成为一名优秀的国际汉语教师。

（二）组织支持

人类的认知是在参与社会活动中形成的，社会关系和相关文化产物有助于形成人类进行高级思维所需的各种关系（Johnson，2009）。Lave&Wenger（1991）研究表明，身份认同受到社会结构和人类交往的限制。“双语双文化”汉语教师身份认同的构建和发展受到所处的组织环境的影响。

1. 学校氛围

学校氛围对“双语双文化”汉语教师身份认同的影响作用较大。Y老师和X老师均毕业于中央民族大学，56个民族的文化并存构成了独具特色的校园文化。“多元一体、和而不同”是民族大学校园文化的生动写照，“各美其美，美美与共”的校训是中华民族多元文化一体格局的完美体现。民族大家庭的熏陶，培养了两位老师跨文化意识，产生尊重不同文化，兼收并蓄的态度。当她们面对不同文化时，能够尊重、包容并快速适应。国教院教师前

---

① 库玛，刘颂浩，丁丹妮.库玛语言教学系列第三讲：文化全球化、个体身份与语言教学[J].国际汉语教学研究，2017（2）：42–49.

② 国际中文教育的未来之路.人民网，2020–12–18.

沿开阔的国际视野，学院轻松愉快的学习氛围增强了两位老师的职业归属感；在美国实习和工作的学校氛围和谐融洽，学生对她们喜爱且依赖，强化了两位老师的身份认同感。

2. 关键人物

（1）老师和同学

国教院教师团队的引领，使Y老师和X老师意识到自身的差距，明确了努力的方向，掌握了恰当的方法，能力得到有效提升。她们从汉语教学的“门外汉”转变为专业基础扎实，教学能力强的准教师。导师们的言传身教，耳濡目染，成为其身份认同的助推器。Y老师的职业价值观深受导师的影响：当Y老师怀疑自身能力时，导师耐心的劝导与鼓励使其重拾信心，继续坚定自己选择的道路；导师对工作认真负责的态度鞭策她在工作中，严格要求自己和学生，做到尽善尽美；导师的真诚使她通晓处世哲理，与同事和学生真诚相待，收获了和谐的人际关系。X老师则是在导师的引导下走了出国门，导师丰厚的学识，多元的文化观、谦逊的为人如同磁场一样深深吸引着她，潜移默化中影响她成为这样的人。两位老师读研期间都有一批优秀的同学，她们乐观、积极、勤奋、睿智，一群志同道合的伙伴共同学习、互相支持、互相帮助、互相分享，激励两位老师极尽所能，超越自己。

（2）家人

Y老师走上国际汉语教师之路，不仅得益于父母的教育和培养，在遇到困难时，家人第一时间的无条件支持，成为她无忧前行的后盾。X老师的爱人是她困境中的领路人，给予她战胜困难的勇气和力量。家人的鼓励与支持让两位老师拥有坚持梦想的强大力量，这份力量有助于教师身份认同的构建。

（3）优秀前辈

优秀前辈的指导和引领能有效促进教师身份认同的建构。Y

老师在普北班项目实习时，指导教师的课堂让她体会到国际汉语教师的魅力。她不断观摩优秀教师的课堂，深度思考、积极模仿、不断探讨，教学能力大幅提升。在普林斯顿大学工作时，她与优秀的前辈共事，获益匪浅，形成了自身独特的教学风格。X老师在美国实习时的指导教师非常严格，她的教学能力也迅速提高，成为符合美国教育要求的合格教师。入职后，在知名汉语教学专家的引领下，她完成了全校各年级汉语课的课程大纲和教学任务，获得巨大的成就感。两位老师在优秀前辈的引领下，进一步感受到了国际汉语教师的魅力与价值，明确了提升方向与途径，坚定了继续从事国际汉语教学工作的信念与决心。

第五节　对国际汉语教师培养的启示

一、做好职业引导和职业规划

吉登斯的自我认同理论指出，足够的成就感会加深自我认同，这种因工作引发的自我认同反过来会对职业身份认同产生积极影响。各培养院校应在入学后，向学生明确介绍国际汉语教师的职业特点、职业定位和职业前景，使学生对未来所从事的职业有正确的了解，并为学生制定相应的职业规划，避免学生因不了解该职业而产生误解。正确的职业引导和职业规划能够帮助学生树立职业目标，通过内外部驱动，逐渐向这个目标靠近，加深职业认同感和职业归属感。

二、加强专业培养，课程设置科学合理

专业能力是影响教师自我认同过程与结果的重要指征，它是

教师获得教学自信和成就感的源泉，教学成就感能够促进教师身份认同的构建。各培养院校应根据海外汉语教学需求和社会需求，科学合理地设置专业课程，包括汉语知识类课程和汉语技能类课程，提供足够的实习实践机会，提升学生的教学能力，生成学科教学知识（PCK）并学会教学。民大的课程设置比较系统，无论是跨专业的Y老师还是专业基础薄弱的X老师，在国教院的培养下均成为优秀的国际汉语教师，对该职业的身份认同度极高。此外，学校还应增加了隐性课程，以间接、内隐的方式促进学生无意识地获得经验，并受到潜移默化地影响，如通过接触留学生，参与相关活动来体会国际汉语教师的魅力，增加国际汉语教师身份认同感。

三、强化专业教师的引领作用

教师与学生的关系不仅是一种简单的人际关系，更是学校情境中为完成教学任务、实现培养目标而形成的一种特殊导学关系。教师是学生专业发展的引路人，帮助其成长和提升。优秀的教师能够以身作则，向学生传递正确的职业价值观，促进其在专业学习和发展中积极投入。Y、X两位老师在民大读研期间，均受到教师的帮助和指引，形成良好的行为习惯，坚定了自己的职业道路，不断提高对国际汉语教师的身份认同度。

四、促进自身的专业发展

Beijiard（2004），Farrel（2011）等都认为反思是理解自我和构建教师身份的有效途径，同时也是提高教师生成个人实践性知识的重要途径。教学自我反思主要有三种，即行动前反思、行动过程中反思以及行动后反思。国际汉语教师在反思过程中应根据反馈，及时调整教学，丰富个人实践性知识，结合自身特色形成独特的教学风格。同时，加强业务培训和学习，提升个人的专业能力。

五、储备丰富的知识

国际中文教育是一个交叉学科，涉及教育学、管理学、汉语言文学等学科，需要国际汉语教师具有丰富的专业知识，能有效地开展教学。此外，还应进一步提高自身的文化素养，拓展百科知识，增强文化自觉能力，即对自己文化有自知之明的同时，具有世界眼光，理解异文化，增强与不同文化之间接触、对话、相处的能力，才能在文化教学或参加文化活动时更加游刃有余。

六、培养积极主动的心态

良好的心态对于个人的发展起着积极的推动作用，反之则会阻碍个人的发展。在国际汉语教师的专业发展过程中，会面临各种问题，如教学问题、环境适应问题、人际关系问题等等。保持积极乐观的心态，能够化解消极情绪，平静地解决难题。

第六章　归国“双语双文化”汉语教师国内中小学胜任力

1973年，美国哈佛大学教授、著名心理学家戴维·麦克利兰（David McClelland）提出一个人读书时的成绩优劣无法跟职场未来成功与否挂钩，智力测试无法预测未来的工作及生活状况，衡量工作能力的应该是隐含的、持久的个人特质，他将之称为“胜任力”。该理论的提出引起各领域极大关注，并开始了相关研究。胜任力的概念在学界并未达成统一的定义，大部分学者认为胜任力趋向于个体潜在的特征取向，是与工作成就相关联的知识、技能、特质或动机等。

教师胜任力是教师从事教育工作的基础条件，是将教师区别于其他职业的胜任特征①。教师胜任力指教师个体所具备的、与实施成功教学有关的一种专业知识、专业技能和专业价值观②，隶属于教师个体，是教师从事成功教学的必要条件和教师教育机构的主要培养目标，不仅仅是教师入职前考察工作前置的重要评价指标，更关乎教师专业发展的全过程。Hammond和Youngs（2002）

---

① Moss，J.，Jr.Assumptions underlying preserviceprograms for beginning- level vocational teachers[A]. In R.N. Evans，D.R. Terry（Eds）. Changing the role of vocational teacher education[M].Bloomington，IL：McKnight& McKnight，1971.29- 71.

② Carl Olson，Jerry L Wyett.Teachers need affective competencies[J].Project Innovation Summer，2000,（7）：30- 33.

的研究显示，教师自身是学生获得成就的一个主要的驱动因素，存在一些可以识别的教师特征，这些特征可以成为教师能否成功的前兆，提高教师的胜任力水平是提高学生成就的一个可行的重要战略。

由于汉硕招生人数不断扩大，而国内外汉语师资流动机制不健全，一些国家受二语政策壁垒影响等因素，导致汉硕海外就业不畅。尽管很多院校汉硕毕业生就业率达80%以上，却普遍存在对口就业率低、就业相关度较低等问题，大部分毕业生去了中学、公司、国家机关等行业（刘颂浩，2016；李美玲，2017；亓海峰，邵滨：2018）。近年来，汉硕在国内中小学就业比例呈显著上升趋势，两年内从20%上升至37.4%，而且68.23%的学生未来职业规划是考教师编[①]。2021年民大国教院毕业生在国内各大城市中小学就业的达到72%。截至2021年12月，国教院中美联合培养的86名学生中，由于签证、家庭原因等归国就业的共43人，在中小学任职20人，占46.5%。从图6.0可知，有近一半归国汉硕选择在国内中小学就业，且主要集中于经济、教育发达的北京和深圳两个一线城市，如北京中关村二小、北大附小、北师大附中、清华附中、深圳市各区的小学等。

① 吴松.后疫情时代汉语国际教育硕士培养现状调查与分析——以山东省五所大学为例[D]，山东师范大学，2021年。

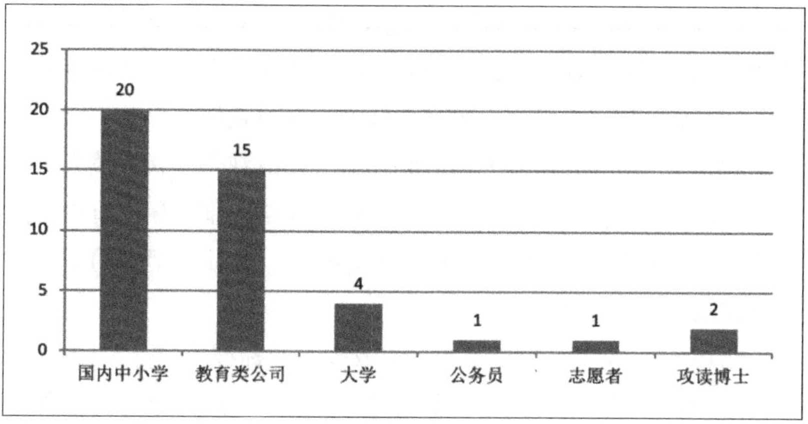

图 6.0：中美联合培养归国硕士国内就业情况

从学科归属和教师的专业能力看，汉语母语教师与汉语二语教师的培养具有一定的共通性和相关性。中美联合培养的归国“双语双文化”汉语教师具有何种特质，能够在名校云集、强手如林的应聘者中胜出？他们具有哪些可辨识的胜任力特征受到用人学校的青睐？在新任岗位上他们的胜任力如何？从二语教师转为母语教师他们会遇到哪些困难？对汉硕培养有哪些启示？目前，学界对汉硕就业的关注度很高，但关于汉硕在中小学胜任力的研究还处于空白，本章我们将讨论中美联合培养的归国汉硕在国内中小学的胜任力情况。

第一节　研究内容及研究方法

一、研究维度

Broadfoot（1987）提出教师专业能力是其开展教育活动和具

有专业水准的理论和实践的统一体，而教育技能、开展教学活动的能力以及教师职业的态度是教师胜任力结构的三个重要组成部分[①]。Donald M. Medley（1995）认为，教师胜任力分为三类：专业知识、专业技能或能力、专业态度或价值观[②]。中美联合培养的“双语双文化”汉语教师接受了中美两国教师教育，由中小学汉语二语教师转变为国内中小学语文教师，需具备相应的专业知识、技能及专业态度才能胜任。

2013年，教育部制定了《小学教师专业标准（试行）》和《中学教师专业标准（试行）》（简称《标准》）。这两个《标准》是国家对合格中小学教师专业素质的基本要求，是中小学教师开展教育教学活动的基本规范，是引领中小学教师专业发展的基本准则，是中小学教师培养、准入、培训、考核等工作的重要依据[③]。两个《标准》均由“专业理念与师德”“专业知识”和“专业能力”三个维度构成，其中，“专业理念与师德”内容一致，共四个子项：（一）职业理解与认识；（二）对学生的态度与行为；（三）教育教学的态度与行为；（四）个人修养与行为。“专业知识”和“专业能力”因教学对象年龄差异而略有不同。

---

① Broadfoot P. Teachers' Conceptions of their Professional Responsibility：some international comparisons[J]. Comparative Education，1987（3）：287–301.

② Skinkfied A T，Stufflebeam D. Teacher evaluation：Guide to effective practice[M]. Boston：KluwerAcademic Publishers，1995.

③ 教育部教师工作司组编.《小学教师专业标准》（试行）解读[M].北京：北京师范大学出版社，2013年，第1页。

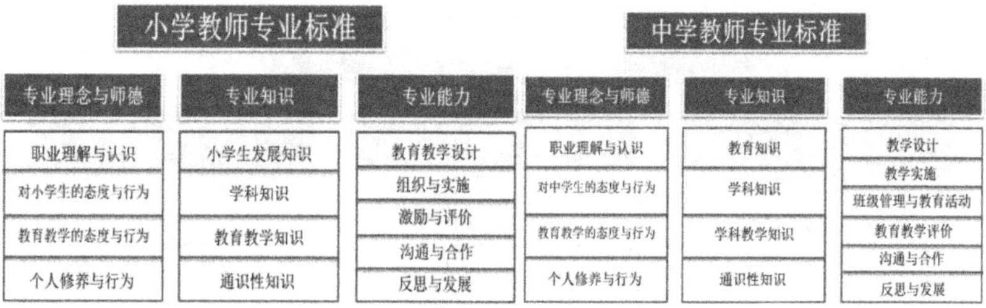

图 6-1-1：中小学教师专业标准

我们参考了中小学教师胜任力四维度（李英武、李凤英，2005）和中小学教师通用特征（范会勇，2013），以“专业理念与师德”“专业知识”“专业能力”为研究维度，对中美联合培养的“双语双文化”汉语教师在国内中小学语文教师胜任力进行叙事研究。运用主题分析法整理访谈材料并进行分类编码，以时间为发展为序，通过主题事件逐渐展开两位老师的教育叙事。在“专业理念与师德”维度中提取“职业理解与认识”“学生观和教育观”及“个人修养与行为”3个子维度；在“专业知识”维度提取“教育学知识”“语文学科知识”“语文学科教学知识”和“通识性知识”4个子维度；在“专业能力”维度提取“语文学科教学”“组织管理与策划”“沟通与合作”和“反思与发展”4个子维度，力图通过真实事件来呈现中美联合培养的归国汉硕从一名二语教师转型为国内中小学语文教师的胜任力形成过程及动态变化。

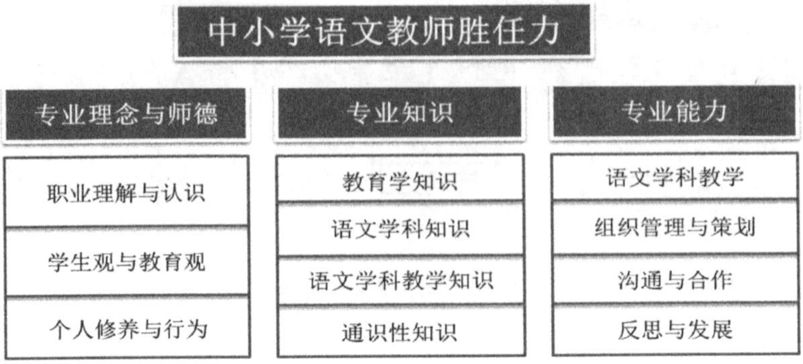

图 6-1-2：中小学教师胜任维度图

二、研究内容

1.研究内容

（1）中美联合培养的归国汉硕具有何种特质能够被国内中小学录用?

（2）国内外的教育经历对其入职国内中小学有何帮助和影响?

（3）归国汉硕在国内中小学的胜任力如何?哪些因素促成这些特质的形成?

（4）对国际汉语师资培养的启示有哪些?

2.研究对象

两位研究对象均为女性，参加中美联合培养，后因家庭原因归国，分别入职北京和深圳两个城市的中小学，从事语文教学。L老师，本科是汉语国际教育专业，毕业后曾任大学辅导员一年，在留学公司做过文书翻译。2018年考取国教院汉语国际教育硕士研究生。2019年赴美国P大学套读课程与教学（Curriculum and Instruction）专业研究生学位。攻读学位期间，曾在波特兰州一所公立中学——Hosford Middle School进行为期10个月的带班实习。2020年毕业归国，后入职深圳市福田区一所省级公办小学，担任语文教师兼班主任。工作期间曾获校级说课及公开课比赛奖项，由于表现优异，一年后被聘为校刊编委会编委。

Z老师，本科是中央民族大学汉语国际教育专业，毕业后考取国教院硕士研究生。2017年赴美B大学套读汉语教学专业，2018年毕业入职美国宾夕法尼亚州私立高中George school（乔治学校）任国际汉语教师。2020年归国，就职于北京市海淀区一所重点中学国际部，担任初中语文教师兼班主任，同时承担该校的雅思英语课、课后课、舞蹈团以及国际部的翻译工作。Z老师热爱舞蹈，从幼儿园到初中一直坚持习舞，主攻民族舞与中国古典舞，大学是学校舞蹈团团长，工作后也是校外舞队成员。

三、研究方法

本章采用质性研究中的叙事研究。通过线上语音电话的方式，进行一次或多次半结构性访谈。在事先征得被访对象同意的前提下，对访谈过程进行全程录音。通过多次转写、校对与归类，共整理访谈资料文本约7万字，并对访谈材料进行编码，提取关键事件，结合胜任力理论与中小学教师标准等进行解构与重构，归纳两位教师在国内中小学胜任力特征与影响因素，并对国际汉语教师的培养和就业提出相关建议。

四、伦理道德

本研究严格遵守学术道德规范及质性研究所要求的伦理道德原则，尊重访谈对象的个人隐私，恪守保密原则，相关研究内容均在访谈对象自愿且知情的前提下进行，全文采用英文字母代替访谈对象的真实姓名及工作单位。

第二节　L老师的故事

一、求职期：换个赛道竞争

美国很多孔院关闭后，下设的孔子课堂和汉语教学点失去了汉语教师的主要供给源。作为中美联合培养的“双语双文化”汉语教师，L老师熟悉美国文化和教育体系，拥有“三双一证”，具备在美国从事中文教学的资格，就业前景乐观，未来事业发展清晰而且空间广阔。然而，2020年她从美国P大学毕业时，恰逢新冠疫情肆虐全球。出于对健康安全、成家立业、父母生活等现实问题的考量，在反复权衡后，她选择归国就业。

由于汉教市场本身特点和国内汉教市场尚未成熟[①]等原因，汉教硕士毕业后继续从事汉语二语教学的不到30%（亓海峰、邵滨，2020）。国内中小学稳定的职位、相对理想的薪资，以及注重教师的综合素质等因素，成为汉硕毕业生的就业首选。L老师崇尚自由、喜欢小孩子，小学语文教师是她的最佳选择。归国后，她迈出职业生涯的重要一步，跨入另一赛道——参加了深圳的小学教师招聘。

我是喜欢小孩子的，因为一直待在学校里面，也比较适应学校的这种环境，所以觉得当老师还不错。比起其他城市,（深圳）薪资待遇确实是比较吸引人。我进学校的过程非常顺利。第一关校方面谈，老师先针对我的简历提问一些感兴趣的问题。他看到我在美国的这个经历，就问我在美国是哪个学校，学校排名是多

① 王海兰、宁继鸣.国际汉语师资的供求矛盾、成因与对策[J].云南师范大学学报（对外汉语教学与研究版），2013，11（5）：87-92.

少，在学校有没有得过奖学金，他很看重学习能力、奖学金、学校的学习成绩、班干部之类的。面试老师对我在国外的实习经历比较感兴趣。可能他觉得我在美国的教学经历是一个加分点。我们学校有初创的国际项目团队，他们就更想要会双语的，对写公众号、做宣传拍照、做视频这种有兴趣的老师。实际上，进校后我就参与了这个初创项目的创建过程、筹备过程，现在我也负责项目的宣传。第二关面试一共有三题。第一题是一个通识类的，比如说就教育名言谈一谈你的理解。第二题就是教学类的专业问题，比如说让你讲讲阅读教学怎么教之类的。第三题就是写板书，给你一个板书，你把它写在黑板上就好了。

我觉得面试老师想要综合素质比较强的人，因为真正入岗之后，第一，事情很多很杂，你怎么在有限的时间内把它做好；第二，就是在跟家长的沟通上，你有没有方法和策略；第三，学校想要比较大方得体，站在讲台上能侃侃而谈，有自信，活泼一点的老师。咱们汉硕中很多同学都是这种类型的人。因为教外国人，对文化各方面有一定的包容度，英语能力也不错。说实在的，我们学院的学生综合素质能力都不差。这跟我们学院的选拔的标准、选人的标准，以及我们的培养模式有关，学院的培养模式还是比较有特色的，也是亮点。从一开始进来我就特别忙，课程设计得满满当当，包括很多实践性的活动，你能够得到真正的锻炼。所以去面试的时候或者其他场合，都不怯场，因为从考这个学校开始，就要不停的展现自己，才艺也好，或者是试讲，或者是英语。我觉得我们学院挑人很准，是用人单位都很喜欢的那一类人，也跟咱们老师的水平有关，能够选出综合能力比较强的人，所以我们学院的学生基本上战斗能力很强。

L老师的招聘过程非常顺利。校方招聘十分重视教师的综合素质，尤其是多线程协调处理事务的能力、沟通能力、教师教学形象等以及教育实践经历等。L老师对这些方面非常自信，她认为这得益于国教院的培养。国教院“挑人准”，硕士面试选拔从综合素质（含思想品德）、汉语基础知识、英语听说、交际应变能力、中华才艺展示、科研能力等环节，选拔综合素质较好、汉语基础扎实、口头表达能力较强、跨文化交际意识强、英语表达流利且具有一定中华才艺基础的人才。国教院培养模式“有特色，是亮点”，课程设置注重教学理论与实践相结合，强调教学实践能力的培养，实践类课程占所有课程的53%，如少儿教学技能课、口语教学技能课、汉语作为第二语言教学系列课程等。课程类型和内容多元、展示机会多、训练强度大，丰富的实践机会增强了L老师的教学体验，使其面试中能够自信从容地站在讲台上。中美联合培养的经历以及长达10个月的美国中小学教育教学经历成为她的独特“标签”，双语能力和海外留学经历使其具有“不可替代”性，在招聘中脱颖而出。总体而言，民大汉教硕士综合素质强、沉稳大方、性格活泼、开朗乐观。L老师所在的面试组最终录取5名候选人，除北师大1人，英国海归1人，其余3人均为国教院汉硕，进一步证明国教院学生的“战斗力很强”。

二、阵痛期：跌宕起伏的教学体验

带着憧憬和期待，L老师来到了国内教育改革的前沿阵地——深圳市中心城区的一所历史悠久的小学，正式开启小学语文教师的职业生涯。作为刚毕业的新手教师，在职前小学教育缺失和小学实习经历空白的情况下，L老师被“推上”讲台。面对不熟悉的小学教师身份和新的工作内容，她经历了紧张、慌乱和忙碌的“苦闷期”，但凭借中美两国教师教育培养的各种能力，L老师很快适应了小学语文教师工作。随着工作的推进，她在感受中美教育差异的同时，也遭遇了“心理失衡”与“价值怀疑”。

故事一 从“零”开始的教学体验

去学校之前没有人告诉我要教哪个年级，也没有给教材。正式开始上课两三天前，学校才告诉我要教一年级。一两天后我才领到教材，当天晚上才开始去设计课堂教学。由于刚接触国内语文教育，我对要求孩子们的标准和对教材、大纲的解读还比较弱。第一个月是最痛苦的，没有人教，也没有人带，没有人管你，去上第一堂课之前没有人告诉你对或错，或者怎么上，还要备课，但是教材什么的都不熟悉，所以我整个人就很慌张，很着急，不知道该怎么上。然后我自己就去找一些课件、看教参。刚开始的一个星期，每天晚上都是设计到两点多的，做PPT、改PPT，当时很疲惫很崩溃，超级累，没有心思和时间想其他的。

幸亏我之前有过在美国实习的教学经历，在实习期间，大学会派导师来听我的课，给我意见和反馈。每次课前，在得到学生和家长同意后，我都要做课堂录像。课后我复看录像，跟指导教师讨论，以便下次课有所提高。我们在民大国教院时也有一些课堂演练和课堂教学设计。正因为有过多次上讲台的经历，所以我不会很胆怯，反正上去就讲了，也挺能讲的，其实我在教学上还相对比较适应。

由于疫情，L老师入职后并未实习就接任一年级新生并担任班主任。初次接触国内语文教育，从汉语二语教师转变为母语教师，她的语文学科知识相对薄弱，对教材不熟悉，对教学标准和教学大纲不了解，这让L老师非常焦虑，从“慌张”“着急”“不知道怎么上”“痛苦”“崩溃”等一连串词语可以感受她当时无助的心情。由于学校对待新教师的风格是“静待花开”，自我成长。L老师只好自己找课件，看教参，每天晚上设计到两点多，可见其具有较强的教师责任感和内省意识。国教院和美国的教学实习实践经历赋予她沉着稳定、不怯场的教学底气，也避免了因语文学科知识不足而导致教学缺乏自信的问题。尽管语文教学经验有限，但不影响其成为一个有经验的教师。L老师迅速适应了教学，班主任管理工作也步入正轨。当她的关注点从教学生存转移到教学价值时，理想与现实的差距却让她陷入了迷茫。

故事二　当“保姆”还是“老师”？

第一个月过后，我就进入到被小孩困扰的阶段，对这份工作产生了怀疑。让我不适应的就是小孩，当时心理落差很大。因为孩子们从幼儿园进来我就接手，所以他们整个状态还是幼儿状态。每一天都叽叽喳喳，每天围绕你的就是吃喝拉撒的这些小事。我就每天跟在他们后面捡垃圾，我就感觉我自己像一个保姆，而不是一个老师，接手小孩这个事情让我感觉很不适应。从幼儿园进入到小学刚开始这个阶段，一般家长对孩子的关注度是最高的，因为害怕孩子不适应，每天都想知道他在学校怎么样，所以你也会花很多时间跟家长沟通。我就会觉得说“我适合吗?”读了这么多书，现在干的这个工作感觉有点价值不匹配，会觉得有很大的落差感。因为换一个人，他也能做，甚至换一个比如说带过小孩的，反正他能做得比我更好。教学中教的东西非常简单，觉得也没有体现你的价值。所以第一个学期第二个月我就陷入一个迷茫期，对这个工作陷入怀疑，对自我价值陷入怀疑，感觉很挫败。也会觉得读了一个还可以的学校，也读到研究生了，现在又来教小学语文，心里会失衡。

从教外国人到教中国人，从教中学生到教小学生，教学对象不同带来的教学差异让L老师产生了很大的心理落差，而源头就是“被小孩所困扰”。她认为教学内容太过简单，工作重心集中在小孩子的生活服务、与家长沟通上而非教学，感觉自己像保姆而不是教师，硕士学历教小学语文感觉价值不对等，频频产生“迷茫”“挫败”“怀疑”“没有体现价值”等负向职业情感，教育热情和工作积极性受挫。此时，L老师认为小学语文教师职业的技术含量低、可替代性强，对该职业的专业性和独特性不认同。除了教学对象和教学内容外，中美教育教学管理方式的差异也给她造成了困扰。

故事三　重“知识”还是“能力”?

美国的课堂跟我们有挺大的区别。我最大的两个感受，一个是课堂纪律氛围，一个是课堂容量。我在美国学校实习的第一个感觉就是课堂纪律和氛围跟中国课堂很不一样，整个课堂氛围很轻松，学生的自由度更高，老师的个人风格比较活泼、不是很严厉，对待学生要求不严格，比如美国课堂上学生是可以随意站起来或者四处走动的。我们的课堂上会有很多规矩，比如说要坐端正，守纪律，不能讲小话等等，这就是课堂管理的一个差别。第二点是美国课堂容量其实很少，他们基本上一堂课最多1～2个教学点，课堂老师很少讲，基本上就是做活动。在这个活动当中学生去跟他人沟通，然后去理解、去渗透，可能时间长了，确实他们的合作能力、沟通能力就提高了，遇到问题时，他自己想办法去解决的能力会要更强一些，这个在中国很难实现。我当时在美国教的班级只有23人，这已经属于比较大的课堂了，私立学校一个班只有几个人。但我现在带的班有45人，三年级有的班级五十好几。23个人的话，你关注到的学生就会更多，而我们现在的班级人数太多了，有的东西就用不了。当时在美国有些软件很好用，比如一些小游戏，在中国也用不了。这些曾一度困扰着我，到底我要应该用什么样的方式设计教学，培养学生的知识还是能力?

亲历了美国中学的教育，L老师很喜欢轻松自在的课堂氛围，学生自由度较高的课堂；她希望在课堂上让学生有更多自主性和互动的机会。在国内语文教学中，L老师试图用她欣赏的方式去教学和管理，培养学生的综合能力。然而，中美国情和教育理念的差异限制并困扰着她，她开始思考在教学中究竟要培养学生的知识还是能力？

三、蜕变期：他山之石可以攻玉

2019年，国务院发布了《关于深化教育教学改革全面提高义务教育质量的意见》，强调要优化教学方式，注重启发式、互动式、探究式教学，融合运用传统与现代技术手段，重视情境教学；探索基于学科的课程综合化教学，开展研究型、项目化、合作式学习[①]。接受了美国的教师教育，L老师一直认真思考如何从美国的教育教学经验中汲取养分。经过深入地观察，她开始尝试在教学中设计情境式的活动、制作直观有趣的教具、布置分层的任务作业、施行平等与尊重的沟通风格，注重对每一个学生的教育关怀。多元化的教育理念使她获得学生、家长和领导的肯定，她也走出了一度困扰她的泥潭。

故事四 “活”起来的课堂

美国的课堂有很多与孩子生活实际相关的活动设计。我实习时，每天都在冥思苦想怎么样把活动设计得有趣一些，让他们能够投入进来，能够被我的活动吸引到课堂中，感觉“咦，很有趣”。学生有自主权，就像一个大人一样，自己去模拟也好，去设计也好，去沟通也好，他们就会比较感兴趣。当时，我在六年级做助教，老师创设了很多真实的生活情境，有一个真实的模拟对话，让他们提前去演练，去沟通，去交流，这可能也是我学到的一个点。这些课堂活动都值得借鉴。教学中我会设计一些表演

① 中华人民共和国中央人民政府：中共中央国务院关于深化教育教学改革全面提高义务教育质量的意见，2019年7月8号，http：//www.gov.cn/zhengce/2019-07/08/content_5407361.htm，2019年7月8号。

的环节，会设计很多情景，比如说“语文园地”帮助他们认字的时候，我会实实在在给他们一个情景，比如说给一张火车票，让他们去认去找信息，用一些与生活实践有关联的活动，他们也比较感兴趣。我的教学也会涉及很多课堂活动，包括公开课。一定会有一个小组合作，展示的活动也好，学生自主小组合作的活动也好，活动只是作为其中的一个环节或者是放到最后，不会把活动贯穿整个课堂。

美国中学的教学实践经历对L老师的课堂教学设计产生了较大影响。在国内小学语文教学中，她将美国课堂教学设计理念运用于教学中，通过表演、设置情景、完成任务等丰富多样的活动，更好地完成教学。L老师的课堂活动设计以发挥学生的主体性，让学生有所获为目标，遵循生活化、情景化、项目化原则。即使在公开课上，也同样要给学生留出小组合作或展示的自主活动时间。丰富的活动设计充分调动了学生的兴趣，真正做到“以学生为本”，让学生们“在做中学”。这样的语文课也顺应了课程改革向合作、交流、探索方向发展的教育改革动向，新颖的活动使原本沉闷的课堂变得多姿多彩深受学生的喜爱。

让我觉得教外国人和母语者这两个工作最有共性的地方，就是教汉字和拼音。教一年级孩子汉字和拼音跟教美国的中学生一样，基本上他们都是在零起点。在一些认字识字、写字的方法上面都有一些共性，这一部分教学法差不多，是可以迁移的。美国的教育带给我教小学语文的启示就是会多准备一些教具。我的一个同事观察我，他说你每天都做好多教具啊，别的语文老师也这样吗？有一段时间，每天晚上我都在剪剪剪，准备语文课堂上使用的教具。比方说学古诗，古诗里面有一些需要认识的字，我那个晚上剪了200个字，每个字后面贴上双面胶。一共六首诗，每个小组一首诗，我给每个小组一张诗句挖空生字的纸，他们要把

> 字认出来，把生字卡片贴回到古诗里面，然后再设置小组比拼，这个过程他们都好喜欢，参与度很高。比方说学象形字的时候，我除了在PPT上展示象形字怎么变成今天的月亮，怎么变成今天的太阳，我还把它打印下来剪成个小卡片，谁猜中了就送给他，他们也很高兴。

接受了美国的外语教育，L老师发现汉语母语教育与汉语二语教育有很多相似性，她将在美国汉语教学中的一些方法移植在语文教学中，取得了意想不到的效果。美国小学各学科教师在教学过程中都非常重视教具的使用，教师应有能力自己设计制作教材教具，“动手做”的教育理念贯穿美国小学教育（贺怡然，2014）。在美国教学现场的耳濡目染，使制作教具成为L老师语文课堂活动设计的重要依托。根据低年级儿童的身心发展特点，她主动设计制作多样性、直观性、趣味性的教具，不仅丰富了自身课堂教学的表现力，而且调动了学生参与课堂的积极性，更好地帮助学生理解教学内容。在L老师的课堂里，除了“活”起来的情景活动设计与教具，作业任务也是“活的”。

> 我觉得美国的分层教学做得比我们还是好一点。之前在美国实习时，校长来听我的课堂，他就发现坐在前面的孩子跟着听，后面几个学习不认真的在聊天，而我布置的作业还都是一样的，他就建议我设计一个菜单式的作业任务，好孩子可以全部做完，或者做到某一项，差的孩子做一个，只要做了一个，都有奖励，就能够激励到他。我现在**有时候也会留不同的、有差别的作业**。比方说学完一篇课文，有的孩子能够自己仿照课文说话写句子，有的孩子能写出字来，有的孩子还只能用拼音，这个时候就会给他们布置那种选择性的作业。

美国个别化分层教学发展历史悠久，是教育改革中最活跃的领域之一（叶 琳，刘文霞，2008）。目前，国内对分层教学的呼声也越来越高，“双减”政策进一步推动教师提升关注学生的个性化和差异化需求的课堂教学素养（李琼，孙晓红，2022）。L老师在美国教学实习时的经历，让她对分层教学在教育中的重要作用体会深刻，她将分层作业用于国内小学的语文教学中，收到了良好的效果。

小学阶段是学生个体心理发展的关键时期，处于这一阶段的学生比较敏感，自尊和自卑并存，易于产生过度的自我防备。班级管理是建立在有效的师生沟通和理解上的，如何更好地理解学生、实现有效的师生沟通是教育教学工作中的重点和难点。当前，许多小学班主任都是由语文教师兼任，语文教师既承担着班级管理的责任，同时也需要负责语文教育工作[①]。由于缺乏班级管理经验，对班级事务及与家长间的沟通和协作不熟悉，班级管理往往成为新任教师的一大难题。L老师自觉进行中美课堂管理的对比，将美国课堂管理的一些理念运用于小学班主任工作中。

故事五　我的学生不怕我

在美国读书时，我们有一门很重要的课就是课堂管理，我觉得收获挺大的。在课堂上老师会教一些如何跟学生沟通、发生一些冲突的时候怎么去管理的技巧。美国的课堂管理跟中国的确实很不一样，不会像中国一样，比如说采取命令式的口吻跟学生讲话。在美国，学生的自由度很高，讲究尊重孩子，面对小孩子时，你有什么要跟他沟通的，要蹲下来，平视他，用比较柔和的语气，看着他的眼睛，讲你的要求或者希望他怎么做，我现在就会这样。我们班孩子有情绪很不好或者发生什么事的时候，我会给他创造一个比较安全的空间，在只有我们两个人的时候，我会蹲下来问他发生什么事情，让他讲他的故事。我发现这样的话，

① 金妹.小学班主任管理工作与语文教学的有效结合[C].中国管理科学研究院教育科学研究所.教育科学网络研讨会论文，北京，2021.

他们也比较容易跟我讲。

我们班有个小孩，他妈妈是那种很强势的妈妈，让他学这学那，给他的压力比较大，然后我就发现他课堂上整个精神状态不太好。我先通过跟孩子沟通，了解他的意愿，然后和他达成协议。我说现在你不想学街舞，我可以跟你妈妈沟通，但是你要做到哪些，达成一个协议，然后我就会打电话跟他妈妈沟通这个事情，包括孩子的想法之类的。这样就是一个获得孩子信任的方式吧，我觉得他们跟我关系还是比较近的，发生什么事情也愿意跟我说。

关于学生和老师之间的关系，中国是学生对老师比较尊敬，也比较怕老师，美国则是老师和学生更多是一种平等的关系，这是另一个区别。我带班的风格跟别人有一个比较大的差别就是学生不怕我，跟我的关系比较亲近，因为我会很公平地对待他们，在原则上的事情他可以跟我辩解。比如有的孩子遇到不公平或者什么情况，他会委屈，会跟家长说，但他不敢跟老师说，也不敢有意见，但是我的学生会直接跟我说，跟我讲道理，然后我们会采取一种比较平和的沟通方式去解决，这也是我在美国学到的东西。我觉得美国的教学经历和学习经历，更多的是给我带来思想上的变化，就是一种潜移默化的渗透，会觉得那样的工作方式会比让学生因害怕你而听你的话要好一些，因为现在时代也在发展，小孩其实是有自己的想法的，是需要沟通的。你更多的是用你的想法、你的经历去影响到他，而不是用一种命令的口吻让他去服从你。我目前跟他们关系还是挺好的，他们也会比较愿意听我的建议和想法。但是，这个方法我觉得在低段班级效果不明显，比如我们班纪律肯定没有严肃的、管理严格的老师班级那么好，但也还不错。但是从长线来看，你用这种方式的话，他越长大他会越好。比如说我们班现在二年级了，同学们上台表演话剧什么的，他们就能够做得很好，表现力也比较强。从长远来看，这种方式可以培养他们的思维活跃度、表达能力、自信以及其他方面的能力。

接受了美国的教师教育，人本主义教育理念潜移默化地影响着L老师的教学思想。在国内小学教育中，她尊重每一个孩子，积极创建认知平等的“对话文化”，客观地倾听他们的心声和诉求，了解他们的意愿，和学生的心灵实现同频共振，不因自己是教师而剥夺学生的话语权，用命令使学生顺服，而是鼓励学生去沟通和表达。在与学生交流时，L老师并没有以成人的权威居高临下地对待学生，而是采取“蹲下来”的方式进行平等对话，拉近了师生间的距离，减少教师带给学生的压迫感，让学生充分感受到老师的关心与尊重。由于构建了平等的师生关系，L老师赢得了学生的信任，学生不怕她，愿意与之分享自己“不能说的秘密”。

L老师的教育理念中具有“长程意识”，兼顾“现实维度”与“未来维度”。所谓“长程意识”是以长远目标为前提，对学生成长教育的整体结构进行分析，在对特有的育人价值产生思考和认识的基础上，进行有层次的整体性设计，理解各教育点之间的关系，不仅对学生的现实负责，还要对学生离开学校之后的未来负责。L老师在教育学生的过程中更加注重培养他们的理解能力、思辨能力、自我表达的勇气、想象力和创造力，“长程意识”使学生的综合能力得到更好地发展。当面对一年级下学期班级纪律出现反弹的现象，L老师又从美国的教学经历中找到可以借鉴的班级管理新方法。

故事六　我的班规我做主

一年级上学期放假的时候我们班还非常好，下学期开学后就很奇怪开始反弹，纪律不好，学生的状态也不好，我也有点焦头烂额。后来，请教了一些老师，自己也不停琢磨，采取了一些新方法还挺有效。

首先我建了一个班规，这个班规是我跟他们共同商讨出来的，然后我会一条一条地打出来，贴在我们班的墙上。跟小朋友共同商讨班规，这个点子也是我在美国学到的，这样会获得他的认可，因为你自己立了一个班规，你给他读他记不住，但是如果你跟他们共同讨论完了再形成一个班规，因为这些是他提出来的，他们就会记得更清楚，哪些可以做，哪些不可以做。而且有时候我会比较心软，比如有时候我会说谁没做好扣一分，我本来想说好不容易挣个贴纸，少扣一点，结果他们同学自己监督，就说“老师，不对，是扣两分，他是组长要扣双倍”，我就扣两分。就是因为他们自己商讨，自己更清楚，自己也去互相监督。感觉他们状态又回来了，所以这个学期我带的还是很轻松的。

其次，设立奖励机制对班级管理也有明显的作用。美国有很多奖励机制，我就在这些奖励机制的基础上，结合前辈的一些做法，实行了“积分兑换等额礼物制”，即根据小组日常表现发奖品。奖品是给整个小组的，五人一组，我会给六样东西，那就会有一个人得到更多。奖品也是分等级的，有他们都想要的，也有一般的。每个小组有一个小组长，组长负责分礼物，但是怎么分配，就让他们自己去决定。我还跟他们说，作为小组长你要有策略，你可以去鼓励他，比如虽说这个同学现在的表现不好，但是他进步了呀，你也可以分他一个好的礼物，跟他说你希望表现再好一点，那下次他就会有进步，反正就是随他们了。他们分的时候我会去看他们小组怎么分配，这也很有意思，不同的组长也会有不同的方法，有的小组采取公平的原则，谁分高谁选，有的小组就会采取鼓励政策，他们自己会想办法的，其实小孩真的很聪明。

对学生的关爱和理解是教育管理的出发点，但仅凭借关爱来完成管理工作是不够的，还需要有公平合理的机制来约束。在班级纪律出现反弹的情况下，L老师积极采取应对措施，借鉴了之前在美国学习的课堂管理方法，与学生共同商讨制定班规。这种民主商议决定的方式，尊重了每个学生在班级中的主体性，调动其主动参与班级管理的意识。不仅增强了个体在集体中的归属感，班级管理也由教师个人监督转入同伴监督、自我监管的良性循环中，而提升自我管理能力，对学生的长远发展有很大益处①。L老师尊重且信任学生，支持学生的选择，注重培养学生解决问题的能力和决策能力。在教育教学中，她能够把握教育时机，将大道理融进小举动，变无法为有法，真正化教育于无形。当奖励机制由等额变为差额，班级管理机制的引导启发功能更强，学生们在竞争的同时具有团队合作、共同进步的意识。这不仅体现了L老师的活动组织能力，而且她将思政教育融入日常教学中，做到“润物细无声”。“差额奖励机制”的设立，体现了L老师的反思意识、终身学习意识以及对教学资源整合与开发的能力。

学生的学习和发展模式因人而异，美国中小学教育强调非同质教学，注重发挥每个学生的特点，使其获得独特的学习体验。教师要能够关注每个人，根据学生的多样化特点进行差异化教学。学生在包容、和谐、平等的学习环境下，也能更好地发挥自身的创造力和潜能，使学习效果达到最优化。L老师深知教师的态度与行为对学生的深刻影响。因此，在国内小学教育中，她关注每一个学生，相信孩子的潜力，平等对待每一个孩子，不因小概率事件而给孩子定性，欣赏鼓励孩子，让爱的阳光照进每一个“角落学生”。

---

① 王凤兰.核心素养背景下小学班主任班级管理的创新[J]，科幻画报，2021（12）：175-176.

故事七 让阳光洒进“角落学生”的心里

公开课上可能有的老师就会选那种表现很突出的小孩，但我不是。只要他愿意举手，他有勇气，我知道他答不好，但是我也给他机会答。关注到所有学生的教学理念，也是我从美国的学习经历中借鉴到的，具体有多大影响我不知道。其实我个人性格本来也就是这样的，我认为对于孩子，你总是要给他机会，给他舞台，让他去展现，不管他能不能有好的效果。很多老师也比较欣赏我这一点。一堂公开课你可以上得看起来很完美，学生回答问题的答案都是那种很优秀的，其实有好多是提前演练的，但是我上课时就是真实的课堂，我没有给他们提前演练，也会给平时我就知道他的回答可能没有那么好的孩子机会。我会看见他想答，怕他不举手，我会说“我看你很想答，你自己来答”。

我这次的公开课，校长和教学主任跟我说我会关注到学生，觉得我这一点是做得很好的。那一次校长跟我讲，一堂公开课上得好不好不重要，关键是你能不能够影响到你的学生，有时候老师的一个决定，对于孩子来说可能影响是一辈子的。我在跟孩子相处的整个过程中渐渐意识到这个道理。你知道有的孩子他表现没有那么好，其实是有很多原因的，但是你给他一个机会，他可能就会不一样，他就会觉得自己获得了很多信心。这个对于孩子的影响来说是很大的，可能是影响他一辈子的事情。所以不管那个孩子他昨天犯了一个什么样的错误，有多过分，或者怎么样，我都不会给他定性，第二天我还是会尽量把他当作一个新孩子来看待，重新给他机会，忘记昨天的事情，尽量平和地对待每一个学生，给他更多机会和时间，让他慢慢地去成长。比方说我们班一个孩子成绩不是很好，但是他非常在乎别人的表扬或者他的成绩。有一天我就看到他特别寂寞地坐在角落里面，我鼓励他说明天有一个学校期刊投稿，你要不要试一试，这个会有奖品啊什么的，就跟他说一说、聊一聊，然后他最后就真的投稿了，文章也被选中了。

美国教育家内尔·诺丁斯将关心引入学校教育中，提出构建一种关心型的师生关系。所谓关心型的师生关系，就是指在具体的教育情境中，师生双方以知识为载体，通过相互关心实现心灵沟通、情感交融、生命成长的我 — 你关系。L老师在教学中一直贯彻“关注每一个学生”的教育理念，即使在公开课时，她也会给每一位想展示自己的同学机会。领导和同事的赞赏与肯定，强化了L老师“影响学生”而非“教育学生”的职业理想和专业理念。

四、稳定期：学生是我的幸福源泉

新任教师处于教师职业生涯的开端，面临着从学生身份到教师身份的转变，会遇到各种问题和挑战。L老师既要适应身份的转换，适应并不熟悉的教学对象，同时还要高质量地完成教学工作和班主任工作，她形容自己入职的一年半时间是在“心力交瘁”中品位点滴幸福。也正是经历了这个过程，L老师走出刚入职时“价值落差”的迷茫期，她的职业理解和教育态度发生转变，开始认同并热爱这份职业。

第一个词（感觉）就是心力交瘁，因为做这个职业，不仅是教知识，还要育人，发展学生的能力等。总之，小学生方方面面的行为你都要关注到，每天投入的精力特别多。事情太多了，带学生一天下来感觉元气被耗尽了。我早上教学，下午又教学，还当班主任。从早管到晚，中午跟他们一起吃饭，然后陪他们睡觉，再到现在又延时服务，还要看他们学习，跟家长沟通，处理小孩子的矛盾，你真的是火急火燎。这还只是教学工作、班主任工作，还没有涉及到学校的工作。

我的幸福感主要就是来源于学生，体现在点点滴滴。小孩的世界很纯真，会有很多好笑的事情，我觉得小孩子挺有意思的，跟他们相处也挺快乐。所以虽然说是心力交瘁，但是也能收获很多小小的温暖和幸福。总的来说，这还是很有幸福感的一个职业。比如说我过生日的时候，我一回办公室，桌上摆满了卡片。然后还有很多细节，他们平时会做很多手工的小礼物送给你，不值钱，但都能感觉到是孩子的心意。再比如说我累的时候，我们班有小孩马上就能看出来，他会来帮我捶肩、捶腰各种。这个幸福感一阵一阵的，孩子有时候是小恶魔，有时候是小天使。有时候我真的很累或者很生气，但是你看着他们的脸的时候，你又会觉得就没那么气了，不会真的去计较。下午孩子给你一个纸条，说“老师我们再也不惹你生气了”，马上气就全消了。像我心态比较平和，我觉得这份工作简简单单的，能够得到来自学生的认可，看着他们很纯真很可爱的，就会让我比较开心，所以我还是比较享受的。这种单纯的环境以及学生给我带来的快乐，我是比较满足的。现在每上完一堂课，如果孩子会的特别多，特别投入的话，我都会有成就感，能让每一个孩子有进步我就很开心。如果你只关注到他们不会的地方就会越来越挫败，越来越不开心，但如果关注的是他们有收获的地方，成功的地方，就会激励自己越来越有工作的兴趣。

L老师时刻关注小学生的学习、健康各方面的动态发展，在教书的同时做到育人，在解决问题中培养学生对待事物的正确态度。对待工作，她非常认真，敬业地处理每一个细节，而非仅仅完成任务。在L老师付出的同时，孩子们的童真和可爱也感染着她，他们的信任和依赖带给她无限的幸福与温暖。从“享受”“快乐”“开心”“满足”“幸福感”这些积极词语，可以看出L老师对目前的工作状态非常满意。从“小孩子挺有意思”“纯真可爱”“跟他们相处也很快乐”“马上气全消了”透露出她对学生的喜爱以及对教育事业的热爱。此时，L老师意识到刚入职时自己对小学语文教师职业产生了误解，深刻理解到当好一名小学语文教师并不容易，“得学习能力很强，得很上进，才能把书教好。看似最简单的把课上好、把学生教好，这是最基本的事情，也是最难的事情，因为它真的是很有学问的，要学的知识特别多，所以我会觉得这份工作是有价值的。”而成为一名合格的班主任，不仅需要付出辛勤的汗水与教育心血，更需要高超的教育智慧和沟通技巧[①]。因此，她开始反思自己的教学，在反思过程中进行自我认知、自我评价，促进个人的专业成长。“现在就是想把自己的能力再提高一些，很渴望有人教我，但是没有这种条件，那我就自己多跟其他人学一学，或者自己多读书、多写作、多搜集资料，慢慢把别人的东西变成自己的东西，自己慢慢地就提高了。”小学语文教师一定要根据实际的情况和自身实际需求来科学地制定好合理的职业生涯规划与专业发展策略[②]。在学校对新教师专业支持力度不够的情况下，L老师的专业发展规划是“多跟其他人学一学”或者“自己多读书、多写作、多搜集资料”，多思考，多听取学生的反馈，让自己慢慢提高。

中美联合培养的经历，让L老师更加深刻地体会到两个国家教育之间的差别，并能汲取美国基础教育中的优势，将其运用于个人的教学和班级管理中，如课堂活动设计、与学生沟通的方式以及平等的师生关系等。更为重要的是，这段经历潜移默化地影响了L老师的教学理念和教学风格的形成，对其未来的职业发展起到重要的推动作用。

美国留学的这段人生经历影响到我未来人生的各个方面。现

① 朱萌.小学师生沟通艺术探究[J].教书育人，2021（34）：78–79.

② 高嵘.小学语文教师职业规划与专业发展个案研究[J].新作文（语文教学研究），2016（6）：60–61.

在我自己特别喜欢鼓励别人、激励别人，也喜欢做出一些改变，做与别人不一样的事情。我希望我的经历、眼界能够开拓孩子们的眼界，带给他们开阔的思想和包容的心态。孩子们的眼界一旦开阔了，就不会以自我为中心，就会有斗志、探索欲、好奇心，不会因为某一次失败而耿耿于怀，局限在某一个地方，这对于未来的人生选择，也是比较有帮助的。在课堂上我会用很多我自己的资源启发他们，比如说哪一课跟探索大自然有关，我就会引入一些我自己旅游的东西，图片也好，视频也好。他们很喜欢看。对他们也有一定的影响，因为他们对大自然很好奇。我们班有很多学生，很爱看那种自然科学的书，读得津津有味。我还会引入很多时政热点，比如说国旗下的讲话、国家层面的重要盛典、宇宙飞船的发射之类的，他们都听得很认真。

L老师热爱并享受多元文化，大学时就去过很多地方包括出国，具有多元文化观。她将自身经历作为有效的资源库，在培养学生多元文化意识和全面发展过程中起到重要的促进作用。L老师的职业理想明确，即以人格魅力、学识和眼界感染学生，将开阔的思维和包容的心态渗透给学生。她充分挖掘教育资源的广度和深度，实现资源有效整合，以开阔学生的视野，激发学生对世界的好奇心和自由探索的精神，塑造阳光心态。这也体现了L老师赤诚的教育热情、长远的教育规划和自觉自愿的教育担当。

第三节　Z老师的故事

一、求职期：汉教人不是“四不像”

从美国B大学毕业后，Z老师如愿成为一名国际汉语教师，入职于美国宾夕法尼亚州一所具有百年历史的寄宿制私立高中George school（乔治学校）。Z老师承担IB课和普通中文课，还兼任dorm parent（寄宿部负责人）和international student sponsor（国际生负责老师），她度过了一段快乐而充实的时光。2020年，受新冠疫情和国际形势的影响，在家人的强烈要求下，经过激烈的思想斗争，Z老师决定辞职回国发展。经过考量，Z老师将求职目光锁定在北京市一所知名高校所属的私立国际学校。该校2020年成立，实施中国基础教育国际化课程体系和教育教学管理模式，打造“类海外”的国际教育服务环境，培养具备社会责任感，具有中国情怀和全球化视野，具有创新力、领导力、解决问题和跨文化沟通能力，身心健康、全面发展的国际化卓越人才。经过两轮笔试，三轮面试的激烈竞争，Z老师成为唯一入选者。

参加笔试和面试的人很多，一起竞争的人都是各公立学校的语文老师。第一轮面试是自我介绍和各科目教师提问；第二轮面试是试讲，抽题准备20分钟；第三轮是跟校长谈工作细节。第二轮试讲我记得当时只有三位老师，除了我，另外一个女孩子年龄也不大，还有一个大概50岁的男老师，看起来非常有经验，最后学校只选择一个。说实话，我没有任何国内语文教师的面试经验，不知道他们会考什么，也没有提前准备，当时真的就是现场准备现场讲。我当时就想，如果国内找不到合适的工作，我肯定回美国。也可能因为我没有压力，表现不紧张，最后进入了校长面试环节。原本我报考的高考班，但是校长跟我谈过以后，将我分到了国际部。

如果只看专业的话，这个专业跟语文教学并不直接对口，但是学校选中了我，我觉得是看中了我的综合素质，在语文学科教学方面有可培养性。汉语国际教育是一个跨学科的专业，这是毋庸置疑的，现在我们专业的课程体系设计得越来越好了，更注重对我们自身素质和底蕴的培养。咱们专业出来的学生教姿教态没有问题，首先站在台上不怯场，能把课堂撑起来，我觉得这是最基础的，上台的能力决定你是否能从事这个行业。再加上你有一些语文学科底蕴的话，我觉得我们的优势会比那种纯学文学或者是纯语言学专业但不会讲课的学生要强。我本科在民大读对外汉语，民大汉教专业课跟汉语言专业的重合度很高，汉语言文学的专业课我基本都学过。在美国读研的时候上过关于儒家和道家的中国哲学课，主要讲解儒道哲学思想，还有东亚史和中国电影。相对来说，文化底蕴和之前的积淀还不错，临场应变能力还比较好。后来我跟语文组长熟悉了，她告诉我很多应聘老师像北大文学系等毕业的，我们学校没有要，主要是因为不会讲课。

我们研究生的课程设计不都是在讲课吗？这都是锻炼，而且还参加什么教学大赛。可能我更多地知道教学中怎么营造教学氛围、学习氛围，这是我在研究生那一年课堂上学得比较多，进步比较大的。我记得当时的教学技能训练课，有好几位老师上课，用处特别大。不同老师有不同的风格，侧重点也不同。每一位老师上课的时候都有自己的特点，能让我从中学到一个特别好的地方，在教学当中能够让学生感受到互动性，有时候是老师的语音语调，有时候是肢体，有时候可能是面容表情。这个在不断观察和小组合作中提升最多，同学们开始可能还怯场，然后到放松，从不会提问到会提问，从一开始只是专注把课讲完到把重点放到关注学生身上。这些细节只能在实践当中练出来。光凭写教案什么的，还是纸上谈兵，只有在课堂上试过以后才行。我们专业的学生是真的有综合实力，而不是所谓的“四不像”。

我觉得学校看中我的另一个重要原因，可能是我的双语能力和才艺。国际学校涉及跟外教交流或者发通知，或者是跟外方校长去沟通一些事情的时候，大部分语文老师很难完成。他们很欣赏英文比较好的语文老师，需要这样的人。事实上，英语好的语文老师比较少。而且语文老师经常承担学校中秋节、春节等一些活动的筹办任务。我本身就喜欢舞蹈，从小学习民族舞、古典舞，大学也是舞蹈团的团长，我舞台经验比较多。

Z老师凭借优异的表现被录取，成为该校国际部的一名教师。她坦言，学校看中了她的综合能力。一方面源于她在民大本科阶段和美国留学阶段积淀的语言文化功底，另一方面归功于国教院的培养。国教院课程强调理论与实践相结合，注重培养学生的教学能力。第一学期开设“课程设计与教材分析”等课程，强调培养学生的教学设计能力。通过案例教学法、教学实景体验法和教学模拟训练等系列课程，教学生学会营造教学氛围，完成从“不会提问到会提问”，从“关注上课到关注学生”的转变，引导针对不同文化背景、知识结构、年龄层次、个性特征的教学对象进行差异化的教学设计，将汉硕打造成不怯场、会讲课的教师。

中学语文教师除要具有教学能力外，还应具备相应的艺术欣赏与审美表达的能力。国教院重视培养汉硕的文化阐释能力和文化教学能力，复试时设置了才艺展示环节，课程中还开设了“中华才艺”课（含书法、国画、舞蹈、太极剑等系列课程）、“中华文化及文化传播”等，为培养合格的国际中文教师打下扎实的文化知识与实践基础。Z老师的文化素养好，应变和表达能力强，落落大方的教态，灵活的教学设计和良好的谈吐表达赢得了校方的青睐，而流利的双语能力和出众的才艺使之成为不可替代的“唯一”。Z老师用自身的经历证明了汉教专业的学生并非所谓的“四不像”，而是专业优势的集成，具有较强的综合实力。

二、适应期：“差异大也要适应”

从美国百年老校进入国内新开办的国际学校，Z老师从一名国际汉语教师变为一名初中语文教师。本硕贯通的汉语国际教育专业培养以及美国汉语二语教学工作经历，使“精讲多练”，通过大量操练提高学生语言技能的原则深入Z老师的骨髓，但国内中学语文教育强调掌握语文知识，培养和全面提升学生的语文素养。入职后，随着工作的深入展开，中美两国的教育理念和管理方式，汉语二语教学和母语教学的差异带给Z老师的困惑也逐渐凸显。

故事一　没有那么多可发挥的空间

汉语国际教育与语文教育完全不一样，教学内容也不一样。入职后我就一边学习，一边适应，直到现在我也没有完全适应。我最大的挑战是教学设计。以前在美国教汉语时，我总喜欢设计丰富有趣的活动来完成教学任务，但是在国内教语文时，课堂上就没有办法像以前一样设计那么多有趣的活动，这个是我觉得转变比较大的地方，也是我最不适应的地方。因为我本来就很擅长也很喜欢去设计活动，我自己也不是很喜欢沉闷的课堂氛围。

第一年我曾设计很多活动，比如说演讲比赛、辩论赛、角色扮演、小组活动……以学生为中心，让他们讨论的，有的时候也会让大家去读去写，去练写作，但是就会导致讲不完课。讲不完课家长就会来问你为什么没有讲完课，公立学校都讲到哪了。你就要改进度，虽然课下能给学生留作业，但现在提倡“双减”政策，所以课下能够用他们的时间也很少。在课时量有限的情况之下，要把教学内容都走完，就没有那么多可发挥的空间。像以前在美国那样头脑风暴、设计活动让大家去做的机会就比较少，我没有什么时间去做丰富课堂的活动。

在国际部每个科目都是主科，你没有权利去占别人的课，也没有权利过度使用学生课后的时间。公立学校语文是主课，在国际学校语文也没有什么优势了，但是学校和家长对语文要求又很高。这也是我觉得这个体系或者是家长的想法矛盾的一点，他们想孩子英文好，走国际路线，然后又想语文都不落下，要跟国内公立体系对标，但是课时量我们又赶不上公立体系。所以今年我在保证进度的前提之下，就只能随机应变了，先基本解决教学进度的事情，然后再考虑哪些活动能留，哪些活动得舍。进度很难调节过来，没有调节过来，就到第二个学期就加速了。虽然我一直在改进，但我自己觉得可能这个地方我还是需要再摸索。

在汉语二语课堂教学中游刃有余的Z老师，善于设计丰富有趣的课堂活动。然而，国内语文教育的目标、理念与汉语二语教学差异较大，在语文课时量固定的情况下，经常采用演讲比赛、辩论赛、角色扮演、小组活动等以学生为中心的教学形式，就导致既定的教学内容无法完成。为保障教学进度，Z老师只能在教学趣味性和学生学习自主性上做出让步和“牺牲”，这让她一度陷入苦恼之中。Fuller（1969）提出了“教师职业生涯发展关注阶段论”，从教师的关注重点划分教师的生涯阶段，主要分为四个阶段：教学前关注阶段、早期生存关注阶段、教学情景关注阶段和关注学生阶段①。Z老师处于中学语文教学的生存阶段，更关注如何完成教学任务。面对中美两个文化不同的国家、外语教学和母语教学职业特征差异所带来的教学困扰，她首先选择完成教学进度，再酌情设计课堂活动。尽管挣扎于两种教育中，但Z老师坚持不停“摸索”“一直在改进”，努力寻找平衡点，注重自我反思，渴求在反思中成长和进步。

中小学教师压力大已成为普遍现象，具体表现为每天工作强度大、教师的非教学任务量越来越大。其中，语文教师、班主任的工作压力更大（汤林春，张文周，朱光华，2009）。一方面，

① 任学印.教师入职教育理论与实践比较研究[M].长春：东北师范大学出版社，2005.

班主任是教学的骨干力量；另一方面，班主任是班级工作的组织者和管理者。入职后，Z老师的最大感受就是辛苦和忙碌，特别是担任班主任工作，琐碎且繁杂，需要有较强的时间管理能力、协调管理能力、组织安排能力和沟通能力等多项任务并行的能力。尽管工作强度大，多头并重，但Z老师在较短的时间内快速适应，并协调好教学工作与班主任工作，体现出较强的协调管理能力，这是国教院的培养赋予她的“底气”。

故事二　班主任的自我修养

刚刚开始工作的时候就是累，基本上每个月都有你要累的事情，基本上都很忙，从入职第一天之后，就有很多东西需要你去攻破，尤其是当班主任。因为班主任的工作很琐碎，活儿是干不完的，需要抓大放小，弄清楚轻重缓急，就得有很强的协调管理能力才行，所以说时间平衡的能力、组织安排能力、沟通能力，这个在日后面对中小学，尤其是班主任的工作的时候，还是有一定帮助的。我只记得研究生那个时候都贼累，专业课又多又密，课业作业又以合作式为主，我觉得这个是很锻炼人，没有休息过，学院的活动还很多，所以协调组织能力在那个时候锻炼出来了，对于现在的工作很有用。

国教院的课程安排紧，研究生的合作学习多，各种专业和非专业类活动丰富。Z老师从最初的忙乱、不适应到后来的泰然自若，合理高效地安排时间，这个过程无形中培养了她管理与协调、组织与沟通的能力，为其日后在工作中的出色表现奠定了基础。鉴于Z老师有美国宿舍管理经验，学校让她参与寄宿部的一些管理工作。

故事三　亟待完善的管理制度

我在美国做百年老校的dorm parent，那边规章制度都很明确，什么东西都有条不紊。去年，我看到学校管理宿舍有点乱，没有规章制度，就提过意见，后来学校就让我辅助宿舍管理。比如，我发现学生晚自习时间利用得并不是特别的高效，这就是管理的问题。两个小时的时间怎么分配？要做什么？谁来监督？违纪的话怎么处理？电子设备使用问题也比较乱，电子设备到底能不能使用？什么时候用？没有人能说清楚。因为我们是新学校，刚起步，很多东西没有办法落地，体系也是慢慢建立起来的，包括我说的学生管理的规章制度、硬件设施的配备，这些都是得慢慢来，需要一步一步到位的东西。在解决国内这些问题的时候，我会借鉴美国那边的东西。就是因为见过好的，所以才会觉得国内这边做得不好。新学校问题特别多，能看到的东西特别多，想提的问题也特别多。因为学生是我的学生，如果问题不解决，它会影响到我的学生。

良好的组织制度建设会对学生管理和校园文化建设产生事半功倍的效果。作为美国百年老校曾经的寄宿部负责人，Z老师深谙组织制度建设的重要性。亲历了美国寄宿学校完善、高效的管理后，她敏锐地发现新学校管理上的各种漏洞，规章制度亟待完善。此时，她并没有采取缄默的态度，而是主动提意见，给建议。从“学生是我的学生，它会影响到我的学生”的表述中，可以看出Z老师高度的责任感、对学生的真切关怀和无私的爱。

三、发展期：成为“中西合璧”的多面手

度过了“磨合期”，Z老师逐渐适应了中学语文教师的教学和管理工作，中美联合培养的优势在她身上不断迸发出光彩。国际学校实施中英双语管理，外籍教师是师资队伍的重要组成部分，作为具有海外留学经历的语文教师，Z老师集中、英双语双文化于一身，自然被学校指派为“翻译官”，参与整理外教的聘用合同、翻译中英文公告、现场口译等工作；她还承担了学校雅思网

课的教学；成为学校唯一的中国籍班主任，用英文带班开班会；此外，多年习舞练就的高超舞技，使之成为校舞蹈团负责人的不二人选。

故事四　宝藏“翻译官”

在美国上的这些课肯定是提高了我的英语能力。现在我会参与到外教的聘任工作，外教的合同什么的都是我帮着一起弄的。还有各种翻译，笔译、口译都有。因为我们这边用中文或者英文作为母语的领导都有，公告都是双语的，比如说调课、换老师、中学部班主任的变动，或者是关于疫苗注射的一些通知等，就是各种行政类的东西，可能需要老师帮忙审核校对一下，一般会找语文老师进行文字校对。我和中学部主任关系很好，他是个英国人，他每次都让我翻译一下校对之后再发出去。昨天我还翻译了一个，语文组组长用中文写，让我翻成英文再发出去。今年学期初有新教师培训，语文组组长和中学部主任都是只会说一门语言，我就给他们当现场口译，因为我们培训有外教，也有中教，是双语的。除了翻译，班主任必须是会双语的。除了我以外，去年所有的班主任都是外教，只有我一个人是中国人，我用英文带班开班会，这些都是学校的规定。我在我们学校还教教雅思英语网课。

美国的留学经历，让Z老师有机会沉浸在英语母语环境中。在获得知识的同时，她的英语能力迅速提高，中英翻译、口语及书面表达能力得到很大锻炼。国际部实施国际化教育教学管理模式，Z老师成为中外教师团队沟通合作的中坚力量。除身肩语文教师，雅思课教师和学校的翻译官角色外，Z老师因出色的节目编排能力和表演能力被任命为校舞蹈团的负责人，组织、导演晚会，是学校万圣节、圣诞节、感恩节等各种表演活动的“常驻嘉宾”。由于专业能力强、综合素质高，在学校的不同领域，Z老师

都能够独当一面，成为“多面手”教师。

故事五 新春鼓舞的幕后导演

入职不到半年的时候，我有朋友是耶鲁大学那边的华人协会会长，他们的春晚改成线上的了，所以他联系我说能不能让我出一个节目。我先在学校舞蹈社团里面问了一下，大家都很想参加，然后我跟耶鲁那边联系，让他们选了一下大概的舞蹈，之后我就开始带着学生们排练，节目是我自己设计的，因为我在外面跳过很多舞，我直接给他们排了一个新春鼓舞，以学校的形式给耶鲁大学拍了一个新春祝福的视频。那个时候时间比较紧，每天下课就加排，学校也挺支持，家长也挺支持，学生也很喜欢，他们都很珍惜这次表演机会，很积极，每天很晚回家。排了一个星期成型了，之后我就去租服装，然后找学校的摄影老师帮着录，剪了视频发过去，耶鲁那边反响很好。

Z老师意识到线上春晚是学生们向海外展示中华文化、促进中外文化交流的宝贵机会，她无私地为学生们搭建与世界沟通的平台，提供展示中国传统文化的舞台。Z老师亲自编排节目，在时间紧迫的情况下带领大家排演，租服装，拍视频等，最终表演大获成功。尽管Z老师已转行从事国内语文教育，但国际汉语教师所应肩负的传播中华文化、促进中外文化交流的责任感和使命感已植根于她的职业信仰中，这也赋予其语文教师身份新的内涵。在新春节目排演过程中，学生们对中国传统文化更加喜爱，并产生了强烈的自豪感，Z老师也在潜移默化中完成对学生的德育培养。

故事六 学校管理的隐形助手

去年，我处理了很多行政类的事情。主要是一些学生的违纪问题，还有制定各种规章制度。比如说制定学生手册、违规等级的处理意见、宿舍规定、上课规定，这种全部都是我们弄出来的，现在都已经差不多成型了。在解决国内这些问题的时候，我当然有借鉴美国那边的东西，因为我不是在美国有管理寄宿部的经验嘛，我在美国当寄宿部老师的时候都处理过。刚到学校时，我写过管理意见和建议，也跟他们管理人员沟通过，但其实这不是我的工作范畴，属于辅助性的，只是给他们提点意见，没有真正的展开去做，所以当时并没有什么后续。现在，学校想让我也同时管理一下寄宿部的一些事情，让我往管理层这边发展，多参与一些中学部的决策的事情。

刚入职时，面对新学校组织管理的不完善，Z老师产生了心理落差，“看哪儿都不顺眼”，经常提意见。随着对新学校归属感增强，她不再单纯提意见，而是从完善学校管理制度和促进未来发展的角度出发，积极建言献策。尽管寄宿部管理不属于Z老师的工作范畴，但是出于对学生的关怀，她借鉴在美国中学做寄宿部部长的经验，帮助学校制定相关规章制度，优化寄宿部的管理。美国的留学和工作经历，对Z老师国内的教学管理起到重要辅助和支撑作用，她成为学校管理的隐形助手，校方有意将其培养成管理人才。在教学过程中，Z老师一直在思考如何借鉴美国课堂“以学生为中心”的理念，在保证教学进度的前提下，让学生在主动学习、生动学习、能动学习、合作学习和探究学习中收获知识、能力和幸福。

故事七　守住教育一厘米主权

其实我是想在中国语文课堂中应用一些美国课堂设计。美国的孩子特别喜欢展示，比方说让他们自己做一个project，然后展示出来。但是有一点区别是，美国的中文课堂基本上就是我自己说了算，没有人管我的教学大纲，没有人管我的考试，我只要自己设计。但是国内的语文课是要严格按照国家规定的教学进度。所以，除了我们传统的这种上课方式以外，我会把更多的时间给他们，让他们通过小组活动自己去做一些事情，或者自己以看资料、看视频这种方式来学习。比如让他们画生字画，就是让孩子通过想象力画一幅画，自己画一个故事，做一个故事书，然后张贴出来。其实这个我是用课间让他们做的，因为上课时没有太多时间做这个。但我更多的是让他们以小组的形式自己做一个project，比如读书心得，然后展示出来。

Z老师希望能够将美国课堂中常用的课堂活动设计运用于国内语文教学中，“把课堂还给学生”，突出学生的主体性，在满足应试要求的同时激发学生的创造性。她在“一厘米主权”内，积极探讨营造良好的教学氛围和优化教学的方式。这种对教学“精益求精”的理念，是国教院教师团队熏陶和培养的结果。

我就很喜欢J老师的声音和她上课的时候的状态。她的风格很活泼，整个人比较和蔼可亲，用这种比较活泼的方式，教一些中学或者是小学的孩子很适合。首先她的互动性就很强，她的声音就有一种让你想跟她互动、想要集中精力去听她说的这种状态。J老师当时教我们汉语发音的时候，她夸张发音的表情和动作，给我留下深刻的印象，我到现在都记得。确实这一些小的技巧，你想给我们留下深刻印象的东西，如果我们做到的话，也会给学生留下深刻印象。我在美国第一年教Chinese 1的时候，她们从拼音学起，所以当时我发音的时候就特别夸张，语调还有面部表情都很生动，然后学生就一边笑一边跟着我读，课堂效果特别好。所以现在我的课堂上，也还是沿用这种方法，有的时候孩子们不认真听了，我可能不会直接点名，我就会突然把语调升高，或是用一种比较夸张的表情或者是动作。

多年习舞的Z老师在营造教学氛围时有其独特的方式，“我比较喜欢在课堂上来回走动，走动的话互动性很强，大家也都会集中注意力。还有我会有比较多的肢体语言，要带他们朗读的时候，很多同学不是读不起来嘛，我就会拿手给他们打个拍子，或者是告诉他们哪儿应该扬起来，哪儿应该顿下，就跟指挥一样。”用肢体语言将抽象的文学情感具象化，挖掘语文朗诵与音乐艺术相结合产生的正向作用，自觉运用“多元智能理论”，将运动智能、音乐智能与语文教学结合，这些表明Z老师具备跨学科教学的视野和能力，具有多学科融合教学的潜力。

四、成长期：借他山之石，雕琢手中之玉

教育教学信念是积淀于教师心智结构的价值观念，常作为一种无意识或先验假设支配着教师的教育行为[①]。中美联合培养的教育经历和美国工作经历的塑造和锻炼，使Z老师的教学能力、组织协调能力、跨文化交际能力和英语能力均得到较大发展，成为国内学校急需的“宝藏老师”。但Z老师更为关注如何发挥自身的教育优势，培养出具有国际化视野，有更多担当和责任的世界公民。作为班主任，她注重与外教的沟通，努力维护学生与外籍教师之间的和谐关系，做好学生和外籍教师之间的沟通桥梁，展现了良好的共情能力、双语能力和跨文化沟通能力。

故事八　我又变成了那个帮我的人

作为一个外语老师、一个外国人在美国教书的话，没有那么多权威，其实上课没有这么自信。我教的那个班本来成绩就是最差的，所以纪律也是最差的。有一天我的主管点了几个上课特别吵的男孩子，把他们叫到办公室跟他们说，你们知道你们有多幸运吗？你们有一个来自中国，说母语的中文老师来教你们，是地道的中文，这是其他学校都没有的待遇，老师也是特别辛苦，每天在为你们做什么什么的。他那段话说的太好了，说得几个孩子

① 陈向明.实践性知识：教师专业发展的知识基础[J].北京大学教育评论，2003（1）：104-112.

就眼眶红红的了，马上跟我说sorry。

现在我们也有外教，我觉得我的角色好像又换了一下。我们的孩子在外教课上特别调皮，特别乱，会挑战外教。当然外教也对他们很nice，不像中国老师这么严肃。母语老师和非母语老师的身份还是不一样的，本位是不一样的，我会帮他管一下课堂纪律，就这时候我又变成了那个帮我的人。另外我也会跟外教老师分享一下这个班的特点、每个孩子的特点，因为大家都是一起慢慢从开始到现在，会聊一下这个班的进步、变化，会说一下我的策略，他也说一下他的方法，互相学习。

美国是一个多元文化并存的国家，包容性很强。在美国的留学和工作的经历，教会Z老师尊重每个个体，不给他人贴标签（tag），善于发现学生身上与众不同的地方，尊重学生的选择，倾听他们的心声。因此，学生们在她面前可以做真正的自己，亲切地称她为“Z妈妈”或“Z姐姐”。

故事九　在我面前他们可以做真正的自己

我回国之后很大的一个感受就是很多老师没有走出去过，眼界没有打开，对学生的评价也好，对事物的认知也好，常常带有刻板印象，会无意识地评判别人。我以前也会这样，这个意识真的是慢慢才有的。我想在跟孩子们相处的过程中，也传递给他们这种包容性的理念。因为孩子们也有过评价别人的时候，比如说有的孩子不爱说话，内向，其他的孩子就会补上一句，“他就是这样，老师他平时不说话，你打他都不说话”。然后我就会很严肃地告诉他，我说“有的人喜欢先说再想的，有的人喜欢先想再说”，他们就会认识到原来我嘴快了，或者是我不应该随便评价别人。

我个人对包容性文化的这个事情比较看重，比较开放，会爱打抱不平。我习惯了和他们更平等的一个关系，所以我的学生叫我姐姐、妈妈。学生在别的老师面前就不敢说，但他们知道在我面前他们可以做真正的自己，feel safe to express themselves。他们什么事都会跟我说，没有那么怕我，我跟我的孩子们关系也就不错。我有一个有抑郁症的学生，他叫我Z妈妈，我不会给他贴“你有心理问题”或者其他任何标签，我只会跟他聊天，我只会想去倾听他到底是怎么了。

教师和学生的关系是学校环境中的重要关系。在对待学生的态度和行为上，Z老师以“尊重每一个学生的独立人格和个体差异”为理念，以“倾听与聊天”为途径，建立平等的师生关系，积极践行以“人的主体性”为核心的价值引领与关怀。她带着爱意和耐心关注每一个孩子并为其创建真实而完整的“自画像”，真正走进了孩子心里，在学生心目中的地位如同“姐姐”和“妈妈”。在谈话中，“包容性”多次被提及，足见Z老师迫切希望国内中学教师和教育能够更加宽容，给予学生更多的个性化选择，而非用统一的标签类型化。美国学校“分享”与“尊重”的文化理念深深影响着她，Z老师也将“尊重他人”的理念传递给学生，包括不戴有色眼镜区别化待人、尊重他人劳动成果和分享意识。

我们班学生对打扫卫生的工作人员，还有其他老师都特别有礼貌，因为这是我要求的。我们班本来都是阿姨打扫卫生，学生不用打扫，但是如果他们下课教室太脏了，我就会说阿姨不应该帮你们做这么多，要不然我们就把教室卫生维护好，要不然我们弄脏了我们自己扫，现在我们维护的是什么？他们说是校园的环境，我说既然大家都是学校里面的一份子，我们就一起维护。他们也能看到我也是这么做的，无论走到哪有垃圾，我都会捡起来扔掉。然后包括我过年过节给他们定吃的，生日的时候会给每个人准备一个礼物，然后唱生日歌，基本上我都会给阿姨和各科目老师订一份，让他们送过去，所以阿姨也都特别喜欢我。好人他们去做，但是我来去准备这些东西，主要是让他们有这个意识，就是分享和照顾其他人，尊重所有的人，他们去做了之后，就会有这个意识。像美国那边也都是这样的，我在美国那个学校真的很好，同事也都特别得好，他们也都是有这样的观念，我本身自己也是这样的一个性格，我在美国的时候所有的打扫卫生的阿姨都认识我，都很聊得来。所以说包括家长都说我带的孩子三观很正。很多学生和家长都来留言说，明年可不可以继续带他们班。

Z老师身体力行、以身作则的示范潜移默化地影响着学生们，她所带的学生无论对待老师还是保洁人员都彬彬有礼，尊重有加。他们学会由己及人的换位思考，不给他人带来不便。在Z老师的教育和影响下，学生形成了正确的“三观”，对他们未来的人生发展来说，这是一笔巨大的财富。Z老师认同“在对学生的评价中，进步和努力大于分数和成绩，让基础教育从过度追求升学的功利价值转向对人的一生幸福和发展的本源价值回归”[①]的观点，在教学中她进一步贯彻了这种理念。

美国的学习和工作给我带来的影响还有对分数的概念，我本人不是特别看重分数，我看的是进步，有没有付出努力想把这个事情做好，是否学到了东西，以及是否养成了好的学习习惯。所以说我会告诉他们，在我的课上，我不会因为你成绩好或者不好去评判，或是去针对谁，只要你有一点让我觉得可圈可点了，我就会表扬你，我会因为孩子的一点点进步就很高兴。班上有个语言水平比较差的孩子，他有一次作文写得好，我会特别高兴，在全班面前读他的作文，他有一次默写满分，我就真的是发自内心的为他感到自豪。因为他基础差，他肯定是付出了更多努力，才达到这样的一个结果。所以说我不会用最终成绩去看他，可能某

① 张治.是什么让美国教育赢在终点？——对美国基础教育的考察[J].思想理论教育，2012（18）：30-35.

次一个表现特别好，这种事情我都会看到、表扬。我可能聚焦到他们有进步的地方，如果你只关注到他们不会的地方就会越来越挫败，越来越不开心。但如果关注的是他们能够有收获的地方，成功的地方，就会越来越激励自己，越来越有工作的兴趣。我觉得自己应该也算是奉献型的老师。对！耐心也很重要。大家都是蜗牛，有快一点的蜗牛，有慢一点蜗牛，但肯定都在慢慢往前爬。

Z老师关注学生的进步，哪怕只有“一点点”进步她也会及时表扬。她善于发现学生的闪光点，“高兴”“自豪”等积极词汇流露出她看到学生进步时的幸福心情；“就”“都”“真的”“特别”等程度副词频繁出现，传达出这种情感的强烈与真诚。“蜗牛”的比喻中包含着她对学生的爱意和耐心，正是这种宽容、平和的态度和正向反馈机制，激励着学生满怀信心、动力十足地前行，同时也进一步强化了Z老师的身份认同及其对待教育的激情。在美国基础教育中，教师的作用是启发和引导学生，帮助其发展个性，选择自己的人生之路。Z老师已将教师的引领作用内化为教学信念，积极指导学生的职业发展和学术发展。

故事十　是引路人，而非设计师

从小到大，我经历的教育就是“好学生”都是一个样子的。我是觉得国内没有按照孩子的个性去培养，都是必须什么样子，老师权力太大了。我觉得要给孩子自己发展成长的空间，让他们自己去探索。美国学习和工作的经历让我知道所有的事情都没有什么所谓的定性，你没有办法给他一个既定的轨道，或者是告诉他这个是黑这个是白。比如面对班上有女性化倾向的男生，我会告诉他这个事情如果你在中国可能会有什么什么样的问题，但在美国我也有很多这样的朋友。让他知道这个世界上什么样的人都有，他们可以自己去做选择，看自己到底想要去什么。我觉得所谓的关注每一个孩子，是把每一个孩子都打造成你喜欢的那个样子？还是说你真的契合到他们自己的成长经历和性格？你只是去帮他，就相当于你只是引路，而非给他画一条路。现在从早上到课间到放学的这些零碎的时间，我都会跟孩子聊一聊，课上课下都需要老师做一个耐心的倾听者。

Z老师认为国内的教育过于同质化，关注孩子的成长并非要将孩子打造成“你喜欢的那个样子”，而应该“契合他们的经历和性格特点”。她要做学生的“引路人”而非“设计师”，培养植根于中国文化的国际化人才，引领学生探索世界，成就学生的无限可能。Z老师认为“中文是根，中国文化是本”，因此，她的语文课堂会加入很多文化修养、文化对比的内容，目的是让学生产生文化自豪感，再将中国文化传播出去。

课堂上我教国学经典，我会给他们做一些文化上的对比，思想上的对比之后，再给他们举一些我个人亲身经历过的例子，让他们有一种文化自豪感，再作为文化的一个传播者走出去。我想让他们知道了解中国文化的必要，让他们根植于中国文化，再出去走向世界。他们以后要出国，我觉得这些很必要。比如说他们觉得为什么要背《论语》？就和他们对比一下《论语》当中儒家的思想，跟西方的利己主义的想法有什么不同，再告诉他们，其实在美国，我的经验来看，大家都知道孔子、《论语》、儒家思想，而且很多人都很感兴趣，这就是为什么美国那边很多人选大学专业选的是Asian studies，是因为我们有这么灿烂的文化。

中美联合培养的教育经历和在美国中学的工作经历，Z老师的视野开阔，多元文化意识强，包容性强。中美两国教育理念、教育方式和教育思维的分享互鉴，既促进Z老师形成了融合世界和服务本土的张力，也使其成功转型为汉语母语教师。

第四节　汉硕国内中小学语文教师胜任力特征分析

教育部2012年公布的中、小学教师《专业标准（试行）》遵循“师德为先、学生为本、能力为重、终身学习”的基本理念，从“专业理念与师德”“专业能力”和“专业知识”三个维度对我国中小学教师的胜任力提出了明确要求。其中，“专业理念与师德”是根本，“专业知识”是关键，“专业能力”是核心。两位老师国内中小学语文教师的胜任力是逐步形成和发展的，在这个过程中，专业知识、专业能力、性格特征和自主的专业发展意识等对两位教师的胜任力产生了深刻影响。通过两位老师的叙事，我们提炼出中美联合培养归国汉语教师国内中小学语文教师的胜任力特征，一级要素3个，二级要素11个，三级要素32个。

一、专业理念与师德

包括3个二级要素和7个三级要素。

（一）职业理解与认识

教师是一个特殊的职业，职业特征不仅表现在通过自身的专业知识和教学技能“授业”，更重要的是以职业道德修养“传道”。古人云：“经师易求，人师难得。”优秀教师是“经师”与“人师”的统一，既精于“授业”“解惑”，更以“传道”为责任和使命。该胜任力要素包含职业理解和职业修养2个三级要素。

1.职业理解

两位教师接受了中美两国教师教育，具有崇高的职业理想、良好的职业道德。她们热爱中小学教育事业，遵守国家的教育方针政策和法律法规，对待工作态度严谨，行为规范。公正、平等、热情的教师形象，为学生起到了良好的表率作用。初入国内中小学时，她们对语文教育工作的意义理解不深，并未意识到该职业的专业性和独特性，甚至产生心理落差和“无价值感”。随着对新环境的逐渐适应，语文教学经验和班主任管理经验逐渐丰富，她们认识到中小学语文教师职业的重要性、专业性和不可替代性，以高度的责任感、使命感和敬业精神投入工作中。

2.职业修养

两位教师的职业热情充沛，求知若渴，忘我工作，无私奉献；她们注重自身的专业发展，主动寻求前辈和同事的帮助，具有较强的团队合作精神；教学中，她们善于融合美国教育优势，不断进行教育教学探索与创新，将“扎根本土，培养具有国际化视野的学生”作为个人的职业理想，全心投入学生的培养中。在努力提升教学效果的同时，也得到学生的依赖和信任，逐渐形成了中小学语文学科教师的身份认同。

（二）学生观与教育观

中小学教师在学生发展的关键阶段承担着重要的育人责任与使命，应以“立德树人”为本，坚持德育为先的理念，将知识学习、能力发展与品德养成相结合，重视学生的全面发展，尊重教育规律和学生身心发展规律，为每个学生提供合适的教育。中小学教师《专业标准》中特别强调要“信任学生，尊重个体差异”，根据学生的发展规律和基本特点，学会理解、尊重学生，致力于每一位学生的学习与成长①。该胜任力要素包含2个三级要素。

1.尊重平等，信任关爱

两位教师能够秉持“以学生为本”的培养理念，在工作中以爱为起点，尊重学生学习和发展的权利，保护学生的学习兴趣和自信心，重视学生的身心健康，关怀、信任、平等对待每一位同学。在与学生沟通时，她们更加关注学生的想法，倾听学生的心声，以爱的眼光看待和理解学生，与之进行平等开放的对话，使之真切感受到教师对他们独立人格的尊重。两位老师能够正视学生的个体差异，肯定并相信每一个学生的发展潜力，主动了解和满足学生的需求，不因一次错误而否定学生，关注到“角落里”的学生并给予机会。她们能够及时觉察学生的情绪、准确把握学生的成长动态，全心全意关爱学生。不仅促进了师生间的有效沟通，也构建了平等、和谐的良性师生关系。

2.引导启发，激励支持

新课程呼唤师生关系转变为教与学的合作者，即教师是学生心理健康的调试者、培育者、引导者以及学生自主发展的激励者②。两位教师在教育教学过程中，善于营造平等自由的学习氛围，激发学生的求知欲和好奇心，培养他们的兴趣和爱好，发挥中美联合培养优势，将美国先进的教学理念和管理方式与国内中小学语文教育有机融合。在课堂上，通过合作、讨论和汇报展示等方式引导学生自主学习，养成良好的学习习惯，形成良好的思维习惯，培养学生的动手能力、独立解决问题能力和创造力。她们以“顾问”和“帮助者”的身份出现在学生面前，鼓励多元化

① 教育部教师工作司.教师教育课程标准（试行）解读[M].北京：北京师范大学出版社，2012.

② 教育部教师工作司组.小学教师专业标准（试行）解读[M].北京：北京师范大学出版社，2013.

的自主学习发展，提倡多样化的自主学习行为。两位老师具有“长程意识”，关注学生的过程性发展，注重学生的能力和情感发展而非单纯的知识和成绩。她们给予学生成长的能量，帮助他们适应社会和未来发展。

（三）个人修养与行为

胜任力冰山模型（Spencer& Spencer，1993）将动机（motives）、特质（traits）、自我概念特征（self-concept characteristics）、知识（knowledge）和技能（skills）五种胜任力分为看得见的“冰山”和潜藏的“冰山”两部分。“知识和技能”是看得见的冰山，容易了解与测量，也比较容易通过培训来改变和发展；“动机和特质”则在海面之下，不易触及，也难以改变或发展，但却对人的行为和表现起着关键性作用。修养与行为是教师的个人特质，也是一种重要的教育资源，影响着学生的教育和成长。古语有云：“治人者必先自治，责人者必先自责，成人者必先自成。”“以身教者从，以言教者讼”深刻地揭示了教师职业修养的重要性。基础教育阶段，教师更应注重自身的修养和行为，起到“学为人师，行为示范”的作用。该胜任力包含3个二级要素。

1.性格特征

（1）自信乐观、热情开朗，具有亲和力

中小学教师《专业标准》指出，教师要有“阳光之心”。一方面具有积极的性格，另一方面保持健康平和的心态，善于自我调节情绪。在实际教学中，外向型性格的教师占有一定的优势，因为其更容易使课堂气氛活跃起来，也使师生之间更容易沟通和交流[①]。两位教师性格开朗，乐观自信，积极坦率，具有亲和力。无论在招聘面试还是课堂教学中，都沉着冷静、毫不怯场。这种

① 蒋桂珍.大学教师的性格特征与教学行为的关系[J].教育评论，2006（6）：43-45.

自信开朗的积极性格使她们能够迅速适应新的工作环境，与学生建立起和谐的师生关系，同时也潜移默化地影响着学生。

（2）富有爱心、责任心、细心和耐心

两位教师热爱教育事业，富有爱心，具有耐心。有较强的教师使命感，对待工作严谨认真，有责任心。能够细心观察每个孩子的特点和变化，实施个性化指导，不让每一个孩子掉队。对待学生的缺点和不足，她们怀有宽容之心，善于发现学生的微小进步并给予鼓励，成为学生可靠的“朋友”和“知心姐姐”，得到学生们的认可和信任。

2. 全球化视野和多元文化观

“国际视野”与“本土行动”是国际教育界倡导教育发展的基本准则①。接受了中美联合培养，两位教师熟悉中美两国的教育体系、教育理念和教育价值观，视野开阔，文化理解力和包容力强。尽管从国际汉语教师转行从事中小学语文教育，她们能够自觉关注中美两国基础教育的差异，借鉴美国先进的教育方式和培养理念，充分发挥自身的海外经历，分享所学、所见和所闻，将美国教育的优秀经验带入国内中小学，推动课堂教学法和素质教育的创新发展。她们用全球化思维和多元文化意识去影响学生，将培养植根于中国文化的国际化人才作为教育理想，有意识地强调中外文化对比，启发、帮助和引导学生建立文化自信和民族自豪感，探索自己的未来之路，成为“地球村”村民。在这个过程中，她们也实现了融合世界与服务本土的身份定位。

3. 教师形象管理

《专业标准》中强调中小学教师应做到“衣着整齐得体，语言规范健康，举止文明礼貌”。国教院非常重视学生的教师形象

① 钟启泉. 中国课程改革：挑战与反思[J]. 比较教育研究，2005（12）：18-23.

管理，L、Z两位老师在研究生阶段便具有良好的形象管理意识，注重细节。在公共场合注意展现自己最佳的精神风貌，在教育教学场景中注重个人的教师职业形象，也为其通过中小学招聘，顺利入职加入亮眼的一分。

二、专业知识

专业知识是一个职业或行业专业性的表征，教师专业知识是体现教师专业素养和能力的重要内容之一，也是保障教师教学活动有效性的基本条件①。中小学语文教师需具备以语文学科为核心的多学科复合知识，具有现代化教育观念，能够全面实施素质化教育。包括4个二级要素和15个三级要素。

（一）教育学知识

《专业标准》强调，教师应掌握中小学教育的基本原理和主要方法，了解中小学生身心发展的一般规律和学习特点，了解中小学生的世界观、人生观和价值观形成的过程及教育方法，掌握中小学生品行养成的特点和规律，了解中小学生思维能力与创新能力发展的过程与特点，掌握班集体建设与班级管理的策略与方法等。该胜任力包括5个三级要素，即教育学基本知识、教育心理学基本知识、青少年发展知识、班级建设与管理知识和中小学生德育知识。

两位教师在民大国教院接触了针对海外儿童汉语教学的相关知识，又在美国合作院校系统学习了“课堂管理”“多元环境下的青少年教育”“特殊教育”“第二语言教学”等教育教学类课程并完成了实习，她们对美国儿童教育教学有一定了解。然而，L老师在美国实习时并未接触过小学生，对小学生的年龄特点、学

① 蒋茵.教师专业知识：职前教师实践教学的基石[J].教育理论与实践，2021（26）：35-39.

习特点、身心发展特点和规律均缺乏了解，小学生班级建设与管理的经验不足，入职初期遇到了一些挑战。Z老师在美国中学的工作经历，使其对学生的群体文化特点、行为方式、思维方式、创新能力发展过程和特点有充分了解。然而，汉语二语教学与汉语母语教学的差异以及中美教育理念和教学方式的差异，也让Z老师经历了一段“磨合期”。由于专业背景的差异，两位老师转变为中小学语文教师后，自身教育教学知识储备仍显不足，对教学、管理工作开展有一定影响。

（二）语文学科知识

语文学科知识是语文教学内容的重要组成部分，是考察学生语文能力和素养的主要依据，包括基础知识和建构知识。基础知识如汉字知识、修辞知识、逻辑知识、文章知识、文学常识等；建构知识，是与听说读写相关的技能、策略、规则等，如现代文学作品阅读，要求学生正确理解内容和作者的思想感情、基本观点、理解修辞手法表达作用、感受语言表现力、分析写作手法、初步鉴赏和评价等①。语言文学知识是语文学科知识的基础，该胜任力包括3个三级要素，即语言文字知识、文学知识和语言运用知识。汉语国际教育本科专业隶属中国语言文学学科，所设核心课程中包含大量语言学和文学课程。两位教师的汉语言文学基础知识较为扎实，具备一定的文学素养。民大国教院432学时的专业课程体系，不仅包括丰富的教育理论，还包括语音、词汇、语法和汉字等教学类实践课程。与中小学语文教师应具备的知识素养具有较高重合度，为其转变为中小学语文教师奠定了基础，也充分体现了汉语国际教育的专业优势。然而，两位教师语言运用知识还有待提高。语言运用知识包括如何让学生掌握识字和写

① 沈方梅.语文学科知识向学科教学知识的有效转化[D].华东师范大学，2010.

字、进行阅读与鉴赏、表达与交流、梳理与探究的知识。此外，她们对文学作品的鉴赏能力还有待加强，对语文教学的整体把握还有提升空间。

（三）语文学科教学知识

学科教学知识是教师专业知识的核心内容，它能够有效促进初任教师在教育教学过程中认识自我、理解自我和发展自我的专业成长。《专业标准》强调，中小学语文教师应掌握课程标准，了解学生在学习时的认知特点，能够掌握针对具体教学内容的教学方法与策略，掌握课程资源运用的方法与策略。中小学语文学科教学知识包括语文统领性观念、语文教学内容知识、语文教学策略知识和教学对象知识①。该胜任力包括4个三级要素，即语文课程知识，语文教学内容知识，语文教学策略知识和教学对象知识。两位教师从未接触过中小学语文教学，对中小学语文课程的性质、目标和价值理解不深；入职初期，不熟悉中小学语文教材、教学内容和教学标准，缺乏对教学对象及其已有知识的了解，对重构教学内容，选择恰当的教学方式进行教学还处于摸索中。在新任阶段，语文学科教学知识不足，对两位教师的教学产生了直接影响。经过自身努力，她们很快适应了教学，具备了相应的胜任力。

（四）通识性知识

中小学语文教师除应具备学科知识、学科教学知识和教育管理知识外，还应具备一定的通识性知识。通识性知识包括自然科学知识、人文社会科学知识、艺术欣赏与表现知识、信息技术知识等②。该胜任力包括3个三级要素，即现代教育技术知识、文化

① 覃姗姗.小学语文初任教师学科教学知识的转化研究[D].华中师范大学，2020.

② 参见中小学教师《专业标准》。

艺术知识和多元文化知识。

1. 现代教育技术知识

两位教师具有一定的将学习内容转化为数字化信息资源的知识基础，能够较好地将现代教育技术运用于教学实践，通过信息技术创设教学情境，让学生在情境中交互信息，完成自主学习，提高学习效率。

2. 文化艺术知识

国教院注重培养学生对中华文化的阐释与展示能力。除在研究生复试中设置才艺展示环节外，还在课程设置中开设了“中华文化及文化传播”课程，包括民族舞蹈、书法、国画和太极剑等课程，两位教师具有较高的文化艺术欣赏及阐释能力。

3. 多元文化知识

“多元文化知识背景”是国际汉语教师的胜任特征（王宏丽、陈海平，2009）。L老师爱好旅游，在旅游中强化人文社科知识。出国旅游不仅带给她丰富的文化体验，还学习到文化知识。她将各国的文化知识和文化资源运用于教学中，带给学生全新的多元文化感受；Z老师则有意识地在“国学课堂”中进行中西文化及思想对比，培养植根中华文化，具有国际化视野的全球化人才。

三、专业能力

（一）语言学科教学能力

学科教学能力是语文教师专业能力的核心，是教学质量得以保障的关键因素。该胜任力包含3个三级要素，即学科教学设计能力、学科教学实施能力和学科教学评价能力。学科教学设计能力是指教师在熟悉语文教材、充分了解班级学生的基础上，根据学生的年龄特点、兴趣和需求，准确设计教学目标，制定教学计划，合理利用教学资源，选择恰当的教学方法设计教学的能力；

学科教学实施能力是将教学设计在语文教学中顺利实施的能力；学科教学评价能力是教师能够以“客观公正”“激励和导向”的原则检查、反馈和管理语文教学效果的能力。

两位教师在国教院接受了严格的国际汉语教学训练，具备独立教学的能力。赴美留学后，又接受了合作院校系统的面向K–12年级学生的教师教育，完成了1–3个学期的教学观摩和实习训练。这些丰富的教学实践经历，使得她们的教学基本功扎实，普通话标准，语言表达能力强，教学能力强。在进入国内中小学从事语文教学时，她们充分发挥专业背景和海外教育经历的优势，借鉴美国基础教育的先进经验，营造良好的学习环境和氛围，注重创建真实或仿真的学习情境，通过启发式、讨论式和参与式等多种方式，有效实施教学，实现学生的自主学习、合作学习以及探究学习等。两位教师擅长设计情景式和项目式活动，重视课堂活动的情境再现，将解决任务与生活实践相结合，有效调控教学过程，引导和帮助学生设计个性化学习计划。她们尊重学生的主体地位，努力创设符合学生认知规律的教学情境以激发学生的学习兴趣，增强学生间的互动性，提高学生的课堂参与度，让学生通过“在做中学，在玩中学”成为知识的主动建构者。两位教师关注学生的学习过程，引导学生进行自我评价；秉持多元评价方法，对学生进行多视角、全过程评价，重视形成性评价，不唯“分数论”；她们具有“长程意识”，注重在教学中培养学生的认知能力、思维能力和创新能力，强调对学生综合素质的培养，将他人评价和自我评价相结合，及时调整和改进教育教学工作。

（二）组织管理与策划能力

管理工作是学校教育工作的重要组成部分，与学科教学工作互相配合，形成学校教育工作的有机整体①。班级是学生组成与活动的重要单元，是一个相对独立的社会团体，对学生的成长与发展产生着巨大的影响②。作为学生教育的主要负责人，班主任和语文教师要经常承担一些班级管理和活动策划组织的任务。建立良好的班级管理模式，用科学的方法管理班级活动，防止和矫正不良行为，有助于提高教育管理的效率和效果。两位老师借鉴了美国基础教育的管理制度和方法，结合班级教学实际，形成一套独特的班级管理机制，能够有效地管理和开展班级活动，妥善应对突发事件。汉语国际教育专业的教育背景，使两位老师具有全球化视野以及跨学科教学能力，具备良好的活动策划组织能力、艺术欣赏能力和创新能力，她们能够针对中小学生的身心发展特点，有针对性地开展教育活动，积极组织带领学生参加校园文化活动并取得优异成绩，有效促进了学生德、智、体、美的全面发展。在班级管理过程中，她们具有较高的情绪觉察能力（emotional awareness），除了能较好地觉察自己的情绪并进行自我管理，也能够敏感地觉察学生个体和学生间的情绪变化，及时进行情绪疏解，降低了情绪导致的教育管理问题，更好地完成了管理工作，践行了核心素养背景下“育人为本”的教育理念。

（三）沟通与合作能力

良好的沟通与合作是教育教学活动顺利开展的基础。教师教育教学工作的开展及成效，在很大程度上依赖于教师对多重组织、复杂多维的人际关系能否恰当处理、和谐调适。两位老师具备较好的沟通协作能力，建立了融洽的师生关系；与同事合作交流，分享经验和资源，共同发展；与家长进行有效沟通合作，共

① 杜文娟.基于多元智能理论的班级管理[J].教育观察，2020（39）：17-19.

② 董建峰.小学班级管理模式问题探析[J]，文学教育（下），2020（10）：156-157.

同促进学生的发展。该胜任力包括4个三级要素，除家校沟通外，她们还彰显出国际中文教育人才独特的能力——双语能力、跨文化交际能力和共情能力。

1. 家校沟通能力

家校沟通是学生家长与学生所在班级教师之间为促进学生健康成长，围绕某一教育目标交流学生的信息，促进学生发展的过程。家校之间顺畅而高效的信息沟通是建立良好家校合作关系的基础。两位老师热爱中小学教育事业，沟通表达能力强，充满爱心，具有责任感，她们与家长及时沟通学生的情况，获得学生和家长的信任，在家校间架起一座合作的桥梁。

2. 双语能力

随着国内基础教育国际化程度的加深，一线城市的中小学对双语及跨学科教学人才的需求越来越大。两位老师具备较高的中、英双语和双文化能力，不但能用双语授课，还可以承担翻译，从事英文公众号宣传和管理等工作，这是中美联合培养汉硕的区别性特征和突出优势。

3. 跨文化交际能力

跨文化交际能力是指具备跨文化意识，能够理解不同文化的具体特征和内容，在文化冲撞中具有很强的灵活性和适应能力，能够承受文化冲撞或跨文化交际可能带来的不愉快，且能站在对方的角度去理解和处理交际中出现的各种复杂情形[①]。两位教师具备较强的跨文化交际能力，文化理解力和文化包容性很强，能够尊重不同文化，平等开放地看待不同文化现象，并将这种观点传递给学生们，培养他们形成开阔的视野，包容的心态，具备灵活的适应能力，她们在各自学校的跨文化沟通交流中起着重要的

① 朱建成，金耀丽.培养跨文化交际素质造就全球化高素质人才[J].电子科技大学学报（社科版），2009（2）：79–82.

作用。

4. 共情能力

教育过程中的“共情”，是指教师不但有能力正确地了解学生的感受，同时还能向学生准确地传达自己对其设身处地的理解和体验，从而促进学生对自己个人的感受和经验有更深的认识。两位老师在与学生的沟通中，表现出较强的“换位思考”和“共情能力”。L老师敏感地觉察到学生的情绪异常，主动帮其缓解与家长的教育矛盾；在课堂中，她关注每一位同学的表现，为其创造展示自我的机会；对因成绩不佳而失落的同学及时给予鼓励。Z老师理解学生，不对学生做出定性评判，守护“特殊学生”的世界，结合自身见闻和经历，给学生提供合理建议。

（四）反思与发展能力

苏霍姆林斯基把“学识的增长，知识的不断丰富、更新、补充、加深和完善”看做教师的“要害问题”。反思与自主专业发展意识既是教师内在的专业发展意向，也是新时代对教师素质的要求。在信息化、全球化的社会变革下，教师的“一桶水”早已跟不上教育发展的需求。勤于学习，不断进取成为合格中小学教师的基本素养。教师应具有终身学习的意识，具备终身学习的能力，优化知识结构，持续提升自身专业水平，不断反思和探索，促进专业发展。两位老师在国教院读研期间就形成了良好的反思习惯，积极参与各类活动、实践、比赛和学术研讨活动等，主动地采取行动不断提升自己的能力。入职国内中小学后，她们意识到在义务教育由应试教育转向素质教育的大环境下，实现教师角色新内涵和新功能的唯一路径就是具有终身学习的意识，不断对教学内容、教学方式和教学效果之间的关系进行深度反思，采取有效的途径促进专业发展。两位老师中小学语文教师胜任力的形成与发展是自主意识驱动的自我完善过程。

表 6-4-1　中美联合培养“双语双文化”汉语教师国内中小学胜任力要素表

专业理念与师德	职业理解与认识	职业理解
		职业修养
	学生观与教育观	尊重平等、信任关爱
		引导启发，激励支持
	个人修养与行为	性格特征
		全球化视野和多元文化观
		教师形象管理
专业知识	教育学知识	教育学基本知识
		教育心理学基本知识
		青少年发展知识
		班级建设与管理知识
		中小学德育知识
	语文学科知识	语言文字知识
		文学知识
		语言应用知识
专业知识	语文学科教学知识	语文课程知识
		语文教学内容知识
		语文教学策略知识
		教学对象知识
	通识性知识	现代教育技术知识
		文化艺术知识
		多元文化知识

续表

专业能力	语文学科教学能力	语文教学设计能力
		语文教学实施能力
		语文教学评价能力
	组织管理与策划组织能力	班级管理能力
		活动策划能力
	沟通与合作能力	双语能力
		跨文化交际能力
		共情能力
	反思与发展能力	反思能力
		专业发展能力

第五节　对汉语国际教育硕士培养的启示

2022年，世界汉语教学学会发布了《国际中文教师专业能力标准》（团体标准）。该标准以“师德为先，学习者为本，素养为基，具备跨文化交际能力，注重合作、终身学习”为基本理念，共有5个一级指标，即专业理念、专业知识、专业技能、专业实践和专业发展；16个二级指标，即职业道德、专业信念、教育知识、中文和语言学知识、中华文化与中国国情知识、第二语言习得知识、中文要素教学、中文技能教学、跨文化交际、教育技术、课堂教学计划、教学资源选择与利用、课堂组织与管理、学习评估与反馈、教学反思及专业发展规划。对照中小学语文教师胜任力标准，可以发现，国际中文教师与中小学语文教师的标准在一级指标和二级指标上有多项重合与交叉。这意味国际中文教师与国内中小学语文教师的适配度较高，汉语国际教育硕士具备接轨国内中小学语文教师的条件。

图 6-5-1：国际中文教师专业能力结构图（引自《国际中文教师专业能力标准》）

曹贤文（2017）指出，能够打造出本专业独有的学科架构、知识体系、课程体系，以及人才培养的专业能力，才可以在激烈的竞争中站稳脚跟①。L、Z两位老师经过中美联合培养，不仅专业功底扎实，专业能力强，而且熟悉教育学原理、了解教育心理学，是全方位育人型人才。她们在国内竞争激烈的中小学人力资源市场中优势凸显，“拔得头筹”，与中美联合培养模式的科学性、系统性、针对性和高效性密不可分。“民大模式”汉硕培养具有一定的示范性和可借鉴性。本节将从培养院校和学生个体两个

① 曹贤文．“双一流”背景下综合性大学汉语国际教育本科专业建设的思考[J]．国际汉语教学研究，2017（3）：85-88.

角度，探讨对国内院校汉硕培养的启示。

一、培养院校

（一）树立“胜任力对口”的就业理念

从学科归属、专业匹配度和职业需求看，中小学语文教师是汉语国际教育专业硕士在国内就业相关度最高的职业。2020年教育部印发了《教育类研究生和公费师范生免试认定中小学教师资格改革实施方案》的通知，方案中所指的“教育类研究生”包括教育学学术学位研究生、专业学位研究生和汉语国际教育专业学位研究生。这意味着只要符合免试条件，汉教硕士无须参加中小学教师资格证考试，可直接上岗。免试认定改革为汉语国际教育专业人才与国内中小学之间搭建了一条“绿色通道”，让乐教、适教、善教的优秀汉教硕士充实到国内中小学教师队伍中，有助于激活国际汉语师资向国内教育市场有效流动。实践证明，以L、Z两位老师为代表的归国汉硕，综合素质高，专业素养好，国际化能力强，能够胜任国内中小学语文教师职业且表现突出。她们是教育国际化发展的所需人才，是顺应新时代教育改革潮流的新生动力。在汉教硕士海外就业难的大背景下，国内培养院校应跳出传统的“专业对口”的就业理念，树立“胜任力对口”的就业理念，培养既能从事汉语二语教学的国际汉语教师，也能胜任母语教学的语文教师，促进汉硕毕业生与国内中小学岗位的良性循环，不仅能够有效缓解目前国际中文教育领域人才流失严重的现状，而且能够实现国际中文教育人才培养效果最大化。

（二）建立“素养为先，能力导向”的培养体系

李泉、丁安琪（2020）认为素养是教师教育的起点和常态，是促进教师发展的根本动因。素养包括性格禀赋、职业情感和职业认知。职前教育是汉语国际教育硕士职后胜任力的重要保障。

国内培养院校应建立“素养为先，能力导向”的培养体系，设置以国际汉语教师所需能力为主，中小学语文教师能力为辅的课程体系和实践体系，提高人才的职业素养和文化素养，培养既能胜任国际中文教师职业，又能担任国内中小学语文教师的跨学科人才。从L、Z两位老师的经历来看，需重点加强以下几个方面：

1.强化语文学科素养和班级管理能力的培养

语文学科的核心素养包括语言建构及应用、思维能力的发展、审美鉴赏的创造和文化的理解与传承。中小学语文教师不但要具备这些素养，还应具有培养和发展学生这些素养的能力。目前，汉硕在国内中小学面临的主要问题是对语文学科教学法缺乏了解，班级管理存在困难，自身文学素养和文化阐释能力有待加强，主要归因于该类课程在现行课程体系中的缺失和不足。增加语文学科教学法类课程、班级管理类课程、才艺展示类课程、中外文学及文学鉴赏类课程等，提高汉硕语文学科教学能力；帮助其了解教学对象的发展特点和心理特征，提升班级管理能力；加强通识性知识和能力的培养，如“三笔一画”等。有条件的院校还可设置中外基础教育对比类课程，促进汉硕博采他国教育之长运用于个人语文教育中。突出国际中文教育的教育学属性，将有助于汉硕顺利完成中小学语文教师的身份转化。

2.提升线上线下混合式教学能力

合格的国际中文教师除了应具有国际视野、文化自觉和较强的教学能力，还应具备良好的信息素养。“具有熟练的网络教学技能”“能熟练地进行线下与线上混合式教学”是新时代国际汉语教师应具备的基本教学技能，也是后疫情时代教学方式转型的必然趋势。目前，国际中文教育专业无论是在培养方案、课程设置还是课程内容方面，对该专业学生应具备的信息素养的重视程度严重不足[①]，导致汉硕线上教学以及线上线下混合式教学方式的多样性和灵活性不足，影响教学效果。在职前教育中，增设相关课程，提升汉硕信息素养和数字能力，不仅是中小学语文教师的胜任要求，也是新时代教学的需要。

3.拓宽实习渠道，鼓励多层次教育实习

教育教学实习是教师成长过程中不可或缺的重要环节。教师胜任力的发展与形成离不开教师知识的积累、技能的训练以及在实践中的感悟和成长。国内培养院校应拓宽汉硕的教育实习渠道，除提供国内外国际中文教育相关实习机会外，还应积极搭建国内中小学实习平台，鼓励汉硕在国内中小学实习实践，在教学实践中发展中小学教师的胜任力。将在国内基础教育阶段的相关教学实践，如语文、英语、书法、国学、武术、中华才艺等纳入汉硕实习范畴。此外，汉硕入职中小学以后，培养院校应与用人单位联动，为汉教硕士在国内中小学教师岗位的发展提供业务支持，促进其职业成长。

4.强化培养学生的国际视野

世界各民族的文化教育具有多元性，这种多元性使得国际汉语教师教育与其他教师教育有所不同[②]，具备其他教师不一定具备的国际视野（朱志平，2020）。国际汉语教师不但要了解中国的教育和文化，还要了解不同国家的教育和文化，自觉地进行对比，用他人能够理解和接受的方式传播中国语言和文化。汉硕国际视野的形成，不仅与培养单位的培养理念、培养过程关系密切，也受教师教育者的深刻影响。因此，汉硕师资应具有宽阔的

---

① 李宝贵、庄瑶瑶.后疫情时代国际中文教师信息素养提升路径探析[J].语言教学与研究，2021（4）：34–43.

② 朱志平.论“国际汉语教师教育者”的国际视野[J].河北师范大学学报，2020（1）：39–45.

国际视野，并能够通过多种方式培养学生。而具有国际视野的汉硕又能将其他国家的教育文化带到国内中小学，推动国内中小学在课堂教学和管理的发展。

5.提供就业指导与心理疏导

国内培养院校应为汉硕开设就业辅导和相关讲座，引导学生根据自身特点尽早进行职业规划，帮助其树立正确的择业观，搭建就业“脚手架”。邀请各行业的优秀汉硕毕业生进行经验分享，介绍国内中小学招聘流程及其工作概况，增进毕业生对就业现状的了解。及时进行就业压力的心理疏导，帮助学生健康、顺利地就业。

（三）构建“中外联合”的多元化培养模式

当今，国内基础教育更注重师资的综合素养和国际化能力。中外联合培养的汉硕是中外教育资源的优势组合，不仅具有扎实的汉语专业基础，良好的教学能力，开阔的国际视野和多元文化观，还具有较强的“双语双文化”能力，独立解决问题的能力和创新能力。中外联合培养的汉硕是教育全球一体化新形势下的创新人才典范，在国内就业市场更具竞争力。中外联合培养汉硕的模式，能够为国内基础教育提供更优质的师资，也为汉硕就业提供了有效途径。

二、学生个体

（一）做好职业规划，树立正确的就业观

参加中外联合培养的汉硕应及早进行职业规划，如留学毕业后是否归国，是否从事中小学教学工作等。职业规划越明确，实施路径就越清晰。根据职业规划夯实专业知识基础，参加相关的教育教学实践，提升教学技能；了解国家相关政策，结合自身性格、素质特征和求职意向，获取相关就业信息。在校期间应拓展多元的实习实践渠道，积极尝试中小学语文教师职业，坚定中小学教育理想与信念，加强师德建设，强化自身对中小学语文教师的认同感。

（二）开阔教学视野，提升跨学科的教学能力

近年来，随着教育现代化、教育国际化的不断发展，越来越多的国内中小学在招聘时，对教师的外语能力和跨学科能力提出明确要求。如“具备硕士及以上学历、具备海外留学背景（清华附中稻香湖学校）”“具有跨学科教学视野和能力，能够承担多学科融合课程教学工作（北京十一学校）”“可以做一个学科的探索者，也可以作为多个学科领域的融合者参与学校的教育创新与教学实践（北大附中）”。要求语文教师“有一定的英语基础，具备国际视野（清华附中）”“对美国教育有深刻的理解，具备适应能力、文化意识和协作能力，具备良好的英语听说读写能力（清华附中国际学校）”“具有双语教学能力的教师优先”（人大附中航天城学校）。汉硕的培养应以社会需求为引导，提高学生的国际化能力，加强多元化教师队伍的建设，为学生搭建多样化的实习平台，拓展其学术视野和跨学科教学能力，满足国内中小学对优质师资的需求。

（三）全面发展个人素质，提高教师胜任力

教师的职业胜任力是学校招聘和选拔教师的重要标准。对汉硕而言，未来的职业方向无论是国际汉语教师还是中小学语文教师，都应专注于自身综合素质的提升与发展，牢固专业知识基础、熟练教学技能、培养良好的跨文化交际能力和外语能力。此外，还应加强教学管理能力和沟通协作能力培养，深入了解中华文化，拓展学习教育学、心理学知识、人文社科类通识性知识和中外文学知识，掌握一到两项中华才艺。在职前教育中，根据未来的职业需求补齐知识短板，强化教学和管理能力，以适应新形势对国际汉语教师及国内中小学教师“通才”能力的需求。

第七章　面向美国的“双语双文化”汉语师资培养启示

当今世界正经历百年未有之大变局，国际政治、经济格局发生了深刻的变化，世界范围内各种文化交流、交融、交锋更加频繁。面对复杂的国际环境，实现从文化大国到文化强国的跨越，是当代中国面临的重大课题。党的十九届五中全会把中华文化影响力进一步提升作为“十四五”时期经济社会发展主要目标之一，党的二十大报告进一步提出，要增强中华文明传播力和影响力，坚守中华文化立场，讲好中国故事、传播好中国声音，展现可信、可爱、可敬的中国形象，推动中华文化更好地走向世界。语言是文化的载体，是文化传播的铺路石，国际汉语教师责无旁贷地肩负着中国文化“走出去”的传播使命。

国际中文教育的核心和基础是人才培养，未来要以需求和应用为导向，坚持面向中小学、面向区域国别深化改革人才培养模式，创新发展人才培养理念①。中外联合培养国际汉语教师是中文教育国际化的有效路径。“双语双文化”汉语教师专业素养好，教学质量高，文化融入快，国别针对性强。不仅能用他者适应的教育文化讲好中国故事，影响公共外交和人文外交形象，而且是中

---

① 马箭飞. 首届汉语国际教育专业学位研究生人才培养校长论坛成功举办. [ED/OL]. [2021-12-13], 中外语言交流与合作中心公众号.

外文化的友好使者和海外民众全面深入了解中国的桥梁。在后疫情时代，要着力推进国际汉语师资的中外合作培养模式，强化师资的“本土化”培养，打造新的国际教育人才培养生态链。

第一节 面向美国的“双语双文化”汉语师资培养特点

一、培养模式独特，培养特色鲜明

秉持国别化人才培养理念，聚焦美国汉语教学需求，民大国教院实行“1+2+X”中美联合培养模式。该模式突破了面向海外的汉语师资由国内单独培养的传统模式，变为由中外合作培养并积极海外就业的模式，实行中美院校沉浸式联合培养。该模式培养理念先进，从培养方案、课程体系、教学方法、教学实习到日常管理与服务均以学生为中心，以就业为驱动，强调时间成本①。通过两年左右的中美联合培养，为学生打开在美国中小学长期从事汉语教学的就业通道；该模式培养内涵独特，契合美国汉语学习者低龄化趋势，在业内独树一帜，为美国中小学输送了大批高质量的，受过良好训练且具备资质的汉语教师。

二、培养目标明确，生源选拔严格

民大国教院“1+2+X”模式培养目标明确，主要培养具有中英双语能力、熟悉中美两国文化、具有中美两所院校各自颁发的

① 吴应辉.汉语国际教育硕士培养中的人本理念与中央民族大学的“1+2+X”[C]//第十一届国际汉语教学研讨会论文集.北京：高等教育出版社，2013.

学位证和美国就读院校所在州的中小学汉语教师资格证，符合美国中小学教学需求，能够参与美国人力资源市场竞争的“三双一证”汉语教师。他们具备进入美国主流教育体系的条件，能够起到引领和带动当地汉语教学更好发展的作用。国教院对于参加中美联合培养项目学生的选拔非常严格，学生须满足英语水平良好，托福成绩80分以上，学科基础扎实，教学能力强，德才兼备、品学兼优，具有创新精神的基本条件。国教院5位专家组成的学术委员会将依据申请人的资质以及研究计划，从政治思想、学业综合成绩、托福成绩、平时表现等进行严格选拔，生源质量得到有效保障。

三、课程体系互补，教学方式互动

“1+2+X”培养模式注重课程一体化统筹，重视课程模块化，强调国内外课程的接续性和渐进性，中美课程体系形成了优势互补。国教院充分发挥母语国语言文化的专业优势，着力培养学生的汉语专业素养，训练并提升其教学能力，为汉硕构建起国际汉语教师必备的知识和能力体系；美国合作院校发挥本土教育优势，重视培养学生的外语教育素养和实践教学。在教学过程中，国教院和美方合作院校均“以学生为中心”，注重教学中的互动性，研讨课（Seminar）、讲演课（Lecture）、观点陈述（Presentation）和案例教学（Case Study）等多种教学方式并举。不但有效调动学生参与课堂的积极性，培养学生的思维能力和创新能力，还能发掘不同学生的个体潜能，为其创造更多的自我展示机会。由于中美院校教学方式基本一致，国教院学生能够比较迅速地适应美国院校的学习，顺利完成国内外学生身份转变。

四、师资构成多元，评价制度完善

“1+2+X”培养模式十分注重师资队伍建设。中美双方院校任课教师均为高水平的专业教师，几乎都获得了语言学或教育学等相关专业的博士学位。国教院的师资队伍是“学业导师-行业导师-学界专家”构成的“三位一体”教师团队，美国合作高校的师资队伍由学业导师和行业导师构成。教师们来自不同国家，教育背景多元、所处文化多元。国教院学生在汲取知识，开阔学术视野的同时，感受到不同教师的风格和特点，有助于启发他们思考，形成国际视野和多元文化观念，能够更有效地实现人才培养目标。中美联合培养模式采取“双规并行”的评价制度。国教院人才培养的评价手段是学位论文，美国院校则是课程论文或教学设计。面向美国中小学的“双语双文化”汉语教师需在2–3年间，通过国教院的学位论文答辩和美国院校的课程论文方可获得中美两所学校颁发的学位。完善而严格的评价制度，保障了人才培养的质量，为美国中小学输入了一批高质量的国际汉语教师。

五、强调实践应用，注重人才质量

课程体系和实践体系特色鲜明是国教院人才培养的亮点。民大独创的课程体系采用逆向设计理念，凸显国别化，重视教学技能训练。以能力培养为导向，以完成任务为目标，运用案例教学，通过小组合作学习，使学生掌握理论知识并能够在实践中运用。“三位一体”的实践体系，融专项教学技能、综合教学技能、模拟仿真和校内外实战训练于一体，全方位培养和提升学生汉语教学能力。美国合作院校的课程注重教师的教育学基础，聚焦中小学课堂教育教学。设置有针对性的课程，帮助学生更好地了解美国中小学教学情况。持续深入的课堂观摩和实习为其更好地适应美国中小学汉语教学提供保障。十年来，国教院中美联合培养的学生综合素质高，教学效果优，评价口碑好，在美国中小学大受欢迎。

第二节 对面向美国的“双语双文化”汉语师资培养的建议

一、中美联合培养汉语国际教育硕士的优势

中美联合培养汉硕的优势显著。第一，联合培养节约时间成本和学习成本。中美联合培养项目周期为2年左右，学生达到中美院校的毕业规定，可同时获得中美两所学校的两个硕士学位。从就业层面看，早一年毕业意味抢占了就业先机。美国院校与国教院合作的9个项目中，有4个项目认可国教院的课程学分，学分转换最多达12–14学分，相当于降低了学习成本；第二，学生思维模式得到拓展，学习方式发生改变，具有国际化视野。国教院学生不仅要适应美国院校“以学生为中心”的教学方式，还要适应与其他国家学生合作学习。在与不同文化国家学生的沟通、协作过程中，他们原有的思维模式受到启发和影响，开始接纳并形成批判性思维方式，逐渐敢于且乐于表达自己的观点。经过一年的海外留学，他们的视野开阔了，看待问题更加包容和多元，具备在美国中小学从事汉语教学的素养和能力。第三，中美院校优化资源，互利互补，在有限时间内培养高质量的“双语双文化”汉语教师。

二、对中美联合培养“双语双文化”汉语师资的建议

近几年，受国际局势和国际关系影响，美国多所孔子学院关闭，大批汉语师资撤回，师资外派链条几近熔断。然而，当地已经发展起来的中文教学，并不会因师资紧缺而停摆，大量汉语教师缺口需要有任教资格的教师填补。中美联合培养的“双语双文化”教师融入性强，稳定性强，国际政治风险抵御力强，应加大培养力度。在培养过程中需要注意以下方面：

（一）明确培养目标，突出课程体系的针对性

中美联合培养项目旨在培养“三双一证”的美国中小学汉语教师，加强中美双方院校课程顶层设计，围绕培养目标，突出课程体系的针对性，是保障师资培养质量的关键。针对青少年的第二语言教学，教师不仅要完成语言教学任务，还要履行成长教育的义务，使之成为“全人”。中美双方的课程体系应在“当地课程当地化”的原则下，发挥各自培养优势，聚焦中小学汉语教学相关课程，促使中外课程一体化有机融合，形成互补。

1. 重视课堂管理在课程体系中的地位

青少年的生理、心理和认知特点决定了课堂管理是中小学汉语教学不可分割的重要内容，它制约着汉语教学的顺利进行，也决定了汉语教学的成败。Gump（1967）的调查显示，在课堂教学中，教师用于教学的时间约占一半，其余时间用于课堂管理。在海外中小学教学，汉语教师的课堂管理能力和教学方法所受到的挑战远远高于汉语专业知识，他们甚至面临“教学内容有限，课堂事件变化无穷”的压力。课堂管理是新任“双语双文化”汉语教师在美国中小学教学的第一大挑战，说明现有课程设置容量不足，理论与实践结合不紧密，实践应用机会受限。课堂管理为情境类课程，需通过大量案例教学和现场体验为学生提供理论转化为实践知识的通道，促进学科教学知识的形成。建议该课程采

用案例教学法，由当地中小学一线教师任教，通过对真实案例的模拟、表演和讨论等方式，使学生的理论知识内化，并恰当、准确、有效地运用于教学实践中。同时，增加学生在美国中小学见习和实习时间，提供更多进入教学现场实践的机会。

2.加强学生对教学情境和教学对象的深入了解

对教学情境和教学对象的充分了解是汉语教师在海外顺利开展教学的前提条件，教学对象的特点往往与所处地区和生活环境密切相关。汉语教师面对的学生不仅来自主流学区、市区学区，还有多元化学区和高度贫困学区。对不同学区学生特点及相应教学方式缺乏充分了解，就会造成教师对教学管理的难度预判不足，盲目乐观，导致其入职后遭遇教学“严冬”。目前，中美联合培养的课程体系中，关于美国教学情境和教学对象类课程缺失，学生对美国中小学汉语教学的系统性了解不足。应开设相关课程详细介绍各类学校汉语教学基本情况、不同教学对象的群体特点、教师教学状况等等，为“双语双文化”汉语教师在美国中小学入职做好充分的心理和教学准备，有效降低新任教师的教学挑战。

3.加强学生美国中小学中文教学能力的培养

美国核心教学标准指出，如今的学习者需要具备全球知识和技能来领航世界，包括解决问题的能力、好奇心、创造力、沟通、人际交往技能、跨学科综合能力、全球意识以及技术特长[①]。中美双方院校不但要培养学生具备美国中小学汉语学科教学能力，还要具备与培养学生领导力相匹配的教学能力，以便更好地与当地教学接轨。

① 付亦宁，周川.美、加、澳初任教师专业标准及其对我国教师教育的启示[J].2020（2）：78–84.

（1）学科教学能力

美国中小学汉语课是“综合一体型”，教学设计对美国教学情境依赖度高。教师需选择学生能接受的材料、运用本土化教学方式，讲授学生感兴趣的内容。良好的教学设计能够提高教学的趣味性，增强学生的参与度，是师生和谐关系的保障。美国学校提倡独立思考，培养学生质疑一切的态度。教师的教学内容要具有开放性、思考性、讨论性和开拓性，培养学生的思辨能力。

（2）差异化教学能力

学生在兴趣、能力、天赋等方面存在差异性，美国中小学教育尊重学生的个体差异，强调非同质教学。教师要根据学生的多样化特点，“进行差异化处理以促进学生参与学习，进而尽最大可能提高学习成效”[①]。教师应具备根据班级学生不同能力水平对课程进行调整或改编的能力，为所有学生提供充分发展的差异化途径，使每个学生都有所获。此外，汉语教师还需不断扩展个人知识的广度和深度，丰富百科知识，更好地满足不同学生的发展需求。

（3）跨学科教学能力

美国中小学外语教学强调语言学习与其他学科知识融通，不同学科围绕同一主题教学。随着中文沉浸式项目的快速增加，跨学科教学能力已成为一种趋势，要求教师不但具备中文教学的纵深发展能力，还要具有多学科整合的横向教学能力，使科学、数学、社会等学科教学水平与中文教学水平保持一致，帮助学习者多角度探索和解决问题，培养创造性思维和批判性思维。“双语双文化”教师需加强学科知识和学科教学能力的培养，成为多学科教学的复合型教师。

① Tomlinson C A.What is Differentiated Instruction?[EB/OL].2004年7月24日.

（4）持续性专业发展能力

持续性专业发展是一种终身学习的理念。学生将通过不断的自我提升，达到更有效地教育学生的最终目的。美国中小学教学的复杂性和多样性是学校教育中无法涵盖的，中美院校应加强培养学生的终身学习能力，在美国中小学教学过程中，不断充实和完善自己，以更好地适应汉语教学需求。

（二）加强学生跨文化交际能力的培养

在跨文化交往中，人们习惯以本族文化的思维方式和个人价值观解读对方，很容易产生误解和冲突。在美国教育情境下，“双语双文化”汉语教师应加强跨文化沟通得体性和有效性的培养。得体性指能够使用正确的语言、合适的方式、进行合乎情境的沟通，在沟通过程中回避不适宜的反应，形成良好的沟通氛围；有效性指使用对方可以理解的方式来传递信息并使对方正确理解表达的信息。在异质文化中进行中国文化的教学，“双语双文化”汉语教师顺应并迅速融入当地文化是成功开展教学的基础。因此，中美联合培养体系中应加强师资对异国文化的全面了解，自觉对比文化差异，主动适应异质文化，提高跨文化交际能力，将其培养成“符合所在国的国情、民情和地情”（李如龙，2012）的优质人才，本土融合度越高，他们的汉语教学越趋于成功。

（三）重视对新任教师的教学支持

新任教师有强化发展（intensive development）的需求，即通过有计划的指导，帮助他们适应新环境，提高各种技能和判断力尽快适应教师角色。美国中小学普遍采用的“带教-学徒制（mentor）”被认为是新教师专业支持极具实效性的手段。指导教师根据新任教师的特点和需求，监测教学过程，解决教学问题，最终达到新任教师独立教学、自我指导的目的。这种“一对一”的指导范式不受学科限制，针对性较强，可以迅速引领新任汉语教师步入教学正轨。实践证明，安排有经验的教师对初任教师进行教学指导，是促进初任教师专业发展的有效途径（任学印，孙启林，2004）。此外，强化“三位一体”教学支持模式，能够更好地帮助新教师完成角色转换。第一，任职学校组织“教师联合体”，依靠外语教学的互通性，由经验丰富的专业教师指导新教师；或组织新任外语教师团队，以同伴互助的方式共同成长。第二，职前院校对人才的培养延伸至教师入职期，成为新任教师成长孵化器；成立专业发展学校，定期组织新老教师分享教学经验，举办各类教学研讨会，聘请专家现场指导；创建在线学习社区，整合各种教学资源，为新任教师搭建专业发展的交流学习平台。第三，实现三方联动。任职学校与学区、社区合作，组成校际联盟；职前院校专家进入教学现场，协助新任教师设计课程、选择教学材料、提供有效的教学方法。在为新任教师提供专业帮助的同时，给予情感支持。

（四）多渠道寻求经费资助，降低联合培养费用

培养费用是制约大力发展中外联合培养汉硕的瓶颈，特别是面向经济发达国家。若能采取多元化合作方式，多渠道获得经费支持，降低学生留学的经济成本，“送出去”和“留得下”的“种子”教师会越来越多。国家可以降低对外派志愿者教师的经费支持，向中外联合培养倾斜。对于中美联合培养而言，采取“三位”或“多位”一体的形式，向有关部门申请经费或中美联合培养院校分别为学生提供奖学金，学生个人负担一部分学费，留学成本的降低将会吸引更多学生参与中美联合培养项目。

（五）选择美方有教师资格证课程的院校合作

教师资格证或教师执照是在美国公立学校任教的基本条件，获得该证可以进入美国中小学主流教育体系。各州对教师资格证的要求不同，但都须修满证书规定课程。美国合作院校若具有教

师证书课程，学生毕业前通过相关考试便可获得所在州教师资格证，否则，毕业后须在指定院校修满相应课程的学分才能参加考试，完成周期至少在一年以上。

第三节 对面向海外中小学的汉语师资“本土化”培养启示

任何一种外来教育如果想要达到持久、深入的效果，就必须走本土化之路[①]，国际中文教育发展的必然结果是本土化。本土化主要涉及观念、教学内容、师资、教法、教材、管理、标准、资源等[②]，师资本土化是国际中文教育本土化的重要内容，关乎其发展成败。师资本土化是指汉语教师主要由当地人来担任。面对国际中文教育的转型，海外中小学汉语师资本土化成为国际中文教育本土化的关键。中文教育是师生双向互动的情感交流过程，低龄汉语学习者，更容易建立语感和情感联结，教师若熟悉学生的成长环境，贴近其生活，了解其想法便可实现教学效果最优化，这种最优化效果只有本土教师才能达到。本土师资不仅包括本国籍教师，还包括长期在当地任教，熟悉当地文化传统、教学理念和学生特点等的外籍教师。

目前，从全球范围看，各国中小学汉语师资需求既有量上的

① 王建军.汉语国际教育师资本土化的基本内涵、培养模式与未来走向[J].云南师范大学学报（对外汉语教学与研究版），2015（3）：9-13.

② 李宇明、施春宏.汉语国际教育“当地化”的若干思考[J].中国语文，2017（2）.

区别，也有质上的差异，这种动态发展性与特定国家的经济社会发展水平往往存在密切关联性①。从整体师资结构来看，基本处于“本土+外派”格局，需求量较大的国家甚至完全依赖中国外派教师。本土教师是海外中文教育发展的动力，充分调动本土中文教育资源，壮大本土师资队伍，提高本土教师的“造血”功能，才能更好地促进汉语在海外可持续地高质量发展。在当前阶段，面向海外中小学的汉语师资培养应向精细型、资源节能型和多元协作型模式转变②，聚焦不同国家多元的师资需求进行精准培养，从单纯“输入”转变为“选种培育”，从单方主导转向多方合作。一方面着力培养大批本土教师，以缓解发展中国家汉语师资紧缺的现状；另一方面积极探索中外联合培养，为海外供给大批高质量的“双语双文化”教师，满足一些国家对高端汉语教师的需求，加快汉语师资的本土化进程。

一、强化本土师资的“造血”功能

本土师资具有得天独厚的文化和教育优势，他们了解当地学生的生活方式、教育模式、学习规律和教学方法等，重要的是他们有中文学习的切身体会，能够以相关经验分享示人。激活本土师资培养的“造血”能力，有助于国际中文教育在海外可持续发展。在加强本土师资培养时，需要处理好两个关系。

第一，“外援”和“内力”的关系。国际中文教育经历近二十年的发展，海外很多国家已经进入“内力”驱动，“外援”辅助的平稳发展阶段。由于各国情况迥异，“内力”效果也不同。正确处

① 吴应辉.国际汉语师资需求的动态发展与国别差异[J].教育研究，2016（11）：144-149.

② 孙宜学.后疫情时代国际中文教育发展的四个关键着力点[J].中国社会科学网，2021年11月11日。

理“外援”与“内力”的关系，最终依靠本土内生力发展是中文走向世界的唯一路径。“外援”的作用不应只表现于人力、物力的支持，更要体现在帮扶各国解决中文发展的困境和瓶颈问题上。人才培养具有周期性，海外民众对中文教师职业的认同也受诸多因素影响，本土中小学中文教师的培养不能越俎代庖，更不能拔苗助长、急于求成，需长期规划、长线发展。(一)加强中外政府部门间的协作，共同做好顶层设计。根据当地实际情况制定教师培养的短、中、长期规划，分阶段、分步骤地逐步实施；(二)发挥中国的“蓄水池”作用，孵化高质量的“种子”教师。2020年以来，教育部语言交流与合作中心推出“国际中文教育实践与研究基地”项目，并设立国际中文教师学院。各培养单位可以通过多种方式，打造一批本土中小学师资培养的品牌项目，孕育一批拔尖的本土人才。同时，中国可以继续通过奖学金等项目，培养教学科研型高端教师教育者，助力其成为本土师资队伍的骨干和领军，未来培育更多优秀的本土教师；(三)加强对不同国家中小学中文教学的深度研究。目前，国内对海外中小学中文发展状况和师资需求缺乏全方位了解，主流研究机构缺少作为，除了缺少实践之外，最根本的是缺少这方面的人才①，无法提供靶向支持，导致海外师资紧缺与国内供给过量并存的怪象。

第二，处理好职前培养和职后培训的关系。目前，海外很多国家重视中文教师职前培养，但职后培训跟进不足。要高度重视汉语教师职后培训，中外联动有效实施。(一)充分发挥当地孔子学院或使领馆教育处统筹协调的头部作用，将教师职后培训作为中文发展的一项重要内容整体谋划。融合职前培养院校、孔子学

① 崔永华. 试说汉语国际教育的新局面、新课题[J]. 国际汉语教学研究，2020(4)：3-8.

院、学区、各学校以及国内院校的优势资源，将培训作为促进在职教师专业发展的常态化手段。(二)摸清本土中文教师的“家底”，开展纵深化和分众化培训。建立当地中小学中文教师档案库，全面了解其专业短板和培训需求，分层次、分类别、成体系地持续培训。(三)推行线上线下混合式培训。建设当地中文教师线上培训交流平台或依托“中文联盟”平台，形成由“中小学教师-高校教师-国内专家”组成的多元协作培训团队，分类别提供系列化数字培训课程，定期组织专家开展线上直播教学；开辟在线学习社区，供教师交流经验，组织专家团队答疑解惑；线下培训以学区为单位，主要方式为工作坊，促进教师的互动分享，形成学习共同体。

对于一些国家的学习者来说，中文属于第四类难学语言，从头学习的时间成本和投入成本较高，多数非中文母语者难以坚持下去。一部分有中文背景的华裔或持有居留许可的中国人，通过修读当地中文教师证课程获得从业资格。在欧美一些经济发达国家，中文母语教师已成为中小学教学主力军。然而，各国教师证课程对中文专业知识的下限设置过低、内容过少，导致一部分教师中文基础知识不扎实、教学能力亟待提高。在当地教师证课程上，中外有较大合作空间。由两国政府部门统筹，相关院校协作，在现有课程中植入中文专业课程模块，发挥国内院校的中文专业优势，通过线上教学或集中线下授课方式，优势资源共享，弥补当地中文教师培养的不足。

二、加大“双语双文化”汉语师资供给

国际汉语师资整体上确属供不应求，但片面强调“量”的短缺掩盖并导致人们忽视“质”的需求。此类问题在发达国家表现

尤为明显[①]。“双语双文化”汉语教师集汉语母语教师和本土教师优势于一身，同时又弥补了二者的不足。他们能够进入国民教育体系，长期稳定地在海外从事汉语教学，满足了发达国家对汉语师资的需求。着力加强中外联合“双语双文化”汉语师资的培养，有助于加快国际中文教育本土化进程。

（一）区域定向和国别培养是关键

目前，国内国际汉语师资培养的通用型教师多，国别化、区域化、语别化教师少[②]，与海外中小学教学需求失适严重。中外联合培养“双语双文化”汉语师资的关键是在充分了解不同国家和区域中小学汉语教学需求的基础上，如需求类型、需求标准和准入政策等，聚焦人才指向的国别和区域，使海外师资需求与国内师资培养准确对接，避免通用型师资培养口径过宽、针对性不强的问题。相关部门可以从国家层面上统一布局，依靠科学的顶层设计进行总体统筹。发挥国内高校的培养优势和地域特色，积极协调促进有培养能力的院校与海外高校合作，为相应国别或区域定向培养汉语师资。

（二）人才规格和课程体系是核心

人才规格是人才培养目标的体现，课程体系决定着人才规格是否符合标准。二者相辅相成，互相影响。中外联合培养的“双语双文化”汉语师资主要面向海外中小学，人才规格决定了课程体系中不仅包含汉语教师应具备的基础知识，如语言学类、第二语言教学及习得类、语言教学理论与实践类，还要有针对儿童汉语教学的专有课程，如儿童教育心理学、青少年第二语言学习、

① 吴应辉．国际汉语师资需求的动态发展与国别差异[J]．教育研究，2016（11）：144–149.

② 吴应辉．国际汉语师资培养“六多六少”问题与解决方案[J]．语言战略研究，2018（6）.

外语教学政策及教学模式等等，这些课程可以帮助准教师更好地了解赴任国不同年龄阶段学生的生理、心理特点、学习特点和教学模式等，以便迅速适应异域的教学。目前，中美联合培养的课程体系存在着某些课程中外院校的安排衔接不畅，部分课程设置不充分等问题，如中方课程中有关教育学内容设置过少，美方院校汉语教学的课程严重不足。应充分发挥中外院校各自的培养优势，紧密联系当地汉语教学实际，平衡基础课程与专有课程的设置比例，兼顾课程的广度与深度，重视课程的体系化管理，使培养效益最大化。

（三）培养形式多元是可持续实现的基础

“双语双文化”汉语教师是师资培养精细化的体现。它以当地人才需求为驱动，在师资入口与出口之间形成有效对接，避免了传统“粗放式”培养的空泛与低效。采用多元的培养形式，多渠道地培养学生，是促进中外联合培养国际汉语教师可持续发展的动力。主要渠道包括：第一，中国培养，输出海外。这种形式需借助政府和相关部门之力，与海外国家磋商，确定相应国家汉语师资的准入条件和认定资格。扩大《国际汉语教师证书》的影响力，与更多国家达成认定该证书权威性的协议。第二，海外院校直招中国学生，毕业后在当地成为汉语教师；第三，“1+2”模式中外联合培养汉语国际教育硕士，增加学生接触和适应所在国文化教育的时间；第四，海外国家认可国内汉语师资的教育学历资格，允许其在海外工作的同时修满规定课程的学分，成绩合格即具备在海外从事汉语教学的资格。

任何外来教师，不管其资质如何优秀，技能如何高超，成为本土化教师的判定标准只能依据其与当地教育环境的融入程度①。

① 王建军.汉语国际教育师资本土化的基本内涵、培养模式与未来走向[J].云南师范大学学报（对外汉语教学与研究版），2015（3），9-13.

中美联合培养的“双语双文化”教师具备国际视野，融入性强，充分理解美国的教育价值观，成为中美文化的友好使者，为美国民众更深入全面地认识了解中国起到重要的桥梁作用。若能有更多针对不同国家的中外联合培养项目涌现，不但可以缓解汉硕海外就业难的问题，也能促进海外中小学汉语师资快速发展。

参考文献

外文文献：

1. Andersen，J.F.，&Powell，R.Intercultural communication and the classroom[C].In L.A.Samovar&R.E.Porter（Eds.），Intercultural communicaiton：A reader.Belmont，CA：Wadsworth，1991：208-214。
2. Aronson，E.，Bridgeman，D&Geffier，R.（1978）Interdependent interactions and prosocial behavior.Journal of Research and Development in Education，12（01），16-27.
3. Ataca，B.，and Berry，J.W.Psychological，Socio-cultural，and Marital Adaption of Turkish Immigrant Couples in Canada[J]. International Journal of Psychology，2002（37）：13-26.
4. Beijiard，D.，Meijer，P.C.&Verloop，N.Reconsidering Research on Teacher's Professional Identity[J].Teaching and Teacher Education，2004,（20）：107-128.
5. Broadfoot P. Teachers' Conceptions of their Professional Responsibility：some international comparisons[J]. Comparative Education，1987（3）: 287-301.
6. Carl Olson，Jerry L Wyett.Teachers need affective competencies[J]. Project Innovation Summer，2000,（7）：30-33.

7. Farrel, T.Exploring the Professional Role Identities of Experienced ESL Teachers Through Reflective Practice[J]. System, 2011,（39）: 54-62.

8. Feiman-Nemser, S.From preparation to practice: Designing a continuum to strengthen and sustain teaching[J].Teachers College Record, 2991, 103（6）: 1038.

9. Fendler, L.Teacher Reflection in a Hall of Mirrors: Historical Influences and Political Reverberations [J].Educational Researcher, 2003, 32（3）16-25.

10. Darling-Hammond, L., Youngs, P.Defining"highly qualified teachers": What does"scientifically based research" actually tell us?[J].Educational Researcher, 2002, 31（9）: 13- 25.

11. Jing Zhang &Patricia Goodson.Acculturation and Psychosocial Adjustment of Chinese International Students: Examining Mediation and Moderation Effects[J].International Journal of Intercultural Relations, 2011（35）: 614-627.

12. Johnson, K.E. Second Language Teacher Education: A Sociocultural Perspective[M]. Routledge, 2009.

13. Khalid, A.&Richard, W., Ethnic Communities within the University: An Examination of Factors Influencing the personal Adjustment of International Students[J].Research in Higher Education, 1998, 39（6）: 669-724.

14. Lave, J.&Wenger, E. Situated Learning: Legitimate Peripheral Participation[M]. Cambridge: Cambridge University Press, 2006.

15. Liu et al. Amrican K-12 CFL Teachers' Expected Compentence, and Needs for Professional Training: A Concurrent Mixed method

Study.Chinese Language Teaching Methodology and Teaching, 2019（2）.

16. McClelland.David C. Testing for Competence Rather Than for“Intelligence”[J]. American Psychologist, 1973,（1）: 1-14.
17. Miller.Teacher Identity：The Cambridge Guide to Second Language Teacher Education[M]. Cambridge University Press, 2009.
18. Moss, J., Jr.Assumptions underlying preserviceprograms for beginning- level vocational teachers[A]. In R.N. Evans, D.R. Terry（Eds）. Changing the role of vocational teacher education[M].Bloomington, IL：McKnight& McKnight, 1971.29- 71.
19. Park.S.&Oliver.J.S. Revisiting the Conceptualisation of Pedagogical Content Knowledge（PCK）: PCK as a Conceptual Tool to Understand Teachers as Professionals[J].Research in Education, 38（2）: 261-284.
20. Pinder, Craig C. Work Motivation in Organizational Bahavior[M]. Upper Saddle River, NJ：Prentice Hall. 1998.
21. Richards.J.C.Second Language Teacher Education Today[J].RELC Journal, 2008,（39）: 158-177.
22. Reid, M.J.Quantitative Difference in English Prose Written by Arabic, Chinese and English Students[D]. Dissertation Abstracts International 50, 1986.
23. Shulman L.S. Knowledge and Teaching：Foundations of the New Reform[J].Harvard Educational Review, 1987（1）: 1-22.
24. Shulman L.S. Those who understand：knowledge growth in teaching[J].Educational Researcher, 1986, 15（2）: 4-14.

25. Skinkfied A T, Stufflebeam D. Teacher evaluation: Guide to effective practice[M]. Boston: Kluwer Academic Publishers, 1995.

26. Smith, R.A., Khawaja, N.G.A review of the acculturation experiences of international students[J].International Journal of International Relations, 2011（35）: 699-713.

27. Spencer Jr.LM, Spencer S M（1993）Competence at work: Models for superior performance.New York: John Wiley & Sons, Inc.

28. Tobin, K., Tippins, D.J., &Gallard, A.J（1994）.Research on Instructional Strategies for Teaching Science.In Gabel, D（Ed.）, Handbook of Research on Science Teaching and Learning（45-93）.New York: Macmilan Publishing company.

29. Ward C.Kennedy A.Coping with cross-cultural transition[J]. Journal of Cross-cultural psychology, 2001, 32（5）.

30. Ward C, Searle W.The Impact of Value Discrepancies and Cultural Identity on Psychological and Sociocultural Adjustment of Sojourners[J].Inernational Journal of Intercultural Realations, 1991, 15（2）: 209-224

31. Zhang Z, Xu J.Understanding Chinese International Granduates Students Adaptation to Learnig in North America: A cultural Perspective[J].Higher Education Perspectives, 2007, 3（1）: 45-49.

32. Tomlinson C A.What is Differentiated Instruction?[EB/OL].2004年7月24日.

中文文献：

1. 陈申.多元文化环境中的国际汉语师资培养研究[M].北京：北京语言大学出版社，2015.
2. 胡俊生.社会学教程新编[M].武汉：武汉大学出版社，2016：58–59.
3. 华莱士·马丁.当代叙事学[M].伍晓明译.北京：北京大学出版社，1990.
4. 胡显章主编.走出“半人时代”：两岸三地学者谈通识教育与文化素质教育[M].北京：高等教育出版社，2002.
5. 李宇明.《中国语言生活状况报告（2019）》序[M].北京：商务印书馆，2019.
6. 李茂森.教师身份认同研究[M].北京：北京师范大学出版社，2013.
7. 刘春生、徐长发.职业教育学[M].北京：教育科学出版社，2002.
8. 刘明浚.大学教育环境论要[M].北京：航空工业出版社，1993.
9. 亓海峰、曹儒.汉语国际教育硕士学位论文写作分析与指导[M].北京：华语教学出版社，2015.
10. 任学印.教师入职教育理论与实践比较研究[M].长春：东北师范大学出版社，2005.
11. 魏所康.培养模式论[M].南京：东南大学出版社，2004.
12. 乌申斯基.人是教育的对象：教育人类学初探（上卷）[M].郑文樾译，北京：人民教育出版社，1989.
13. 周淑卿.课程发展与教师专业[M].北京：九州出版社，2006.
14. 柴如瑾，王忠耀.前所未有的“汉语热”[N].光明日报，2017-10-28.

15. 曹贤文.“双一流”背景下综合性大学汉语国际教育本科专业建设的思考[J].国际汉语教学研究，2017（3）：85–88.

16. 陈信存，谢仁敏.提高汉语国际教育专业质量之对策分析[J].学术论坛，2013，36（7）：192–197.

17. 陈红梅.面向东盟的汉语国际教育专业硕士培养模式微探[J].东南亚纵横，2011（9）：81–85.

18. 陈菊咏.外语教育政策、二语习得年龄和对外汉语教学[J].全球教育展望，2012，41（9）：60–66.

19. 陈世瑛，张达明.工程本科生培养模式的研究[J].江苏高教，1997（1）：62–66.

20. 陈向明.实践性知识：教师专业发展的知识基础[J].北京大学教育评论.2003（1）：104–112.

21. 陈智慧.略论高等教育目标的内涵与构建[J].交通高教研究，2002（4）：1–2.

22. 崔永华. 试说汉语国际教育的新局面、新课题[J].国际汉语教学研究，2020（4）：3–8.

23. 崔希亮.对外汉语教学与汉语国际教育的发展与展望[J].语言文字应用，2010（2）：2–11.

24. 崔希亮.关于汉语国际教育的学科定位问题[J].世界汉语教学，2015，29（3）：405–411.

25. 崔岩.汉语国际教育专业海外实习基地建设[J].高教学刊，2016（8）：4–5.

26. 丁安琪.对汉语国际教育专业硕士学位论文评价体系的思考[J].国际汉语教育，2011（2）：14–19.

27. 丁安琪.关于汉语国际教育硕士专业课程设置的思考[J].国际汉语教育，2009（2）：13–18.

28. 丁安琪.汉语国际教育硕士：专业发展十一年[J].国际汉语教

育（中英文），2018，3（4）：18–35.
29. 董建峰.小学班级管理模式问题探析[J]，文学教育（下），2020（10）：156–157.
30. 董泽芳.高校人才培养模式的概念界定与要素解析[J].大学教育科学，2012（3）：30–36.
31. 杜文娟.基于多元智能理论的班级管理[J].教育观察，2020（39）：17–19.
32. 冯丽萍.论汉语国际教育专业硕士培养中的若干问题[J].长江学术，2009（1）：114–118.
33. 傅芳欣.谈影响汉语国际推广中胜任力的重要因素[J].科学大众（科学教育），2012（9）：124.
34. 傅敏，田慧生.教育叙事研究：本质、特征与方法[J].教育研究，2008（5）：36–40.
35. 高嵘.小学语文教师职业规划与专业发展个案研究[J].新作文（语文教学研究），2016（6）：60–61.
36. 高旭阳.英语教师培训档案袋的设计[J].上海教育科学，2006（2）：67–69.
37. 高育花.汉语国际教育硕士外向型人才培养模式探究——以北京外国语大学为例[J].对外传播，2015（10）：56–58.
38. 龚孟伟，南海.教学文化内涵新解及其结构辨析[J].山西大学学报.2010（4）：69–73.
39. 龚怡祖.略论大学培养模式[J].高等教育研究，1998（1）：86–87.
40. 韩曦.积极探索“汉教硕”输出渠道[J].海外华文教育，2013（4）：368–372.
41. 何文潮、唐力行.美国汉语作为外语教学的教师证书要求[J].国际汉语教学动态与研究，2006（3）.

42. 何颖，蒋鲲，吴华洋，范大伟．“四融合”人才培养模式的构建[J].中国高等教育，2016（7）：33–35.
43. 侯沛勇，杨思博．高等学校人才培养模式改革与德育研究[J].西北工业大学学报（社会科学版），2000（4）：56–58.
44. 侯松．汉语国际教育海外实习基地开发建设的实施策略——基于职业教育视角的建议[J].楚雄师范学院学报，2017，32（2）：119–124.
45. 胡阳，王彦伟．汉语国际教育专业硕士就业行动的类型研究[J].国际汉语教育（中英文），2020，5（4）：84–92.
46. 黄莉君，张磊．中学教师胜任力模型建构与应用研究[J].教师教育论坛，2019，32（10）：31–3.
47. 黄培凤．教师胜任力研究方法综述[J].文学教育（上），2019（1）：172–173.
48. 惠天罡，刘梦影．美国中文学习者低龄化现象的成因及对策建议[J].语言文字应用，2020（2）：99–108.
49. 江傲霜．汉语国际传播背景下汉语国际教育硕士培养新尝试——以纽约大学MTCSOL培养为例[J].民族教育研究，2013，24（4）：104–109.
50. 江傲霜．面向美国中小学“超本土”汉语师资培养模式探析[C]//国际汉语教育人才培养论丛：第五辑．北京：中国社会科学出版社，2016.
51. 江傲霜．美国新任中小学中文教师六大教学挑战及应对策略[J].民族教育研究，2022，33（3）：162–168.
52. 姜有顺，刘妍芩，张善超．汉语国际教育专业学生的身份认同冲突的访谈研究[J]云南师范大学学报（对外汉语教学与研究版），2019（1）：72–82.
53. 蒋桂珍．大学教师的性格特征与教学行为的关系[J].教育评论，

2006（6）：43–45.

54. 蒋茵.教师专业知识：职前教师实践教学的基石[J].教育理论与实践，2021（26）：35–39.
55. 蒋太善，孟建新，刘洪波.人才培养模式的研究与实践[J].教育发展研究，2000（S1）：38–39.
56. 金姝.小学班主任管理工作与语文教学的有效结合[J].教育科学网络研讨会论文，北京，2021.
57. 金佩华，楼程富.研究型大学本科人才培养模式探索[J].高等工程教育研究，2004（5）：34–36.
58. 库玛，刘颂浩，丁丹妮.库玛语言教学系列第三讲：文化全球化、个体身份与语言教学[J].国际汉语教学研究，2017（2）：42–49.
59. 李宝贵，李慧.汉语国际教育硕士研究的热点、前沿与特征[J].沈阳师范大学学报（社会科学版），2020，44（4）：81–89.
60. 李宝贵、庄瑶瑶.后疫情时代国际中文教师信息素养提升路径探析[J].语言教学与研究，2021（4）：34–43.
61. 李春玲，王素梅，董萃.论汉语国际教育硕士培养的实践模式——以沈阳师范大学为个案[J].沈阳师范大学学报（社会科学版），2012，36（5）：95–97.
62. 李春玲．“UGS”视域下汉语国际教育硕士模块式培养模式探索[J].长江学术，2013（4）：104–109.
63. 李东伟，吴应辉.我国汉语国际教育硕士培养模式现状与优化策略[J].中国高教研究，2017（10）：62–66.
64. 李惠文，李顺琴，李英歌.美国中小学及学前教育对国际汉语教师胜任力的要求和期待（英文）[J].国际汉语教育（中英文），2019，4（4）：96–108.

65. 李琼，孙晓红."双减"政策背景下教师需要提升的专业素养[J].教师发展研究，2022，6（1）：32–36.

66. 李泉，丁安琪.专业素养：汉语教师教育的起点与常态——"素养—能力—知识"新模式[J].云南师范大学学报（对外汉语教学与研究版），2020，18（5）：1–9.

67. 李泉.汉语国际教育硕士培养目标与教学理念探讨[J].语言文字应用，2009（3）：105–112.

68. 李泉.汉语国际教育硕士培养原则与实施重点探讨[J].华文教学与研究，2010（3）：1–7.

69. 李如龙.论汉语国际教育的国别化[J].语言教学与研究，2012（5）：11–17.

70. 李硕豪，阎月勤.高校培养模式刍议[J].吉林教育科学，2000（3）：43–44.

71. 李炜东.从教师专业发展角度看汉语国际教育专业硕士的海外实习[C]//国际汉语教育人才培养论丛：第二辑.北京：北京大学出版社，2011.

72. 李卫国.汉语国际教育人才培养储备前瞻性研究[J].河南大学学报（社会科学版），2013，53（4）：124–130.

73. 李晓琪，刘元满.美、日、中三国第二语言教学硕士课程设置比较分析[C]//.第七届国际汉语教学讨论会论文选.2002：130–138.

74. 李亚萍，金佩华.我国高校本科人才培养模式理论研究综述[J].江苏高教，2003（5）：103–105.

75. 李英武，李凤英，张雪红.中小学教师胜任特征的结构维度[J].首都师范大学学报（社会科学版），2005（4）：115–118.

76. 李宇明.海外汉语学习者低龄化的思考[J].世界汉语教学，

2018，32（3）：291–301.

77. 李宇明、施春宏.汉语国际教育“当地化”的若干思考[J].中国语文，2017（2）.

78. 李振东.关于新阶段我国本科教育人才培养模式的思考[J].继续教育研究，2010（10）：134–137.

79. 李志义.谈高水平大学如何构建本科培养模式[J].中国高等教育，2007（Z3）：34–36.

80. 梁永平.论化学教师的PCK结构及其建构[J].课程.教材.教法，2012（6）：113–119.

81. 林秀琴.汉语国际教育硕士教学能力培养问题探讨[J].黑龙江高教研究，2012，30（12）：109–111.

82. 刘弘，杨喆.汉语国际教育学术型硕士与专业型硕士学位论文选题之比较研究[J].海外华文教育，2013（3）：310–317.

83. 刘金星，李萃茂.现代大学教育理念与全面发展人才培养模式的构建[J].黑龙江高教研究，2006（11）：114–115.

84. 刘思宇，历晶.国际化学校双语教师胜任力特征研究[J].才智，2019（2）：186–187.

85. 刘颂浩.汉语国际教育专业硕士培养中的若干问题[J].华文教学与研究，2013（4）：44–50.

86. 刘颂浩.就业困境和汉语国际教育硕士培养重点[J].国际汉语教学研究，2016（3）：83–89.

87. 刘献君，吴洪富.人才培养模式改革的内涵、制约与出路[J].中国高等教育，2009（12）：10–13.

88. 刘英，高广君.高校人才培养模式的改革及其策略[J].黑龙江高教研究，2011（1）：127–129.

89. 刘玉川.教师胜任力理论在国际汉语教师培养选拔中的应用[J].海外华文教育，2018（3）：88–99.

90. 刘振平.国际汉语教育师资培养策略的调整与模式的创新[J].海外华文教育，2012（4）：339–345.
91. 刘智运.创新人才的培养目标、培养模式和实施要点[J].中国大学教学，2011（1）：12–15.
92. 陆俭明.汉语国际教育专业的定位问题[J].语言教学与研究，2014（2）.
93. 马国军.构建创新人才培养模式的研究[J].高等农业教育，2001（4）：19–21.
94. 马秀丽.教师培养意识和教学模式[J].华文教学与研究，2014（2）：23–27.
95. 马燕华.论汉语国际教育硕士专业学位论文评价标准[J].学位与研究生教育，2010（7）：64–68.
96. 那张军，徐健梅.地方高校应用型本科生培养模式的研究[C].江苏高教，1997.
97. 潘柳燕.复合型人才及其培养模式刍议[J].广西高教研究，2001（6）：52–53.
98. 潘小明.学科教学知识（PCK）的理论及其发展[J].教育探索，2015（1）：20–28.
99. 亓海峰，邵滨.高校汉语国际教育专业硕士人才培养的问题与思考[J].辽宁师范大学学报（社会科学版），2018，41（4）：38–43.
100. 亓海峰，朱建军.汉语国际教育专业硕士培养模式的构建[J].高教论坛，2016（12）：78–80+85.
101. 亓海峰.汉语国际教育专业硕士教学设计类学位论文撰写的调查研究[J].海外华文教育，2016（4）：539–545.
102. 亓海峰.汉语国际教育专业硕士学位论文选题和研究方法调查分析[J].云南师范大学学报（对外汉语教学与研究版），

2015，13（1）：87–92.

103. 沙宗元.汉语国际教育海外实习跨文化适应问题及对策[J].海外华文教育，2017（6）：797–804.

104. 盛双霞.以需求为导向：关于汉语国际教育专业学科建设的思考[C]//国际汉语教育人才培养论丛：第二辑.北京：北京大学出版社，2011.

105. 施家炜.汉语国际教育专业人才培养的现状、问题和发展方向[J].国际汉语教育（中英文），2016，1（1）：13–17.

106. 孙立峰.从海外汉语教学看汉语国际教育硕士的培养[J].学术论坛，2012，35（1）：219–222.

107. 孙晓明.汉语国际教育硕士培养模式的创新[J].中国成人教育，2014（20）：76–78.

108. 孙宜学.后疫情时代国际中文教育发展的四个关键着力点[J].中国社会科学网，2021年11月11日。

109. 唐燕儿，庞志坚，苏宝华.移动互联网时代下汉语国际教育硕士教育模式探析[J].电化教育研究，2015，36（8）：34–39.

110. 田艳.基于英国MTESOL课程体系对汉语国际教育硕士课程设置的思考[J].世界汉语教学，2012，26（2）：276–288.

111. 汤林春、张文周、朱光华.城市中小学教师工作压力的现状与对策[J].上海教育科研，2009（9）.

112. 王凤兰.核心素养背景下小学班各任班级管理的创新[J].科幻画报，2021（12）：175–176.

113. 汪国胜.对汉语国际教育硕士培养相关问题的反思[J].湖北大学学报（哲学社会科学版），2011，38（4）：26–30.

114. 王海兰、宁继鸣.国际汉语师资的供求矛盾、成因与对策[J].云南师范大学学报（对外汉语教学与研究版），2013，11

（5）：87–92.

115. 王建军.汉语国际教育师资本土化的基本内涵、培养模式与未来走向[J].云南师范大学学报（对外汉语教学与研究版），2015，13（3）：9–14.

116. 汪雯婷.汉语国际教育硕士全方位、多渠道教育实习形式初探——以苏州大学汉语国际教育硕士为例[J].现代语文（学术综合版），2016（2）：90–91.

117. 王路江.汉语国际教育硕士专业学位的人才培养[J].北京教育（高教），2010（6）：49–50.

118. 王若江.关于汉语教师国别化培训的思考[C]//.汉语国际教育人才培养现状及对策.2011：146–158.

119. 王添淼.国际中文教师教学能力再探——成为“学的专家”[J].东北师大学报（哲学社会科学版），2021（6）：150–155.

120. 王焱，吴敏怡.国际汉语教育硕士海外实习教学适应性调查研究——以广东外语外贸大学汉硕印尼实习为例[J].黑龙江教育（高教研究与评估），2017（3）：35–36.

121. 吴登鹏，徐彩华.双语教育理念下的国际中文教育实践与启示——以美国当代小学汉语教学为例[J].云南师范大学学报（对外汉语教学与研究版），2022，20（1）：44–51.

122. 吴方敏，陈颖.汉语国际教育专业硕士实习问题的调查与思考[J].云南师范大学学报（对外汉语教学与研究版），2012，10（2）：29–33.

123. 吴慧.基于任务型的汉语国际教育硕士培养模式探析[J].内蒙古师范大学学报（教育科学版），2012，25（3）：77–80.

124. 吴阳红.汉语国际教育专业海外就业竞争力提升路径研究[J].甘肃教育研究，2021（1）：97–100.

125. 吴应辉. 汉语国际教育硕士培养中的人本理念与中央民族大学的“1+2+X”模式[A]. 第十一届国际汉语教学研讨会论文选[C]. 高等教育出版社，2013.
126. 吴应辉. 汉语国际教育学科建设亟待解决的主要问题[J]. 国际汉语教学研究，2014（1）：9–10.
127. 吴应辉. 国际汉语师资需求的动态发展与国别差异[J]. 教育研究，2016，37（11）：144–149.
128. 吴应辉. 汉语国际教育面临的若干理论与实践问题[J]. 云南师范大学学报（哲学社会科学版），2016，48（1）：38–46.
129. 吴应辉. 国际汉语师资培养“六多六少”问题与解决方案[J]. 语言战略研究，2018（6）.
130. 吴应辉. 汉语国际教育学科建设中的中国担当与学术自信[J]. 国际汉语教学研究，2019（4）：27–29.
131. 吴应辉. 美国中小学汉语沉浸式教学面临的问题与解决方案[J]. 民族教育研究，2020（6）：113–118.
132. 吴长汉. 我国应用技术型高校人才培养目标研究[D]. 天津职业技术师范大学，2017.
133. 伍秋萍，卓玮，陈品延. 全程见习培养模式下汉语国际教育硕士教师胜任力的发展[J]. 云南师范大学学报（对外汉语教学与研究版），2019，17（5）：22–29.
134. 解晓楠. 汉语国际教育硕士实践环节设计及控制机制研究[J]. 民族教育研究，2011，22（5）：95–97.
135. 解晓楠. 论汉语国际教育硕士课堂教学的能力评价体系[J]. 黑龙江高教研究，2012，30（11）：90–92.
136. 徐晶凝. 关于汉语国际教育硕士专业学位培养方案的思考——教师教育的国际化视野[J]. 海外华文教育，2016（1）：27–35.

137. 徐蔚.汉语国际推广应用人才培养路径探析[J].中国高等教育，2012（12）：56–57.
138. 徐兆仁.新世纪文科人才培养模式探析[J].中国高等教育，2006（17）：22–24.
139. 颜湘茹.汉语国际教育中的中国文化课教学模式[J].海外华文教育，2012（3）：254–258.
140. 央青.工商管理案例库对国际汉语教学案例库建设的启示[J].民族教育研究，2013，24（5）：88–93.
141. 杨彩霞.教师学科教学知识：本质、特征与结构[J].教育科学，2006，22（1）：60–63.
142. 杨金华.汉语国际教育硕士专业学位研究生教学实践探索[J].学位与研究生教育，2012（2）：54–56.
143. 杨薇.汉语国际教育专业硕士培养模式的探索[J].天津师范大学学报（社会科学版），2013（4）：77–80.
144. 杨杏芳.论我国高等教育人才培养模式的多样化[J].高等教育研究，1998（6）：72–75.
145. 叶琳，刘文霞.国外分层教学历史发展概况[J].教学与管理，2008（3）：159–160.
146. 阴天榜，张建华，杨炳学.论培养模式[J].中国高教研究，1998（4）：44–45.
147. 俞信.对素质和人才培养模式的基本认识[J].高等工程教育研究，1997（4）：9–11.
148. 张春燕，景高娃.全国汉语国际教育专业硕士“跨文化交际学”课程调研报告[J].国际汉语教育（中英文），2016，1（1）：44–52.
149. 张和生.机遇与挑战——从对外汉语教学到汉语国际推广[J].云南师范大学学报（对外汉语教学与研究版），2007

（6）：12–13+15.
150. 张觉.改革完善对外汉语教学体制促进汉语国际教育硕士培养[J].学位与研究生教育，2009（6）：12–16.
151. 张静静、牛端.美国中小学中文教学的现状、问题及发展趋势[J].外国中小学教育，2012（2）：56–60.
152. 张旺喜.关于国际汉语师资培养的几点思考[C]//汉语国际教育人才培养理论研究.北京：北京语言大学出版社，2013.
153. 张莹，张向辉.汉语国际教育专业就业指导路径的探索[J].教育教学论坛，2019（31）：96–97.
154. 张治.是什么让美国教育赢在终点?——对美国基础教育的考察[J].思想理论教育，2012（18）：30–35.
155. 赵金铭.国际汉语教育研究的现状与拓展[J].语言教学与研究，2011（4）：86–90.
156. 赵莉，马继刚.构建研究型大学本科人才培养模式探索[J].高等工程教育研究，2007（6）：88–90.
157. 郑翠，王其和.汉语国际教育专业就业路径研究[J].中国成人教育，2019（13）：45–48.
158. 郑群.关于人才培养模式的概念与构成[J].河南师范大学学报（哲学社会科学版），2004（1）：187–188.
159. 钟秉林.人才培养模式改革是高等学校内涵建设的核心[J].高等教育研究，2013，34（11）：71–76.
160. 钟启泉.教师研修的模式与体制[J].全球教育展望，2001(7)：4–11.
161. 钟启泉.中国课程改革：挑战与反思[J].比较教育研究，2005（12）：18–23.
162. 周国鹏.从学位论文看汉语国际教育专业硕士的培养——以J省S大学为例[J].黑龙江教育（高教研究与评估），2014

（4）：87–89.

163. 周红，尚超.国际汉语教师职前实践反思能力培养途径[J].沈阳师范大学学报（社会科学版），2016，40（4）：90–93.

164. 周泉兴.人才培养模式的理性思考[J].高等理科教育，2006（1）：39–43.

165. 周小兵.汉语国际教育专业硕士毕业论文的研究设计与写作（上）[J].国际汉语教育（中英文），2017，2（1）：25–32.

166. 周小兵.汉语国际教育专业硕士毕业论文的研究设计与写作（下）[J].国际汉语教育（中英文），2017，2（2）：31–40.

167. 朱建成，金耀观.培养跨文化交际素质造就全球化高素质人才[J].电子科技大学学报（社科版），2009（2）：79–82.

168. 朱萌.小学师生沟通艺术探究[J].教书育人，2021：78–79.

169. 朱瑞平.略论汉语国际教育人才培养的针对性问题[C]//国际汉语教育人才培养论丛：第二辑.北京：北京大学出版社，2011.

170. 朱永生.有关汉语国际教育硕士专业课程设置与教学实习的几点设想[J].云南师范大学学报（对外汉语教学与研究版），2007（6）：14–15.

171. 朱勇.汉语国际教育硕士培养中的若干问题[J].海外华文教育，2011（3）：63–68.

172. 朱勇.基于学生日志的国际汉语教学案例分析课反思[J].语言教学与研究，2019（1）：12–21.

173. 朱志平.论“国际汉语教师教育者”的国际视野[J].河北师范大学学报（教育科学版），2020，22（1）：39–45.

174. 曾冬梅，黄国勋.人才培养模式改革的动因、层次与涵义[J].高等工程教育研究，2003（1）：21–24.

学位论文

1. 狄马思.外国留学生在中国的适应性[D].南京师范大学，2004.
2. 贺怡然.MTCSOL硕士在美国小学情景下的教师胜任力研究[D].中央民族大学，2014.
3. 麻佳妤.中央民族大学留学生课后汉语辅导项目个案研究[D].中央民族大学，2019.
4. 覃姗姗.小学语文初任教师学科教学知识的转化研究[D].华中师范大学，2020.
5. 任彪.汉语国际教育专业硕士课程合作学习模式研究——以M大学为例[D].中央民族大学，2021.
6. 沈方梅.语文学科知识向学科教学知识的有效转化[D].华东师范大学，2010.
7. 寻阳.我国高中英语教师身份认同研究——以山东省不同年龄背景的教师为例[D].上海外国语大学，2012.
8. 吴松.后疫情时代汉语国际教育硕士培养现状调查与分析——以山东省五所大学为例[D]，山东师范大学，2021.
9. 朱国辉.高校来华留学生跨文化适应问题研究[D].华东师范大学，2011.

文件及网址

1. 马箭飞.首届汉语国际教育专业学位研究生人才培养校长论坛成功举办.[EB/OL].[2021-12-13]，中外语言交流与合作中 心公众号.
2. 周远清.改革高校人才培养模式，提高我国高等教育质量.第一次全国普通高校工作会议会议发言[R].武汉，1998.
3. 教育部.关于下达《汉语国际教育硕士专业学位设置方案》的通知[EB/OL].（2007-3-30）[2022-10-10].http：//www.moe.

gov.cn/srcsite/A22/moe_833/200703/t20070330_82703.html.
4. 汉硕网.2022年汉语国际教育硕士专业招收院校名单（共199所）[EB/OL].（2021-7-26）[2022-10-10].http：//www.mtcsol.cn/article-875.html.
5. 中国政府网.教育部关于印发《教育类研究生和公费师范生免试认定中小学教师资格改革实施方案》的通知[EB/OL].（2020-9-4）[2022-10-10].http：//www.gov.cn/zhengce/zhengceku/2020-09/08/content_5541467.htm.
6. 中华人民共和国教育部.关于转发《汉语国际教育硕士专业学位研究生指导性培养方案》的通知[EB/OL].（2007-12-10）[2022-10-10].http：//www.moe.gov.cn/srcsite/A22/moe_826/200712/t20071210_82702.html.
7. 中央民族大学国际教育学院.中央民族大学国际教育学院研究生项目获国家留学基金委2020年创新型人才国际合作培养项目资助[EB/OL].（2020-6-20）[2022-10-10].https：//cie.muc.edu.cn/info/1084/2826.htm.
8. 中华人民共和国中央人民政府.中共中央国务院关于深化教育教学改革全面提高义务教育质量的意见[EB/OL].（2019-7-8）[2022-10-10].http：//www.gov.cn/zhengce/2019-07/08/content_5407361.htm.
9. 中华人民共和国中央人民政府.中共中央国务院关于全面深化新时代教师队伍建设改革的意见[EB/OL].（2018-1-31）[2022-10-10].http：//www.gov.cn/xinwen/2018-01/31/content_5262659.htm.
10. 中华人民共和国教育部.国际汉语教师标准（2012年版）发布[EB/OL].（2012-12-13）[2022-10-10].http：//www.moe.gov.cn/jyb_xwfb/gzdt_gzdt/moe_1485/201212/t20121213_145527.htm.

后　记

中央民族大学国际教育学院自2010年开始招收中国籍汉语国际教育硕士，我带的第一届研究生就有参加中美联合培养，毕业后入职美国中小学的学生。现已在美国成家立业，成为中美文化的交流使者。

十余年来，我一直参与并致力于面向美国的“双语双文化”汉语师资的培养和研究。特别是担任教学副院长以来，积极探索“双语双文化”汉语教师培养的优化模式，进行了大量实践调研，掌握了第一手资料，并将研究成果更好地反哺人才培养。我与参加中美联合培养的86位同学长期保持联系，追踪他们在美国的学习、生活和工作状况，切身感受到学生们的成长和蜕变。经过国教院的培养，通过国教院的平台，他们走向海外，有了更广阔的职业发展空间，成功地融入美国中小学主流教育体系，对传播中华文化和促进中美人文交流起到重要的桥梁和纽带作用。

本书详细介绍了中央民族大学国际教育学院“1+2+X”中美联合培养模式，对比分析了其与美国6所合作院校，在培养目标、培养过程、培养制度、培养评价以及课程设置等方面的共性和差异。深入调查了中美联合培养的学生赴美留学的跨文化适应情况，及其在美国中小学入职后所面临的教学挑战和所遇到的职业瓶颈问题。从国际中文教师身份认同的角度，挖掘“双语双文化”教师从事国际中文教学的驱动力和形成过程，并对归国教师在国内中小学从事语文教学的胜任力问题进行了全面的分析和理论阐释，旨在对中外联合培养国际中文教育专业人才提供理论和实践上的参考和借鉴。

本书得以顺利出版，首先要感谢中央民族大学出版社的戴佩丽老师。戴老师的鼓励、支持和督促，使我能够充分利用繁忙的行政和教学工作之外的时间，如期完成了本书。其次，要感谢我的项目团队成员，狄慧瑶、范天放、李佳瑶和曲悦嘉，她们做了大量的资料收集和整理工作，并提出了宝贵的意见和建议。再次，要感谢孙宓琪老师和所有参加中美联合培养的学生，他们给予我无私的帮助，积极配合我的调研。学生们在美国丰富的教学案例，使本书内容更加充实和饱满。

国际中文教育正处于转型时期，积极探索国际中文教育人才培养，有助于讲好中国故事、传播好中国声音,展现可信、可爱、可敬的中国形象。为提升汉硕培养质量，更好地适应国际中文教育发展对人才培养的需求，2020年民大国教院将汉硕学制改为三年，培养方案也进行了部分调整。未来，我们将继续努力探索国际中文教育人才培养，为培育人文新亮点，促进中外文化交流，共建人类命运共同体做出贡献。

江傲霜

2022年12月于北京